C·H·Beck
PAPERBACK

Wozu Heirat, Kinder, Haus, Hab und Gut? Wozu leben-lieben-arbeiten? Asketen in vielen Kulturen suchten seit alters Antworten auf solche Fragen – und setzten sie radikal um. Ein asketisches Leben bedeutet meist ein Leben in Keuschheit, Armut und Abgeschiedenheit, in einer kargen Gemeinschaft oder auf lebenslanger Pilgerschaft. Axel Michaels stellt die wichtigsten asketischen Praktiken in unterschiedlichen Kulturen vor und geht der Frage nach, ob von der Weltüberwindung der Asketen heute noch zu lernen ist. Er spricht sich in diesem klaren, anschaulichen Buch für eine neue Sorge um sich selbst aus, die alte Praktiken der Asketik zu einer keineswegs nur lebensfeindlichen Lebenskunst werden läßt. Weniger wird auch dabei zu mehr. Weniger arbeiten, konsumieren, reisen, essen, sich kleiden bedeutet mehr Zeit, Ruhe und Raum. Der achtsame, selbstgewählte Verzicht bedeutet auch Demut und Dankbarkeit gegenüber dem Leben.

Axel Michaels ist Professor für Klassische Indologie am Südasien-Institut der Universität Heidelberg sowie Mitglied der Heidelberger Akademie der Wissenschaften. Er wurde mit dem Lautenschläger-Forschungspreis ausgezeichnet. Bei C.H.Beck erschienen von ihm u.a. «Buddha. Leben, Lehre, Legende» (2011), «Jesus oder Buddha» (mit U. Luz, 2002) sowie «Der Hinduismus» (2. Aufl. 2012).

Axel Michaels

Die Kunst des einfachen Lebens

Eine Kulturgeschichte der Askese

C.H.Beck

Originalausgabe

2. Auflage. 2022
Unveränderter Nachdruck

Wilhelmstraße 9, 80801 München, info@beck.de

www.chbeck.de
Satz: C.H.Beck.Media.Solutions, Nördlingen
Druck und Bindung: Druckerei C.H.Beck, Nördlingen
Umschlagentwurf: malsyteufel, Willich
Umschlagbild: Vietnam, Halong Bay. © Imagebank – Nevada Wier
Gedruckt auf säurefreiem und alterungsbeständigem Papier
Printed in Germany
ISBN 978 3 406 77821 6

verantwortungsbewusst produziert
www.chbeck.de/nachhaltig
produktsicherheit.beck.de

Inhalt

Vorwort

Es gibt Wörter, die drohen außer Gebrauch zu geraten: Demut, Gleichmut, Sanftmut etwa. Sie verschwinden einfach – und mit ihnen Welten, in denen sie Sinn machten. Auch «Verzicht» und «Entsagung» sind solche Wörter. Wer verzichtet, indem er der Welt entsagt, gilt heute als verklemmter Sonderling, der ein gestörtes Verhältnis zur Lust und zum sinnenfrohen Leben hat. Verzicht auf Sexualität gar ist besonders verdächtig. Wer zölibatär lebt, hat's nötig, heißt es dann. Oder: Wer ins Kloster geht, hat Angst vor der Welt und den Frauen. Weltferne, und sei sie auch der Gottesnähe wegen, ist nicht mehr gefragt. Weltbewältigung statt Weltüberwindung ist angesagt.

Und doch sind viele Kulturen gerade dadurch gekennzeichnet, daß sie genau diese asketischen Werte hochhalten: Verzicht auf Liebesleben, Arbeit, Wohnung und Besitz. «Man weiß, was die drei großen Prunkworte des asketischen Ideals sind: Armut, Demut, Keuschheit», sagt Nietzsche – nicht ohne sarkastischen Unterton – in seiner «Streitschrift» *Zur Genealogie der Moral*, deren dritten Teil die Frage bildet: «Was bedeuten asketische Ideale?»[1]

In der Tat, Askese, vor allem religiös motivierte, war und ist eine freiwillige, planvolle, nicht selten lebenslange Form der Selbstverleugnung durch die Kontrolle von Körper, Sprache und Denken, ein Leben in Keuschheit, Armut und Abgeschiedenheit, mit Gelübden und Kasteiungen wie Fasten, Schweigen oder lebenslanger Pilgerschaft, einer kargen Gemeinschaft mit Ordensbrüdern und -schwestern. Asketisches Leben ist einfach, aber nicht leicht. Denn es umfaßt auch schwierige Techniken der Selbstdisziplinierung, -bescheidung und -prüfung, der Umkehr und Innewerdung, die nicht allein religiös motiviert sein müssen. In diesem Sinne ist Askese tatsächlich eine Kunst (griech. *technē*) des vereinfachten Lebens, vor allem aber auch eine provozierende Kritik am «normalen» Leben. Entsager stellen nicht nur die grundsätzlichen Fragen menschlicher Existenz: Wozu Sexualität, Kinder, Haus, Hab und Gut? Wozu arbeiten, reden, ja leben? Asketen setzen die Antworten auf diese Fragen auch radikal um. Brav sein kann der «normale» Mensch, Asketen aber müssen Exzentriker sein. Sie leben dadurch den «Normalen» vor, daß alles auch ganz anders sein könnte, daß aus Möglichkeiten des Lebens Wirklichkeiten werden können.

Dennoch (oder gerade deswegen) wird Askese heute fast nur noch negativ wahrgenommen. Seit der Verdammung der religiösen Askese in der Aufklärung, seit der Vertreibung der Mönche aus ihren Klöstern und der Zerstörung vieler Klosterbauten, seit der Entzauberung der diesseitigen Welt von ihren jenseitigen Bezügen, noch mehr aber mit der Freudschen Psychologisierung des Lebens gilt Askese vielfach als extreme, exotische oder neurotische Form der Lebensbewältigung. Zwar wächst mitunter die Sehnsucht nach einem einfachen Leben jenseits von Arbeit, Profit und Hektik, doch von einer neuen Lust auf Askese kann, wie bisweilen behauptet wird, kaum die Rede sein. Manager, die sich für ein paar Tage ins Kloster zurückziehen, um dann gestärkt über Strategien nachzudenken, den Konsum anzukurbeln, kann man nicht als verzichtende Asketen bezeichnen. Und diejenigen, die ihr Leben vereinfachen wollen, indem sie nach schlichten Rezepten ihre Arbeit und Freizeit entschlacken, kann man auch nicht auf eine Stufe mit denjenigen stellen, bei denen der Verzicht auf Leben weiter und tiefer geht.

Asketische Kontemplation als Lebensentwurf ist vielen denn doch des Eigensinns zu viel. Die Helden des Westens sind Menschen der guten, heroischen Tat: Macher und Manager. In asketischen Kulturen sind es aber auch quietistische Menschen, die nicht nach Erlös, sondern nach Erlösung streben, nach Befreiung von der Welt statt Freiheit in der Welt, nach Befreiung von Leidhaftigkeit und Sterblichkeit. In solchen Kulturen und Religionen, vornehmlich in Hinduismus und Buddhismus, bedeutet Askese nicht eine griesgrämige, hohlwangige Verleugnung von Lebensfreude, sondern deren Gewinn, nicht Verlust der Welt, sondern Lust auf eine andere, neue Welt ewiger Wonne. Das Gesicht des Buddha ist rund und lächelnd.

Können wir diese Gedanken-Welten noch verstehen? Können wir wirklich begreifen, warum sich Menschen freiwillig körperlich und geistig kasteien? Muß der Mensch sich tatsächlich quälen, um glücklich sein zu können? Ich nähere mich diesen Fragen in dem vorliegenden Buch aus «östlicher» Sicht, das heißt von östlichen Religionen und Kulturen her betrachtet. Fast immer wird ja Kulturgeschichte europa- oder amerikazentrisch betrieben, fast immer wird Askese vom Christentum her zu erfassen versucht, allenfalls angereichert mit Hinweisen auf Parallelen in nicht-westlichen Kulturen. Ich versuche es anders herum, schaue überwiegend auf Hinduismus, frühen Buddhismus und (in geringerem Ausmaß) Jinismus, beziehe aber auch gelegentlich christliches, antikes und islamisches Gedankengut ein. Gerechtfertigt scheint mir dieses Vorgehen dadurch zu sein, daß Indien seit alters nicht zu Unrecht als das klassische Land der Büßer und Asketen gilt. «Die Askese ist für jede ernste Religion unentbehrlich. Nirgends hat sie solche Bedeutung wie in Indien erlangt», schrieb der schwedische Religionswissenschaftler und spätere Erzbischof von Uppsala Nathan Söderblom (1866–1931).[2] In der Tat, Indien bietet nicht nur die gegenwärtig wohl größte Zahl von Asketen, sondern vielleicht die längste und schriftlich am reichhaltigsten dokumentierte Geschichte asketischer Traditionen.

Dennoch möchte ich keine Kulturgeschichte der Askese vorlegen, die dem Phänomen in seiner historischen, regionalen und religiösen Breite gerecht wird. Das wäre vermessen. Statt dessen möchte ich vor allem die strenge, religiös motivierte Askese im Kulturvergleich untersuchen und mich dabei von zwei Motiven leiten lassen: Einerseits möchte ich verstehen, was Asketen selbst bewegt und motiviert hat, ihren Weg zu gehen. Dabei werde ich nicht nur historisches Material verwenden, sondern auch zahlreiche Gespräche einbeziehen, die ich seit 1981 immer wieder mit überwiegend indischen Asketen in Deopatan bei Kathmandu (Nepal) geführt habe. In diesen Gesprächen bot sich ein anderes Bild der Askese, als ich es aus den historischen und zeitgenössischen Texten gewohnt war. Zu oft sind nämlich gerade indische Asketen, aber auch Derwische, nur aus der exotistischen Perspektive belächelt oder verspottet worden:[3] Man bestaunte ihre mitunter bizarren Praktiken, nannte sie Wahnsinnige, Heuchler, falsche Asketen. Man ergötzte sich an Photos ihrer extremen Kasteiungen, ohne Hintergründe und Motive verstehen zu wollen. Selten hat man mit ihnen gesprochen oder ihnen auch nur zugehört.

Zum anderen möchte ich versuchen, herauszufinden, was die Menschen im industrialisierten Westen von Welten lernen können oder sollen, in denen Verzicht noch etwas bedeutet(e). Möglicherweise werden wir einmal auf ein solches Wissen zurückgreifen müssen. Immerhin gingen wesentliche Anstöße zum Umdenken gerade von Asketen, Eremiten, Mönchen und Aussteigern aus. Zudem werden wir vielleicht auch wieder verzichten lernen müssen, weil das Leben härter wird. Möglicherweise gilt es dann, wiederzuentdecken, daß Ausstieg aus Flittertand, Überfluß und Umtrieb nicht Verzicht bedeuten muß, sondern der Gewinn einer wohltuenden, befreienden Sorge für sich selbst und andere sein kann.

Bhaktapur, im Herbst 2003 Axel Michaels

I. Körperqual und Seelenheil

Askese ist die systematisierte Kontrolle von Körper und Geist. Auch die ursprüngliche Bedeutung des Wortes – von (griech.) *askesis* «Übung», besonders Körpertraining – spiegelt diesen Zusammenhang wider. Asketen wollen ihren Körper kontrollieren und überwinden. In zahlreichen Übungen kasteien und malträtieren sie sich. Sie stehen oder sitzen jahrelang auf einem Fleck oder gar auf einer Säule, sie messen mit ihrer Körperlänge kilometerlange heilige Strecken aus, sie schlagen sich mit Peitschen und Ketten blutig, sie fasten oder leben monodiätisch, das heißt von nur einem Nahrungsmittel, sie liegen in Dornengestrüpp oder auf Nagelbrettern, sie harren in eisiger Kälte aus oder in der Mitte eines Kreises von Feuern mit der Sonne über ihnen, sie hausen in dunklen Zellen und schlafen auf harten Pritschen. Ihre Leibfeindlichkeit, ihr Leiden kennt keine Grenzen, der Selbstmord wird mitunter nicht nur hingenommen, sondern gewollt. Askese ist in weiten Teilen langsames Sterben, Sterben im Leben, Abtöten der Sinne, Auslöschen des Lebenswillens. Ein Asket vertrocknet bei lebendigem Leib.

Aber gerade weil Asketen dieses entbehrungsreiche Leben *wollen*, erheben sie sich über alle anderen, die sich schutz- und willenlos dem Körper ausliefern. Wie viele Menschen fühlte sich Nietzsche von diesem starken asketischen Willen ebenso angezogen wie abgestoßen:

> Man kann sich schlechterdings nicht verbergen, *was* eigentlich jenes ganze Wollen ausdrückt, das vom asketischen Ideale her seine Richtung bekommen hat: dieser Haß gegen das Menschliche, mehr noch gegen das Tierische, mehr noch gegen das Stoffliche, diese Abscheu vor den Sinnen, vor der Vernunft selbst, die Furcht vor dem Glück und der Schönheit, dieses Verlangen hinweg aus allem Schein, Wechsel, Werden, Tod, Wunsch, Verlangen selbst – das alles bedeutet, wagen wir es, dies zu begreifen, einen *Willen zum Nichts*, einen Widerwillen gegen das Leben, eine Auflehnung gegen die grundsätzlichsten Voraussetzungen des Lebens, aber es ist und bleibt ein *Wille*! Und, um es noch zum Schluß zu sagen, was ich anfangs sagte: lieber will der Mensch *das Nichts* wollen, als *nicht* wollen. (Genealogie der Moral, III.28)

Körpertraining zur Stärkung, zur Überwindung des lästigen Mahners ist auch Sache der Soldaten und Sportler. Tatsächlich haben Asketen mit diesen einiges gemeinsam. Dennoch bleiben wesentliche Unterschiede: Die einen wollen den Körper überwinden, die anderen ihn für bestimmte Ziele beherrschen. Auch Paulus sah sich als Wettkämpfer, aber als einen, der für Gott und seinen Weg zu ihm kämpft:

> Wißt ihr nicht, daß die, welche in der Rennbahn laufen, zwar alle laufen, aber nur *einer* den Preis erlangt! Jeder Wettkämpfer aber ist in allen Dingen enthaltsam; jene nun, damit sie einen vergänglichen Kranz empfangen, wir aber einen unvergänglichen. Ich nun laufe so wie einer, der nicht ins Ungewisse läuft; ich kämpfe so wie einer, der nicht in die Luft schlägt; sondern ich kasteie meinen Leib und knechte ihn, damit ich nicht etwa, nachdem ich andern Herold gewesen bin, selbst verwerflich werde. (I. Brief an die Korinther 9,24–27)

Asketen wie Paulus – «Ich elender Mensch! Wer wird mich erlösen von diesem Leib des Todes?» (Brief an die Römer 7,24) – wollen den Körper letztlich loswerden; er ist ihnen hinderlich auf dem Weg zu einer letztlich körperlosen, geistigen Existenz. Die Athleten wollen die Früchte ihrer Selbstqual schon im Diesseits ernten (auch wenn asketische Märtyrer oder indische Asketen, die der Vorstellung von einer Erlösung zu Lebzeiten anhängen, dies ebenfalls anstreben). Athleten wollen gesund, schlank, schön und fit sein. Der Leib wird nicht wegen eines religiösen oder moralischen Zieles geschunden, nicht für das Jenseits, sondern um seiner selbst und des ruhmvollen Sieges willen. Für viele Menschen im Westen ist der trainierte Körper des Athleten und erfolgreichen Sportlers ein Ausdruck von Gesundheit und Sicherheit, dem es nachzueifern gilt. Dabei ist der moderne Mensch so halt- und bindungslos, daß nur sein Leib ihm noch gewiß ist. Dieser wird selbst zum Heilsobjekt: «Der Designerkörper soll den spürbaren Zerfall des Subjekts überdecken: Der Körper als das stählerne Band um das fragmentierte Individuum, um die innere Wohngemeinschaft (die einmal eine Person war).»[4]

Asketen aber sind oft so radikal in ihrer Körperfeindlichkeit, daß sie jede «natürliche Normalität» ablehnen, auch einen gesunden, schönen Körper. Selbst die natürlichen Regungen des Schlafens, Essens, Laufens oder Sitzens müssen bei ihnen auf den Kopf gestellt werden. Mitunter im wörtlichen Sinne: Der Kopfstand ist nicht nur eine turnerische, sondern auch eine asketische Übung. Wenn es für Menschen normal ist zu essen, sich zu kleiden, die Haare zu schneiden oder zu heiraten, so müssen Asketen fasten (nicht oder wenig essen), nackt herumlaufen, die Haare nicht (oder ganz) schneiden und keusch leben. Nur indem der sterbliche Körper nicht mehr zählt, gewinnt der Asket Unsterblichkeit und Gottesnähe – oder hat zumindest teil daran.

Der Asket dekonstruiert daher seinen Körper und mit diesem die Gesellschaft.[5] Denn der menschliche Körper ist weitgehend sozial bestimmt.[6] Dies gilt für Kleidung, Bewegungen, Benehmen, aber auch für Nahrungsaufnahme und Körperausscheidungen. Das Gespräch über den Körper, seine Pflege und Krankheiten, Sport, Alterung und Verfall, bis hin zu Tod und Leichenbestattung macht einen erheblichen Teil der Kommunikation unter den Menschen aus. Immer wieder wird der Körper dabei mit einem Haus verglichen, in dem die Seele wohnt: *Orandum est, ut sit mens sana in corpore sano* («Es ist zu beten, daß ein gesunder Geist in einem gesunden Körper sei»), meinte der römische Satiriker Decimus Iunius Juvenal (um 60–128) in seinen *Satiren*. Der Asket verläßt nicht nur das gebaute Haus, sondern oft genug auch sein Körperhaus. Zumindest lehnt er dieses ebenso ab wie das familiäre Zuhause.

Freilich bedeutet die angestrebte Körperlosigkeit auch ein Paradox: Der Asket muß sich vom Körper lösen und doch mit ihm, in ihm leben. Denn der Körper ist, wie der französische Philosoph und Historiker Michel Foucault (1926–1984) bemerkt,[7] die einzige Lust, die nicht ganz besiegt werden kann. Ich nenne diesen Widerspruch das Paradox der Sterblichkeit der Unsterblichkeit. Asketen sind sich dessen oft bewußt. Ihre Lösungen sind, wie noch zu zeigen sein wird, vielfältig. Das Auflösen der Dissonanzen in einem selbst gelingt ihnen nur um den Preis mancher Absonderlichkeiten, immer aber mit Stringenz. Denn die Körperfeindlichkeit der Asketen beruht auf einer strikten Opposition zur natürlichen Welt, die als unheilvoll, unrein oder sündig, vor allem aber als sterblich gesehen wird. Wenn das Fleisch schwach ist, muß der Fleischlose stark sein, so lautet die vereinfachte Logik vieler Asketen. Deshalb muß abgeschüttelt oder überwunden werden, was den Körper rufen läßt: Lust, Hunger, Schmerz. Am Ende steht die Verheißung von körperloser Wonne, reine Geistigkeit, die Nähe zu Gott oder das vollständige Erlöschen. Die Wege, die zu diesen Zielen führen sollen, sind kulturell geprägt, doch gleichen sie einander in ihrer Zielrichtung. Immer geht es um Körperüberwindung und den Verzicht auf leibliche Regungen, Abwertung von Natürlichkeit, Sorge um sich selbst und

«Technologien des Selbst», wie Foucault asketische Strategien zur Selbstfindung nennt. So grenzen sich viele Asketen von den normalen Menschen ab, steigen aus, demonstrieren, daß sie keine gewöhnlichen Menschen mehr sind, werfen alles von sich. Ein Sanskritwort für Askese, *samnyāsa*, bedeutet genau dies.

Kleidung und Nacktheit

«Normal» ist es für den Menschen, sich schön oder angemessen zu kleiden. Der Asket aber kleidet sich nicht, er hat ein schlichtes, einfarbiges, immer gleich bleibendes Gewand oder er läuft nackt herum, allenfalls gegen die Kälte sich schürzend. Der Asket beziehungsweise Kyniker soll, so Epiktet (ca. 50–140 n. Chr.), «nicht Kleid noch Heim noch Herd haben, (...) weder Frau noch Kinder, sondern allein die Erde und den Himmel und einen alten Rock.»[8] Und auch für die Benediktiner sind die Kleidervorschriften karg, wenngleich sie dem jeweiligen Klima angepaßt sein sollen:

> Die Kleidung, welche die Brüder erhalten, soll der Lage und dem Klima ihres Wohnortes entsprechen; denn in kalten Gegenden braucht man mehr, in warmen weniger. Darauf zu achten ist Aufgabe des Abtes. Unserer Meinung nach genügen in Gegenden mit gemäßigtem Klima für jeden Mönch Kukulle und Tunika, die Kukulle im Winter wollig, im Sommer leicht oder abgetragen, für die Arbeit ein Überwurf und als Fußbekleidung Socken und Schuhe. Über Farbe oder groben Stoff dieser Kleidungsstücke sollen sich die Mönche nicht beschweren; man nehme alles so, wie es sich in der Gegend, wo sie wohnen, findet, oder was man billiger kaufen kann. Der Abt sorge aber für das rechte Maß, daß die Kleider nicht zu kurz sind, sondern denen, die sie tragen, passen. Bekommen sie etwas Neues, geben sie das Alte immer gleich ab; es wird in der Kleiderkammer für die Armen aufbewahrt. Für einen Mönch genügen zwei Tuniken und zwei Kukullen; so kann er zur Nacht und zum Waschen die Kleider wechseln. Was darüber hinausgeht, ist überflüssig und muß entfernt werden. Ebenso gibt man die Socken und alles Abgetragene ab, wenn man Neues bekommt. Wer auf Reisen geschickt wird, erhält Hosen aus der Kleiderkammer; nach der Rückkehr gibt er sie gewaschen wieder ab. Kukulle und Tunika, die er für die Reise aus der Kleiderkammer erhält und nach der Rückkehr zurückzugeben hat, seien ein wenig besser, als man sie für gewöhnlich trägt. Als Bettzeug genügen Matte, Tuch, Decke und Kopfkissen. Der Abt

durchsuche häufig die Betten, ob sich dort nicht Eigenbesitz finde. Wenn sich bei einem etwas findet, das er nicht vom Abt bekommen hat, treffe ihn strengste Strafe. Um dieses Laster des Eigenbesitzes mit der Wurzel auszurotten, muß der Abt alles Notwendige geben: Kukulle, Tunika, Socken, Schuhe, Gürtel, Messer, Griffel, Nadel, Tuch, Schreibtafel; so kann sich keiner damit entschuldigen, es habe ihm etwas Notwendiges gefehlt. Der Abt erwäge aber immer jenen Satz der Apostelgeschichte: «Jedem wurde so viel zugeteilt, wie er nötig hatte.» So berücksichtige der Abt die Schwäche der Bedürftigen, nicht die Mißgunst der Neider. Doch bei allen Entscheidungen denke er an die Vergeltung Gottes. (Benediktusregel 55)

Da das Mönchsgewand oft zu den wenigen persönlichen Dingen gehört, die ein Entsager besitzen darf, sind die Vorschriften zu Material, Farbe und Form meist minutiös festgelegt. Zu groß sind die Verlockungen, das Gewand oder die Kutte prunkvoll werden zu lassen. Buddhistischen Mönchen sind nur drei gelbe oder sandfarbene Tücher erlaubt: ein Hüfttuch, eine Schultertoga und eine Art Mantelrobe, dazu ein Gürtel und Nadel und Faden. Am Ende der Regenzeit gibt es oft neue Tücher, gestiftet von der Laienschaft. Dabei wird auf neuen oder guten Stoff Wert gelegt. Diese ritualisierte Überreichung der neuen Robe (Pāli *kathina*) ist noch heute in Ländern, in denen der Theravāda-Buddhismus verbreitet ist, eine wichtige Zeremonie und fast die einzige, bei der Laien in das Mönchsleben integriert sind.

Wo wenig ist, gibt es um so mehr Auslegung und Streit. Selbst kleine Details können daher bei den asketischen und religiösen Bekleidungen große Unterschiede ausmachen. So führte die Frage, ob die Hosen der Wiedertäufer einen Knopf haben dürfen, zu haarspalterischen Auseinandersetzungen bei den Hutterern und anderen Täufergemeinschaften: In der Bibel wird ein Knopf nicht erwähnt, und daher galt es einigen als unfromm, ihn zu benutzen. Auch die bloße Farbe der Hüte bei tibetischen Mönchen markiert grundlegende Differenzen in der Dogmatik und Lehre. So richtete sich die von Tsongkhapa (1357–1419) gegründete Gelugpa-Schule, deren Mönche gelbe Mützen trugen und danach benannt wurden, gegen die vermeintliche Verweltlichung der Mitte des 8. Jahrhunderts von dem indischen Mönch Padmasambhava gegründeten Schule der Rotmützen.

Bei hinduistischen Sekten besteht das Asketengewand meist nur aus einem Lendenschurz (eine Art Unterhose, die in Indien ursprünglich nur die Asketen trugen), einem Hemd und einem Hüfttuch. Gestattet sind meist auch Westen oder Decken gegen die winterliche Kälte. Die Kleidung kann aus Fellen, Bananenblättern oder aus Baumrinde gefertigt sein, aber auch aus Lumpen oder Lappen. So wurden islamische Mystiker und Asketen nach ihren Kutten aus Wolle (arab. *suf*) als «Sufi» bezeichnet. Überhaupt ist die Lappentracht oder der Flickenrock (arab. *khirqua*) bei religiösen Virtuosen weit verbreitet: Die Asketen der Alten Kirche, freie Derwische, Schamanen, Franziskaner trugen sie als Zeichen der Bruderschaft oder Armut.[9] Hinzu kommen in der hinduistischen Asketentracht meist Stock und Hüftgürtel oder Schnur. Allein um diese beiden Gegenstände hat sich eine lange Diskussion ergeben. Alle Kleidungsstücke erhält der Asket oft mit religiösen Sprüchen oder Versen überreicht. So sagt etwa in einem mittelalterlichen Askesetext der neu initiierte Asket zum Stock:

> Beschütze mich Freund, Du, der Du meine Stärke und mein Freund bist. Du bist der Strahl des Gottes Indra, der die Hindernisse erschlägt. Sei meine Zuflucht und zerstöre alles Übel! (Nāradaparivrājaka-Upanishad 169–170[10])

Überhaupt zählt der (Wander-)Stock zu den wichtigsten Ausrüstungsgegenständen eines Asketen. Eine Gruppe shivaitischer Asketen, die Dandins (wörtlich: «diejenigen, die einen Stock haben»), wird sogar nach ihm benannt: Er dient den Entsagern als Stütze, auch bei der Meditation, sowie als Waffe. Wundergeschichten umgeben ihn, etwa wenn es heißt, daß ein Asket mit dem Stock auf die Erde gezeigt habe und dort eine Quelle gefunden worden sei.[11]

Obgleich asketische Kleidung meist schlicht und armselig sein soll, ist sie nicht frei von Eitelkeit. Ein indischer Asket hat sich einen Hut aus Rudrāksha-Nüssen gemacht, aus dem heraus immergrünes Durva-Gras wächst, ein anderer trägt ein edles Sakko, bei dem nur die orangene Farbe die Entsagung signalisiert, ein Dritter hüllt sich in weiße Gewänder, die freilich aus bestem Tuch sind. Schaut man genau hin, so zeigt sich, daß sich beinahe jeder Asket schmückt und herausputzt. Verschiedene Ketten (Skt. *mālā*), Rosenkränze und Amulette, die Form der Sektenzeichen, das Binden des Haarschopfes, die Farbskala (violett, gelb, orange, blutrot), die Form und Größe der Wanderstöcke erlauben jedem, sich von anderen abzugrenzen.

Da das Betteln zum täglichen Leben hinduistischer und buddhistischer, aber auch islamischer Asketen gehört, haben auch die Bettelschalen, in denen sich in Südasien Almosen und Geld mit Reis und Linsen mischen, besondere Bedeutung erlangt. Meist sind sie oval geformt, aus Kalebasse, also aus dem verholzten Perikarp der Früchte des Kalebassenbaumes und des Flaschenkürbisses, aber auch aus Holz oder Metall. Die Aghorī-Asketen verwenden – gewissermaßen als *Mementum mori* – einen Menschenschädel als Bettelschale, vorzugsweise den eines Kindes.

Die eigentliche Opposition zur Kleidung bildet aber die Nacktheit, welche dem *Status naturalis* entspricht und entweder als gottgewollt oder als gottgleich betrachtet wird. Im Christentum sah man Nacktheit zeitweilig als höchste Form der Reinheit und Unschuld. Freilich stand sie Menschen nicht zu. Erst im Paradies fallen alle Hüllen, und wäre nicht der Sündenfall, so bräuchten auch dort die Menschen – Engeln gleich – nicht ihre Scham zu bedecken. Für die Orphiker ist Gott denn auch arm und nackt. Desgleichen wird Shiva als ein nackter Gott dargestellt; sein Symbol ist das phallusförmige *linga.* «Luftgekleidet» (Skt. *digambara*) nennt sich eine Gruppe jainistischer Mönche – und unterscheidet sich damit von den «Weißgekleideten» *(shvetāmbara)*, also denjenigen Mönchen, die sich in weiße Kleider hüllen. «(Nur) vom Wind umgürtet» (Skt. *vātarashana*) wurden Asketen *(muni)* auch schon im *Rigveda*, einer zwischen 1750 und 1200 verfaßten Sammlung von Hymnen, genannt.

Selbstgewählte Nacktheit symbolisiert den radikalen Bruch mit den Konventionen und der Gesellschaft. Eine solche deutliche Abkehr von der Welt hat 1207 Franziskus von Assisi, der Sohn eines wohlhabenden Tuchhändlers, demonstriert, als er sich vor dem Palast des Bischofs von Assisi nackt auszog und seinem Vater die Kleider und Geld vor die Füße legte.

Kultische Nacktheit[12] ist etwas anderes als ein zur Schau gestellter nackter Körper. Ob bei den nackten Athleten der antiken Olympischen Spiele, den frühchristlichen Darstellungen von entblößten Jungfrauen oder den unbekleideten hinduistischen und jainistischen Asketen – der asketisch-nackte Körper ist der sozialen Welt entzogen, er ist nicht mehr verfügbar. Er gilt als ein Symbol für die unbefleckte Seele, die ideale Jungfräulichkeit, das zölibatäre Leben. Nacktheit steht oft gegen weltliche Macht, Sexualität und Hierarchien. Sie steht für Umkehr und Rückzug, für das Paradies, in dem Unschuld herrscht.

Auf der anderen Seite zeigt sich in der gewaltsamen, kolonialen Einkleidung nackter «Wilder» oder der projizierten Unschuld auf «unberührte» Menschen, die noch nicht von der Zivilisation verdorben sind, die Vereinnahmung sozial geprägter Nacktheit. Dieser Träume und Phantasmen bedient sich auch die kommerzielle Werbung, aber rituelle und asketische Nacktheit entzieht sich allen werbenden Blicken. Nackte Asketen wollen vielleicht provozieren, ihren Körper zur Schau stellen und ihre Macht zeigen, aber sie wollen nicht Sexualität. Daher gibt es bei hinduistischen Asketen geradezu einen Kult um den letzten Rest, der Penis und Hoden bedeckt. Das Feigenblatt des Hinduismus ist das mitunter äußerst knappe Lendentuch. Ganz nackt sind denn auch indische Asketen nur selten, etwa auf großen Wallfahrten, zu sehen – wie schon Augustus zu berichten wußte:

> Auch jene Mönche, die in den waldigen Einöden Indiens nackt philosophieren und deswegen Gymnosophisten heißen, bedecken ihre Geschlechtsteile mit Hüllen, während sie im übrigen ganz unbekleidet bleiben. (Augustinus, *Vom Gottesstaat* XIV, 17; S. 193)

Für manche jinistische Digambara-Mönche ist Nacktheit in Abgrenzung zu den Shvetāmbara-Mönchen eine Voraussetzung für die Erlösung. Aus diesem Grund billigen sie Frauen auch keine Erlösung zu:

> (Eine Nonne) ißt nur eine Mahlzeit am Tag und trägt ein Stück Stoff. Nach den Lehren des Jina kann eine Person, die Kleidungsstücke trägt, nicht die Erlösung erlangen, selbst wenn sie ein «Furtbereiter» (Skt. *tīrthankara*[13]) wäre. Der Weg der Erlösung bedeutet (daher) Nacktheit; alle anderen Wege sind falsch. (Digambara Ācārya Kundakunda (um 150 n. Chr.), *Sūtraprābhrita*)[14]

Wer innerlich rein ist, so eine asketische Logik, kann alles tragen oder durch Kleidung nur verschmutzt werden. Wer asexuell lebt, muß nicht seine Scham bedecken. Auch Götter haben keine Schamgrenzen: Der Gott Shiva verkörpert durch seine Nacktheit nicht nur die Verbindung von Erotik und Askese, sondern auch eine heilige Verrücktheit, wie sie nicht allen zusteht. Wenn er aufreizend, mit erigiertem Penis, obszön, mit Asche eingerieben und mit verfilztem Haar dargestellt wird, dann gilt er als der große Verführer (etwa der Frauen der Seher und Urahnen der höheren Schichten). Kein Wunder, daß er als Aussteiger gesehen und von den großen Opfern ausgeschlossen wurde.

Nāga-(«Nackten»-)Sektionen, nicht nur shivaitische, finden sich in vielen indischen Asketengruppierungen. Indem sie in der Öffentlichkeit ihr Glied zur Schau stellen, wollen sie zeigen, daß sie allen sexuellen

Versuchungen widerstehen können. Einige Asketen behaupten, ihr Nacktsein bringe zum Ausdruck, daß ihnen nichts anhaften könne. Wiederum andere sagen, daß die Nacktheit am besten ihre Besitzlosigkeit demonstriere: Einem nackten Mann kann man nicht in die Tasche greifen. Obwohl die Nāgas – zumindest bei bestimmten Festen – keine Kleidung tragen, sind sie aus ihrer eigenen Sicht nicht wirklich nackt. In der Regel reiben sie ihren Körper und ihr Haar mit Asche ein. Die Aghorīs holen sich die Asche sogar von den Verbrennungsplätzen. Indem sie diese täglich auftragen, werden sie selbst zu einem *Mementum mori*, erinnern an die Sterblichkeit des Menschen, die sie selbst überwunden haben. Deshalb ist für sie und andere hinduistische Asketen die Asche ein Symbol des Lebens. Aus dem gleichen Grund betteln die Aghorīs nicht nur mit einer Almosenschale aus einem menschlichen Schädel, sie tragen auch Ketten aus menschlichen Knochen oder hüllen sich in Leichentücher.

Wer sich scham-lose Nacktheit leisten kann, hat alles hinter sich gelassen. Ihn kann nichts mehr berühren, nicht einmal die Blicke der anderen. Nacktheit wurde denn auch von hinduistischen Asketen als höchste Stufe angesehen. Viele Asketengruppen billigen Nacktheit daher nur besonders fortgeschrittenen Entsagern zu, etwa den Paramahamsas. Von diesen heißt es in einer Samnyāsa-Upanishad, sie werfen Stab, Wassergefäß, Hüftgürtel, Lendentuch und andere Tücher fort. Sie rasieren sich nicht mehr und betrachten ihren Körper als Leichnam. Allein und wie Verrückte ziehen sie umher.[15]

Haar und Tonsur

«Normal» ist es, eine Frisur zu haben, das Haar alle paar Wochen oder noch öfter schneiden zu lassen und es so zu gestalten, wie man es seinem Wesen oder dem Zeitgeist angemessen findet. Asketen stehen in Opposition zu diesem Markt der Eitelkeiten. Für sie gibt es nur zwei Möglichkeiten, ihre Ablehnung zu demonstrieren: die Haare ganz abschneiden oder sie nie schneiden. Die christliche Tonsur, die kahlgeschorenen Köpfe buddhistischer Mönche oder die langen Haarflechten hinduistischer Asketen sind denn auch zu den markantesten Zeichen von Entsagern geworden. Wenn die Frisur das sozial konforme, sexualisierende Haar ist, so entspricht die Tonsur der Asketen ihrem gewollten Ausstieg aus der Normalität. Wenn das um Liebe werbende Frisieren des Haares unmöglich wird, dann kann die Rasur der Asketen auch als eine Form von Selbstkastration gesehen werden.[16]

So galt im christlichen Mönchtum seit dem 4. Jahrhundert das Ausscheren einer runden Fläche auf dem Hinterkopf als Zeichen der sichtbaren Übereignung an Gott und der Abkehr von der normalen Welt. Im Frühmittelalter wurde dieser Brauch auf die geistlichen Amtsträger der katholischen Kirche ausgeweitet und bis 1972 zu einem Teil des Aufnahmeritus in den geistlichen Stand. Viele katholische Mönche wie etwa die Kartäuser lassen sich nach wie vor als Zeichen der Demut monatlich zweimal die Haare scheren. Bei den Fakiren rasieren sich bestimmte Gruppen (Qalandar und Jalali) beim Eintritt in eine «freie» Bruderschaft sogar die «vier Schönheiten des Gesichts», nämlich Haupthaar, Voll- und Schnurrbart sowie die Augenbrauen.[17]

Die asketische Opposition zum «normalen» Leben ist besonders augenfällig bei der hinduistischen Tonsur. Bei männlichen Hindus der höherrangigen Stände (Skt. *varna*) beziehungsweise Kasten ist es üblich, daß sie ihre Haare niemals ganz scheren, obwohl man sich in Indien bei vielen Anlässen zumindest das Haupthaar rasieren läßt, etwa bei bestimmten Übergangsritualen, Festen, Gelübden sowie beim Tod von Vater oder Mutter. *Mundana*, die rituelle Rasur von Kopf- und Barthaar, ist auch bei der Wallfahrt zu heiligen Orten (Skt. *tīrtha*) vorgeschrieben. Es heißt,[18] daß die begangenen Übel auch in den Haaren sitzen und eine Waschung im heiligen Fluß nicht ausreicht, sie abzuwaschen. Deshalb muß derjenige, der rituelle Reinheit sucht, sich rasieren lassen. Ebenso ist bei der hinduistischen Initiation des Knaben, die als zweite Geburt gilt, eine Tonsur vorgeschrieben. Immer bleibt aber bei diesen «Zweimalgeborenen», die sich auch durch das Tragen der heiligen Schnur auszeichnen, ein kleiner Haarzipfel (Skt. *shikhā*, *cūdā*) stehen. Es ist dies ein Merkmal der Opferberechtigung und der patrilinearen Deszendenz, die ein wesentliches Kriterium des Heilsweges bildet. Ursprünglich war die *shikhā* ein Zeichen von verschiedenen Priesterclans, die Variationen bei den Haarzipfeln waren zugleich soziale Grenzziehungen zwischen ihnen. Heute ist fast nur noch eine südindische (breiter Haarschopf) und eine nordindische Variante (kleiner Haarwuschel) zu unterscheiden.

Die Dashanāmī-Asketen aber lassen sich bei ihrer Weihe (Skt. *dīkshā*) auch diesen Haarzipfel abschneiden. Sie trennen damit die Verbindung zu den Vätern und Vorvätern erklärtermaßen ab. Die Folge: Sie verlieren die Opfer- und Erbberechtigung, sind sozial und rituell ausgestoßen, können nicht mehr unter den Zweimalgeborenen heiraten und das vedische Opferfeuer entzünden. Es liegt in der Logik hinduistischer Opfervorstellungen, daß sich auch die Witwe beim Tod ihres Mannes (und in regelmäßig wiederkehrenden Abständen) das Kopfhaar kurz schneiden oder vollständig scheren läßt: Auch sie hat keine Opferberechtigung mehr. Ebenso gebietet das Verständnis von ritueller Reinheit, daß in der hinduistischen Wallfahrt die Pilger zeitweilig selbst zu Asketen werden. Die Tonsur markiert diesen Status, aber der verbleibende Haarzipfel läßt doch noch deutlich erkennen, daß die Wallfahrer die soziale Welt nicht vollständig und unwiderruflich aufgegeben haben.

Nach der Asketenweihe und der vollständigen Tonsur lassen sich die Dashanāmī-Asketen ihr Haar meist nicht mehr schneiden. Es wächst dann teilweise bis zum Boden, wird mit Asche oder Kuhdung eingerieben, in Flechten gedreht und zu einem klobigen Haarschopf hochgebunden. Die Asketen gleichen dann Gott Shiva, ihrem Vorbild, der in seinem Haar den Ganges beziehungsweise die Flußgöttin Gangā auffing, als diese vom Himmel herabströmte und die Erde zu ertränken drohte.

Indem die Dashanāmīs und andere hinduistische Asketen ihre Haare nicht mehr schneiden, ist es ihnen wieder möglich, Frisuren zu tragen. Tatsächlich zeigen sich verschiedene Arten, den Haarschopf zu binden: senkrecht hoch, seitlich, nach hinten, mit oder ohne Kopfbedeckung beziehungsweise Schmuck. Asketen stehen zwar in Opposition zur Welt, die sie fliehen, aber sie stehen noch in der Welt, und so bleiben ihnen vielfach die alltäglichen Probleme erhalten, wenn auch auf einer anderen Ebene. Gespräche über Haarprobleme sind unter Asketen genauso üblich wie unter Frauen und Männern in den Beauty Parlours westlicher Städte.

Buddhistische und jinistische Asketen umgehen das Problem der Haartracht und ihrer Moden. Sie lassen sich bei ihrer Weihe alles Haupthaar abtrennen, jinistische Mönche lassen es sich sogar in Büscheln oder einzeln ausreißen. Viele rasieren auch die Achsel- und Schamhaare ab. Traditionell gilt es vier Stellen zu scheren: Kopf, Bart, Achseln und Scham. Körperausscheidungen, zu denen der Haarwuchs in Indien meist gezählt wird, sind Ausdruck der Kreatürlichkeit, den es rituell zu ersetzen gilt. So sind denn auch regelmäßige Tonsuren für buddhistische und jinistische Mönche obligatorisch. Vor allem bedeuten aber Glatzköpfe – wie auch in westlichen Kulturen – ein für alle sichtbares Zeichen des Protestes gegen die «Normalen» und des sozialen Ausstiegs.

Essen und Fasten

«Normal» ist es für Menschen, Speisen zu kochen, zuzubereiten und allein oder mit anderen zu essen. Tischgemeinschaft ist soziale Verbundenheit, Tischkultur drückt den sozialen Status aus, und Tischsitten die Statusgrenzen. Wer sich bei Tisch nicht benehmen kann, weist sich als nicht gesellschaftsfähig aus. Wechselseitige Einladungen zu gemeinschaftlichen Essen bedeuten oft, daß man sich gegenseitig achtet oder schätzt. Im Mittelpunkt des Alltagslebens stehen Herd und Küche.

Asketen steigen auch aus diesem Treiben aus. Sie gründen ihre eigene Speisegemeinschaft, ritualisieren radikal die Nahrungszubereitung und -aufnahme oder verzichten – teilweise, in seltenen Fällen ganz – auf jede Speise. Asketen essen, aber weder produzieren sie selbst Nahrung noch reichen sie sie weiter. Dies gilt in besonderem Maße für indische Asketen. Sie steigen aus jeglichem Austausch und Kreislauf von Nahrung aus.

Asketische Kultur ist auch die Kultur des Fastens, der Verweigerung beziehungsweise Einschränkung von Speisen und Getränken. Dies kann zeitweilig geschehen, wenn die Speisen nur zu bestimmten Zeiten eingenommen werden: bei buddhistischen Mönchen nur vormittags, bei Muslimen im Fastenmonat Ramadan nur nach Sonnenuntergang, an den Fastentagen der katholischen Kirche (Aschermittwoch, Karfreitag) beziehungsweise in den Fastenzeiten vor Ostern und Weihnachten. Oder es kann eine diätetische Einschränkung in Quantität oder Qualität der Nahrungsmittel sein, etwa die christliche Abstinenz von Fleischspeisen an Freitagen, besonders am Karfreitag. Das Christentum, aber auch der Hinduismus kennen das Bußfasten. Im israelitischen Judentum gab es sogar öffentlich angeordnetes Bußfasten, um den Zorn Gottes zu beschwichtigen. Der Verzicht auf Speisen wird daher oft als eine selbstauferlegte Strafe betrachtet. Jesus widerstand einer Versuchung durch vierzigtägiges Fasten.[19] Im Christentum gehört das Fasten zum festen Bestandteil der Bußriten, da es der Sünde entgegenwirkt. Im Hinduismus[20] gibt es Asketen, die nur von Früchten und/oder Milch leben. Der Früchteesser (Hindī *phalāhārī*) Pandit Kamalā Prasād Dubey (1910–1985) etwa lebte nahezu fünfzig Jahre nur von Früchten und etwas Milch. Er berührte keine gekochte Speise und kein Geld. (Darüber hinaus hielt er noch zwölf Jahre ein Schweigegelübde ein.) Ähnlich ernährt sich der Milchtrinker *(dugdhāhārī)* Ram Krishna Das, der am Pashupathinātha-Tempel in Deopatan (nahe Kathmandu) lebt, nur von Milch und Milchprodukten, die teilweise seine Mutter bringt. Sein Zuhause, ein Zimmer bei einem Rāma-Tempel, ist zeitweilig voll von leeren Milchpulverdosen.

Hinter solchen Monodiäten stehen zumeist genaue Vorstellungen vom Zusammenhang von Speise und Bewußtsein: Der Mensch ist, was er ißt. Fasten ist dann nicht nur eine innere Reinigung des Körpers, sondern auch eine Befreiung der Seele von Ballast. Verbreitet ist in Indien etwa die Trennung zwischen «kalten» und «heißen» Nahrungsmitteln.[21] Danach gelten als «kalt» (Hindī *kaccā*, Nepālī *sardhi*) alle in Wasser gekochten Getreidespeisen, vor allem gekochter Reis, aber auch Milch, Butterschmalz, die meisten Früchte, Honig, Linsen und viele Gemüsesorten. Diese stehen für die klaren, reinen, «brahmanischen» Qualitäten Enthaltsamkeit, Ruhe und Sanftmut. «Heiße, anregende» *(garam)* Speisen sind dagegen in Butterschmalz oder Öl gebratenes beziehungsweise fritiertes Gemüse oder Süßigkeiten, Fleisch, Eier, Zwiebeln, Knoblauch und in der Erde wachsendes Gemüse; sie bereiten Begierde, Mut, Aggression. Es versteht sich, daß der hinduistische Asket vorzugsweise die «kalten» Speisen essen und damit Vegetarier sein soll.

Die Motive für asketisches Fasten sind vielfältig, besonders häufig ist der Wunsch nach innerer Reinigung und Buße. Bezeugt sind auch ekstatische Glückszustände oder Visionen, die durch extremes Fasten erzeugt wurden. Fasten muß daher nicht unbedingt nur eine Verarmung sein, sondern kann auch durch die Konzentration auf das Wesentliche einen Gewinn bedeuten. Weniger ist mehr: der Genuß des Besonderen. Ursprünglich mönchische Fastenspeisen zählen meist zu den Köstlichkeiten im Speiseplan bestimmter Kulturen.

Die radikalste Form des Fastens betreiben die jinistischen Mönche.[22] Sie hungern sich mitunter zu Tode. Noch 1989 soll eine Nonne im Alter von 78 Jahren einundfünfzig Tage strikt gefastet haben und danach gestorben sein.[23] Dieses *sallekhana* genannte Gelübde ist nicht mit einem Selbstmord zu verwechseln, den die Jainas als «kindische» Form des Sterbens betrachten. Vielmehr soll sich der Mönch, wenn er seine Kräfte schwinden sieht oder sich zum Sterben bereit fühlt, spirituell auf den Tod und die Befreiung *(samādhi)* vorbereiten. Dazu gehört unter anderem, daß er alle weltlichen Regungen beseitigt, seine Sünden bekennt, seinen Mitmenschen vergibt und allein auf seine Erlösung hin meditiert. Nach und nach verweigert er dann jede feste Speise, ernährt sich zunächst nur von flüssiger Nahrung. Später nimmt er auch diese nicht mehr ein und trinkt nicht einmal Wasser. Nie soll er sich aber den Tod oder einen schnellen Tod wünschen. Indem er sich in eine Höhle zurückzieht und tatenlos verharrt, bis der Tod ihn erfaßt, häuft er kein Karma mehr an und vermeidet eine leidvoll vorgestellte Wiedergeburt. So heißt es nach einem jinistischen Text vermutlich aus dem 3. Jahrhundert v. Chr.:

> Ein Mönch, dem dieser Gedanke kommt: ‹Fürwahr, ich werde es müde, in diesen Zeitläuften diesen [meinen] Leib weiter herumzuschleppen›, der soll die Nahrungsmenge immer mehr verringern, und hat er darauf ‹die Leidenschaften klein gemacht›, ‹hat der Mönch mit Energie seinen Körper [darauf] eingestellt, ist er dünn [geworden] wie ein Brett, ist sein Leib schon fast erloschen›,[24] so soll er (...) in die Einsamkeit gehen. (...) Hat er die Leidenschaften klein gemacht, so halte er aus mit wenig Nahrung. Wenn der Mönch bei der [geringen] Nahrung erkrankt, so soll er nicht zu leben begehren, aber auch nicht zu sterben verlangen: an beidem, Leben wie Sterben, soll er nicht hängen. (Bambhacerāim 38, 20 ff.[25])

Auch bei der Nahrungsaufnahme sind Asketen die Ausnahmen von der Regel. Wenn es für Menschen normal ist, von einem Teller zu essen, dann bildet alles, was nicht ein Teller ist, die Opposition. Dies kann die bloße Hand sein oder ein besonderer Behälter, etwa eine Bettelschale. Von indischen Asketen wird auch verlangt, daß sie nur mit dem Mund, also ohne Hände, essen. Sie sollen sich ernähren wie eine Biene, die von Blüte zu Blüte fliegt, indem sie von Haushalt zu Haushalt betteln gehen. Oder sie sollen sich wie ein Reiher, eine Taube oder ein Hund nur von zufällig Gefundenem ernähren. Oder sie sollen «Speiseresteesser» sein, die nur das ihnen Überlassene essen und damit das im indischen Kontext Unreine verdauen können.[26]

Wer Nahrung verweigert, protestiert. Ob Fastenkur, Hungerstreik oder Magersucht, immer zeigt der abgemagerte Körper die Unzufriedenheit mit dem anderen, vorherigen Leben. Das Fasten soll helfen, das Alte hinter sich zu lassen und das Neue im «neuen» Körper entstehen zu lassen. Auch der religiöse Mensch zielt auf Vervollkommnung und Überwindung von sterblicher Körperlichkeit: Hunger stellte eine Form der «Entziehungskur» vom weltlichen Leben dar, auch den Wunsch, das eigene Leben neu zu gestalten. Tatsächlich zeigt sich im abendländisch-christlichen Kontext früh eine enge Verbindung von Nahrungsverweigerung und geschlechtlicher Askese.[27] Das Ideal gerade der christlichen Frauen war, den eigenen Körper zu befreien und für andere unerreichbar zu machen. Nur dann war er dem männlichen Zugriff entzogen. So wie Essen mit Lust und sogar Sexualität verbunden ist, versinnbildlicht im Apfel, so bildet das Fasten nicht selten den Protest auch gegen die Sexualität. Und daher verbinden sich oft Ideale von Jungfräulichkeit, Keuschheit und Fasten.

Aber weder Essen noch Fasten befreit wirklich vom (öffentlichen) Leib. Denn wie immer man es hält, man bleibt den Blicken der anderen und deren Meinungen und Deutungen ausgesetzt. Letztlich beschäftigt sich der Hungerkünstler genauso viel – wenn nicht sogar noch mehr – mit dem Körper, dem er sich entziehen will. In radikalster Form bleibt da nur das Fasten zum Tode, wie es die Jaina-Asketen oder einige frühchristliche Entsager praktizierten. Doch diesen Weg gehen nur wenige. Andere ergehen sich in Phantasmen von einem seelenlosen, feinstofflichen oder glorreichen Körper, der sich nach der katholischen Transzendenzlehre etwa durch Klarheit *(claritas)*, Gleichmut *(impassibilitas)*, Feinheit *(subtilitas)* und Gewandtheit *(agilitas)* auszeichnet, oder – nach der buddhistischen Dreikörperlehre – von einem nur spirituell, aber nicht mit den Sinnesorganen erfahrbaren, himmlischen «Genuß-Leib» (Skt. *sambhogakāya*), der allein Erlösung und damit Körperlosigkeit möglich macht.

Schlafen und Wachen

«Normal» ist es für den Menschen, in der Nacht in einem Bett zu schlafen und tagsüber wach zu sein, um seinen Aufgaben nachkommen zu können. Zwar gibt es zahlreiche Ausnahmen von dieser Regel, aber es bleibt eine Regel. Auch Asketen folgen gewöhnlich dem üblichen Tag-Nacht-Rhythmus. Doch setzen sie sich oft in der Form des Schlafens und Wachens von den Normalsterblichen ab, indem sie extreme Nachtwachen praktizieren, nur wenig schlafen oder sich auch beim Schlafen kasteien.

So beginnt der Tag für die Benediktiner in aller Herrgottsfrühe, noch vor Sonnenaufgang, mit Vigil und Laudes, dem Morgenlob des Chorgebets. Die Nachtruhe der Mönche ist ebenfalls geregelt – und zwar so, daß sie stets bereit sind, unverzüglich für den Gottesdienst aufzustehen:

> Jeder soll zum Schlafen ein eigenes Bett haben. Das Bettzeug erhalten die Brüder, wie es der Lebensweise von Mönchen entspricht und wie der Abt es ihnen zuteilt. Alle schlafen wenn möglich in einem Raum; läßt die große Zahl es aber nicht zu, ruhen sie zu zehn oder zwanzig mit den Älteren, die für sie verantwortlich sind. In diesem Raum brennt ständig eine Lampe bis zum Morgen. Die Brüder schlafen angekleidet und umgürtet mit einem Gürtel oder Strick. Ihre Messer aber haben sie während des Schlafes nicht an der Seite, damit sie sich nicht etwa im Schlaf verletzen. So seien die Mönche stets bereit: Auf das Zeichen hin sollen sie ohne Zögern aufstehen und sich beeilen, einander zum Gottesdienst zuvorzukommen, jedoch mit allem Ernst und mit Bescheidenheit. Die jüngeren Brüder haben ihre Betten nicht nebeneinander, sondern zwischen denen der älteren. Wenn sie zum Gottesdienst aufstehen, sollen sie sich gegenseitig behutsam ermuntern, damit die Schläfrigen keine Ausrede haben. (Benediktusregel 22)

Systematischer Schlafentzug gehört zu verbreiteten asketischen Techniken der Heilssuche. Die Übermüdungs- und Dämmerzustände eignen sich, so heißt es, um außergewöhnliche und mystische Erfahrungen zu machen. Religiöse Nachtwachen, bei denen gefastet, gebetet oder gesungen wird, sind nicht nur bei Asketen beliebt. Diese nehmen oft extreme Strapazen auf sich, um tagelang wach bleiben zu können. Sie binden sich wie Derwische ihre Haare an die Decke oder verbringen wie hinduistische Asketen die Nächte stehend, nur auf ein von der Decke hängendes Brett gestützt. Der Sufi Shilbli (861–945) soll sich mit Salzwasser immer wieder die ermattenden Augenlider befeuchtet haben, andere sollen sich rotes Paprika-Pulver in die Augen gestreut haben.[28]

Viele Asketen gehen davon aus, daß Schlaf vom Denken an Gott ablenkt, der Wachzustand daher vorzuziehen sei, zuviel Schlaf oder Schlaf am Tage den Müßiggang fördere und daher einem Gottgläubigen nicht zustehe – einem Entsager schon gar nicht. Andererseits wird aber auch im Schlaf eine Ahnung des Erlöstseins gesehen. So unterscheidet man in

Indien seit den Upanishaden vier Bewußtheitsstufen:[29] (1) das Wachbewußtsein, bei dem die Erkenntnis nach außen gerichtet ist und bei dem die Menschen eine gemeinsame Welt erfahren; (2) den Zustand des Traumschlafs, bei dem die Erkenntnis nach innen gerichtet ist, Denkorgan (Skt. *manas*) und Verstand *(buddhi)* aber eine eigene Wirklichkeit verursachen, die sich über Raum, Zeit, Kausalität etc. hinwegsetzt und die die «wahre Wirklichkeit» verschleiert, welche in der Einheit von *ātman* und Brahman besteht; (3) den Tiefschlaf, bei dem die Erkenntnis weder nach außen noch nach innen gerichtet ist, bei dem der Schläfer aber nach einigen Theorien noch ein schwaches Bewußtsein von sich selbst haben kann, nach anderen Theorien das Brahman wahrnimmt, und der einen zeitlich begrenzten Vorgeschmack auf die Erlösung bietet; (4) das Überwachsein – Buddha ist der «Erwachte» – oder die meditative Versenkung: eine unbegrenzte Bewußtseinsstufe, die eine wonnevolle Einheit mit dem reinen Bewußtsein bildet, eine Identität mit Brahman, wo es innen und außen, Einzelnes und Vieles nicht mehr gibt und das Absolute wach erfahren wird. Von Asketen wird bisweilen gesagt, sie befänden sich in diesem vierten Bewußtheitszustand, besonders dann, wenn sie sich bei lebendigem Leibe vorübergehend begraben lassen, indem sie ihre physiologischen Vorgänge, vornehmlich die Blutzirkulation, extrem reduzieren.

Leib und Seele

Warum quälen sich Menschen in schmerzvollen Torturen? Warum kasteien sich Asketen, ohne dazu gezwungen zu werden? Die Antwort ist ohne den Leib-Seele-Dualismus nicht zu geben. Das Tier quält sich nicht aus Lust an der Qual. Tiere können keine Asketen sein. Hungerkünstler finden sich unter ihnen allenfalls aus Überlebenstrieb. Asketische Bewegungen gehen aber mit der Abwertung des Körpers und der Aufwertung des Geistes einher. Der Körper wird zunehmend als Fessel empfunden, als der sterbliche Teil des Selbst, ein Hindernis auf dem Weg der Befreiung oder Erlösung.

Das Fleisch (des Körpers) gilt als Stachel, Hort der Sünde und der Begierden, Inbegriff der Unreinheit. Der Körper ist dem Verfall ausgesetzt, anfällig für Altern und Krankheiten. Seine Öffnungen sondern unreine Exkremente und Sekrete ab und bedrohen seinen Zusammenhalt. Selten gilt daher der Körper als Garant von Integrität. Im Gegenteil, meist gilt er als unrein und gefährdet, wie es ein indischer Upanishad-Text ausdrückt:

> Dieser Körper ist aus sexueller Vereinigung entstanden, und bewußtlos kommt er durch den Harnweg heraus wie in eine Hölle. Wie kann man in diesem übelriechenden, substanzlosen Körper, der zusammengesetzt ist aus Knochen, Haut, Muskeln, Fett, Fleisch, Samen, Blut, Schleim, Tränen, Urin, Kot, Wind, Galle und Phlegma Freuden genießen? Wie kann man in diesem Körper, der befallen ist von Begierde, Haß, Gier, Verblendung, Angst, Depression, Neid, Trennung von Geliebtem und Vereinigung mit Ungeliebtem, Hunger, Durst, Alter, Tod, Krankheit, Trauer und so weiter Freuden genießen? (*Maitrī-Upanishad* 1.3[30])

Da der Körper oft als Haus der Seele verstanden wird, muß der Asket den Körper ebenso verlassen wie das familiäre Haus. Nur wer sich vom Fleisch löst, erreicht Geistigkeit und den ersehnten Gnadenstand. Und selbst in einem weltlichen Kontext verheißen erst Entsagung, Leibesübungen, Diät und Fasten Gemütsruhe, Gesundheit und Schönheit.

Wie es scheint, drückt sich in der Mäßigung und Kontrolle des Körpers ein tiefes Mißtrauen gegenüber den leiblichen Regungen aus. Können Geist und Körper tatsächlich nicht miteinander? Ist der Asket wirklich frei von den Grillen des Leibes und dem Zwang zur Schönheit? Diese Frage wird ausführlich im *Milindapañha* erörtert, einem Text, der ein fiktives Zwiegespräch zwischen dem griechischen König Menandros und dem buddhistischen Mönch Nāgasena enthält. Danach kann der Mönch wohl seinen Geist, nicht aber seinen Körper kontrollieren:

> «Hat der Heilige Gewalt über seinen Körper?»
>
> «Ihr sagt da, ehrwürdiger Nāgasena, daß der Heilige nur noch eine Art der Schmerzen empfinden mag, und zwar den körperlichen Schmerz, nicht mehr den geistigen. Ist denn, ehrwürdiger Nāgasena, der Heilige über den Körper, auf den doch seine eigene Bewußtseinstätigkeit gestützt ist, nicht Herr und Meister; hat er denn nicht Gewalt darüber?»
>
> «Nein, o König.»
>
> «Das ist aber nicht recht, ehrwürdiger Nāgasena, daß der Heilige über den sein eigenes Bewußtsein im Gange haltenden Körper nicht Herr und Meister sein und keine Gewalt darüber haben sollte. Selbst der Vogel ist doch Herr und Meister über das Nest, das er bewohnt, hat Gewalt darüber.»

«Zehn dem Körper anhaftende Erscheinungen, o König, begleiten und verfolgen den Körper von Dasein zu Dasein: welche zehn? Kälte, Hitze, Hunger, Durst, Kot, Urin, Stumpfheit und Mattigkeit, Alter, Krankheit, Tod. Hierüber ist der Heilige nicht Herr und Meister, hat keine Gewalt darüber.»

«Warum, ehrwürdiger Nāgasena, hat wohl der Heilige keine Gewalt über den Körper? Erkläre mir den Grund hierfür!»

«Die auf der Erde wohnenden Wesen, o König, bewegen sich und leben doch alle auf der Erde. Haben diese etwa Herrschaft und Macht über die Erde?»

«Nein, o Ehrwürdiger.»

«Ebenso auch, o König, stützt sich zwar die Bewußtseinstätigkeit des Heiligen auf den Körper; aber dennoch hat der Heilige keine Herrschaft und Macht darüber.»

«Aus welchem Grunde nun wohl, ehrwürdiger Nāgasena, mag der Weltling (*puthujjana*) beide Arten des Schmerzes empfinden, körperlichen und geistigen?»

«Weil er seinen Geist nicht entfaltet hat, o König. Gleichwie etwa, o König, ein von Hunger und Durst gequälter Büffel, den man mit einem schwachen, morschen, dünnen Strohseile oder mit einer Ranke angebunden hat, sobald er erregt wird, sich losreißt und mit seiner Fesselung davon läuft: ebenso auch, o König, bringt bei dem im Geiste Unentfalteten der (körperliche) Schmerz, sobald er aufsteigt, den Geist in Erregung. Ist aber der Geist erregt, so drängt er den Körper hier- und dorthin, treibt ihn im Kreise herum. Und jener im Geiste Unentfaltete bebt und schreit, stößt Schreie des Entsetzens aus. Das ist eben der Grund, o König, daß der Weltling noch beide Arten des Schmerzes empfinden mag.»

«Was aber, ehrwürdiger Nāgasena, ist der Grund, daß der Heilige nur noch eine Art des Schmerzes empfinden mag, den körperlichen und nicht mehr den geistigen?»

«Der Geist des Heiligen, o König, ist gepflegt und wohlentfaltet, bezähmt und wohlbeherrscht, gehorsam, folgsam aufs Wort. Und wird der Heilige von einem (körperlichen) Schmerzgefühl berührt, so faßt er den Gedanken der Vergänglichkeit fest, bindet gleichsam seinen Geist an den Pfeiler der Sammlung. Ist aber sein Geist an den Pfeiler der Sammlung gebunden, so erbebt und erzittert er nicht, bleibt standhaft und unbeirrt, während sein Körper unter dem Einflusse der störenden Schmerzen sich hin und her krümmen und winden mag. Das, o König, ist der Grund, daß der Heilige nur noch eine Art des Schmerzes empfinden mag, den körperlichen Schmerz und nicht mehr den geistigen.»

«Wunderbar ist es doch, ehrwürdiger Nāgasena, daß da trotz der Erregung des Körpers der Geist nicht erregt wird. Erkläre mir den Grund hierfür!»

«Wenn da zum Beispiel, o König, ein mächtiger, gewaltiger Baum, mit gesundem Stamme, Ast- und Blätterwerk, von der Gewalt des Windes getroffen wird, so mögen zwar die Zweige erzittern. Tut es etwa aber auch der Stamm?»

«Das nicht, o Ehrwürdiger.»

«Ebenso auch, o König, mag unter dem Einflusse störender Schmerzen der Körper des Heiligen sich hin und her krümmen und winden. Sein Geist aber, o König, erbebt und erzittert nicht mehr, gleichwie der Stamm des Baumes nicht erzittert.»

«Wunderbar, ehrwürdiger Nāgasena! Erstaunlich, ehrwürdiger Nāgasena! Noch nie zuvor habe ich eine Leuchte des Gesetzes gesehen, die zu jeder Zeit so leuchtete.» (Milindapañha, 6. Kap., S. 240–42)

Der Asket verbietet sich oft, was er sich (vielleicht) wünscht. Jede Lust, jede Triebregung, jede Regung des Körpers ist ihm versagt. Er bestraft sich, bevor ihn andere strafen.[31] Psychoanalytisch gesehen sitzt ihm ein quälendes Über-Ich im Nacken, das ihm die libidinösen Wünsche verbietet. Befriedigung erhält er dadurch, daß es ihm gelingt, die Lust zu kontrollieren und mit dem Über-Ich zu verschmelzen. Sein Ideal wird in ihm zur Wirklichkeit. Gleiches gilt für Menschen, die sich in extremen Fastenkuren entschlacken oder im Dauerlauf ihren Speck abrennen, um loszuwerden, was sie von ihren Idealen eines gesunden, schönen Körpers trennt.

Der Asket, der religiöse wie der moderne, ist also nicht wirklich ohne Lust. Er erfüllt sich seine oder die gesellschaftlichen Wünsche – und wird dadurch zum Mahner für alle, denen dies nicht gelingt. Seine Körperbeherrschung, seine Disziplin, seine Kontrolle über sich, läßt alle anderen spüren, wieweit sie (noch) von Gott oder dem Ideal der Gesundheit und Fitness entfernt sind. Mitunter kostet der Asket dies aus, provoziert und beschämt seine Mitmenschen. Seine Nähe zu diesen nährt aber den Verdacht, er wolle sich zur Schau stellen, um anderen zu zeigen, wie schwach deren Wille und wie stark deren Fleisch ist. Der Wunsch, gesehen zu werden, führt zu extremen Schaustellungen asketischer Praktiken.[32] Der Fakir auf dem Nagelbrett ist das Symbol dieser asketisch-zirzensischen Geltungssucht. Aber auch andere Formen der Körperqual erlangen immer wieder die Aufmerksamkeit, die selbst ein Asket nicht selten genießt. Da läßt sich einer in schwere Ketten einschweißen, ein anderer läuft über glühende Kohlen[33] oder trägt eine Schale mit Feuer auf dem Kopf, wieder ein anderer läßt sich an durch die Haut gezogenen Haken hochhängen. Flagellanten, Geißler und Büßer, die sich ihren Körper öffentlich selbst blutig schlagen, gehören zum Bild des schiitischen Islam ebenso wie zum frühen und mittelalterlichen Christentum. In Indien lassen sich Asketen mit dem Kopf nach unten über Feuer hängen, (für eine gewisse Zeit) lebendig begraben, sie durchbohren mit kleinen Spießen ihre Zunge, Arme, Beine oder gar ihren Hodensack, schlucken zur inneren Reinigung Stoffstreifen, um sie wieder herauszuziehen, liegen auf Dornen oder Pfeilen oder schweigen jahrelang.

Eitle Ichsucht ist Asketen wiederholt vorgeworfen worden – auch von ihren eigenen Genossen, dieser «fleischliche» Hochmut gegenüber anderen, wenn man sein Fasten, seine Keuschheit, seine Armut zu Markte trägt; dieser «geistige» Hochmut, der einen glauben macht, daß man diesen Fortschritt sich selbst verdanke.[34] Der Asket als Narziß und Egoist, dem es mehr um sein Seelenheil als das der anderen geht, ist besonders im Christentum und Islam angefeindet worden. Zeitweilig konnte er seinen klösterlichen Rückzug von der Welt nur durch die altruistische Verwirklichung der Barmherzigkeit, der Caritas, legitimieren. In Buddhismus und Hinduismus kam der Vorwurf des Egoismus seltener auf, ist in diesen Religionen doch die Suche nach dem eigenen Seelenheil gebilligt und geduldet. Doch auch dort wird bei der äußerlichen Schaustellung asketischer Praktiken nicht selten (mehr) Innerlichkeit angemahnt.

So gesehen verliert der Asket nicht durch seinen Verzicht. Stattdessen gewinnt er: Prestige, Kontrolle über sich und andere, Machtvollkommenheit. Aber zugleich beharrt er auf sublime Weise in demjenigen, dem er entkommen möchte. Kaum einer ist so sehr mit dem verachteten Körper und der Abwehr und Kontrolle körperlicher Regungen beschäftigt wie er. Das gilt selbst für seine Träume, in denen immer wieder die Lust am Fleisch durchbricht.

Askese macht erst dann Sinn, wenn Leib und Seele unterschieden und als Gegensatz gesehen werden. Dann erst wird der Körper zum Gefängnis der Seele. Wo das Gute, Heilige, Göttliche geistig und unstofflich gedacht wird, muß der Körper abgewertet werden. Wo ewiges Leben gedacht wird, muß der sterbliche Körper als Gegenpol empfunden werden. Nur der Asket setzt dem Vergehen der Welt und des Körpers wirklich etwas entgegen – indem er auf beides verzichtet: «Er ist nicht das Opfer einer Illusion, wenn er glaubt, eine bestimmte Herrschaft über die Dinge zu haben: Er hat sich wirklich dadurch über sie erhoben, weil er auf sie verzichtet hat. Er ist stärker als die Natur, weil er sie zum Schweigen gebracht hat.»[35]

Daran ändert auch wenig, daß in Indien sowohl der Körper als auch der Geist oft als verschiedene Formen von Stofflichkeit beziehungsweise Materie oder Energie angesehen werden. Diese Differenzierung führt nur dazu, daß der Körper nicht von vornherein negativ bewertet ist, sondern auch als Ausdruck des Göttlichen verstanden werden kann: Alles Göttliche kann sich in Körpern, auch den menschlichen, manifestieren. Nur wer um die Identität von (göttlichem) Geist und Materie weiß, kann erlöst werden. Und wer umgekehrt davon nicht weiß, lebt in Schein und Verblendung. Beide haben einen Körper, aber der Erlöste hat einen kosmischen *(kāya)*, der Unerlöste einen bloß leiblichen *(sharīra)*.

Denn auch in Indien bleibt der Asket in einem Paradox gefangen: Sein leidloses und/oder lustvolles Seelenheil will er durch leidvolle und lustfeindliche Körperqualen erreichen. (Ewiges) Leben soll durch Flucht vor dem Leben erreicht werden. Leben gegen das Leben, nannte dies Nietzsche.[36]

II. Die Last mit der Lust: Sexualität und Keuschheit

«Normal» ist es für Menschen, eine Familie zu gründen und Kinder zu haben. Der Nachwuchs sorgt für die Alten, und die Generationen stützen sich gegenseitig. Wenn etwas natürlich ist, sagt der Stoiker Musonius Rufus (um 100 n. Chr.), dann ist es die Ehe.[37] Zwar sei die Ehe für die Fortpflanzung nicht unbedingt nötig, doch sei das Leben zu zweit gegenseitiger Beistand und Fürsorge. Asketen steigen aber auch aus diesem Ehe- und Generationenvertrag aus, ohne den eine Gesellschaft nicht überlebensfähig wäre. Nicht von ungefähr macht sich in traditionalen Gesellschaften ein großer Teil der Konflikte mit Asketen daran fest, daß sie ihre Pflicht zur Zeugung von Nachkommenschaft nicht erfüllen. Indem Asketen Familie und Ehe verlassen, entreißen sie den Vätern ihre Söhne, den Frauen ihre Männer, den Herren ihre Sklaven und bedrohen damit den Kern des Zusammenlebens, Ehe und Familie. Das gilt auch für das frühe Christentum, wie der Historiker Peter Brown zu Recht bemerkt: «Nur dadurch, daß man Männer und Frauen einander zutiefst ‹unfamiliär› machte, daß man verlangte, sie sollten die Ehen aufgeben, die sie zuvor zusammengehalten hatten, und selbst die Bindungen auflöste, die Kinder an ihre Eltern banden, konnten wahre Christen in einer frei gewählten Gemeinschaft zusammenkommen, die nicht durch vorgegebene Familienbindungen, Loyalitäten und Gewohnheiten bestimmt war.»[38]

Wozu Sexualität?

Aus der Sicht der Asketen bedeuten Kinder oft nur erneuten Tod, neues Elend, neue Trauer. Keine Kinder zu haben macht dem «Schrecken der Geschichte» (Mircea Eliade), das heißt dem unvermeidbaren Wechsel von Vergehen und Erneuern, ein Ende. Obgleich viele Religionen wie der orthodoxe Islam und das Judentum eine lebenslange Ehelosigkeit geradezu verbieten, hat das Ideal der Keuschheit[39] in Buddhismus, Hinduismus und Christentum zeitweilig offenbar so viele Anhänger gefunden, daß es zu einer Bedrohung für den Erhalt der Gesellschaft wurde. So hat in Tibet bisweilen nahezu ein Drittel der jungen Männer in Klöstern gelebt, und im alten Vorderen Orient sollen ganze Kolonien von Zölibatären wie etwa die Essener aufgefallen sein.[40]

Freilich wird nicht jede Form von Keuschheit gleich bewertet. Erzwungene Keuschheit wie diejenige, die durch Witwenschaft oder Impotenz gegeben ist, ist keine echte Keuschheit. Man kann nur von etwas lassen, zu dem man auch fähig ist. Anders verhält es sich bei der Jungfräulichkeit, die (nicht nur) im Christentum oft als Symbol unschuldiger Vollkommenheit gepriesen wurde. Die Keuschheit von Jungfrauen, Witwen und Wanderpredigern galt als Nachahmung der Lebensweise Christi. Besonders die jungfräuliche Keuschheit wurde als Gnadengabe angesehen. Keuschheit umfaßte aber nicht nur sexuelle Enthaltsamkeit, sondern auch ein Leben in Demut, Glauben und Liebe. Dieses sogenannte «weiße Martyrium» galt in der mittelalterlichen Theologie als Zeichen des Kampfes um Herzensreinheit, der völligen Hingabe an Gott. Die Nonnen waren Engeln gleich, keusch und voller Lobpreisungen Gottes, die ideale Verbindung von Himmel und Erde.

Der lateinische Kirchenschriftsteller Tertullian (um 160–220 n. Chr.) kannte in seinem Traktat *De exhortatione castitatis* («Über die Aufforderung zur Keuschheit») drei Arten von «Jungfrauenschaft»:

> Die erste Art der Jungfrauenschaft, dasjenige gar nicht kennen zu lernen, wovon man später Befreiuung wünscht, ist ein seliger Zustand; die zweite Art, das zu verachten, dessen Macht man sehr gut kennt, ist Sache der Tugendstärke; die letzte aber, nach Zerreißung der Ehe durch einen Todesfall nicht mehr zu heiraten, ist Sache der Tugend und zugleich ein Verdienst der Resignation. (Tertullian, De exhortatione castitatis, Kap. I)

Zeitweilige sexuelle Abstinenz ist zur Durchführung ritueller Handlungen, Vermeidung von Unreinheit oder Erreichung bestimmter Ziele oft religiös geboten, etwa in den Keuschheitsforderungen für Kreuzritter oder Athleten. Doch unterscheidet sich die Keuschheit der Asketen, der Zölibat (von lat. *coelibatus*, «Ehelosigkeit»), wieder durch ihre Radikalität: Der Zölibat wird mit dem Eintritt in einen Orden in der Regel lebenslang abverlangt, und die Gründe dafür sind vielfältig: apokalyptische Visionen vom nahen Weltende – wozu dann noch Kinder? –, der Wunsch nach Gottesnähe, besonders bei Nonnen (Ehe mit Christus,

Brautmystik), die heilige Hochzeit mit Gott (arab. *urs*), Bewahrung (jungfräulicher) Reinheit beziehungsweise des jungfräulichen Gnadenstandes, die Bewahrung von Virilität und männlicher «Hitze» oder – im Hinduismus und in der Antike – die Vermeidung von (spiritueller) Entkräftung durch Samenverlust. Auch darf man nicht übersehen, daß der Ehestand keineswegs nur Freuden bereitete: Tod der Ehefrau im Kindbett, hohe Kindersterblichkeit, die Schande der Unfruchtbarkeit oder des Ehebruchs waren allgegenwärtig.

Freilich war selbst der Zölibat für die Priester der katholischen Kirche nur schwer durchsetzbar.[41] Zwar wurde bereits auf der Synode von Elvira (um 309 n. Chr.) Bischöfen, Priestern und Diakonen Enthaltsamkeit nahegelegt, doch erst im 12. Jahrhundert wurde der Zölibat zur Pflicht für die Priester. Zwar hat das 2. Vatikanische Konzil (1962 bis 1965) das Keuschheitsgelübde für Diakone aufgehoben, aber die katholische Kirche hält weiterhin und trotz heftiger Kritik am Zölibat für Priester und Bischöfe fest. Ein Priester, der sich öffentlich dazu bekennt, mit einer Partnerin intime Beziehungen zu haben, wird in den Laienstand versetzt.

Hinzu kommen verschiedene Stufen von Keuschheit. Meist ist es für Asketen wichtig, nicht nur Sexualität und Fortpflanzung, sondern auch lüsterne Gedanken, Träume oder Phantasien zu vermeiden. Dies gilt als ungleich schwieriger als das bloße Fernhalten von Frauen. So hat Johannes Cassianus (um 360 bis 430–435), ein für die Entwicklung des abendländischen Mönchtums und der Gnadenlehre einflußreicher Mönch, im sechsten Buch seiner *Institutiones* auf sechs Stufen des Aufstiegs zur vollkommenen Keuschheit hingewiesen.[42] Die erste Stufe ist erreicht, wenn der Mönch «nicht durch fleischliche Anfechtungen angefochten wird» *(impugnatione carnali non eliditur)*. Auf der zweiten Stufe soll er keine wollüstigen Gedanken *(voluptariae cogitationes)* mehr haben. Auf der dritten Stufe vermag ihn nicht einmal mehr der Anblick einer Frau zu reizen. Danach verspürt er selbst im Wachzustand keine Regungen des Fleisches mehr. Auf der fünften Stufe ist er in der Lage, selbst Schilderungen von Zeugungsakten ruhig und rein zuzuhören «als handele es sich um die Zubereitung von Ziegelsteinen». Schließlich kann er nicht einmal mehr im Schlaf oder Traum von Frauen verführt werden.

Wichtig ist vielen Asketen daher, sexuelle Regungen und Gedanken zu vermeiden. So schaut der Rāmānandī-Asket Ram Krishna Das, der noch heute am Pashupatinātha-Tempel in Deopatan (Nepal) lebt, zuerst auf die Füße von Menschen, denen er begegnet, und wenn er dann sieht, daß eine Frau vor ihm steht, richtet er seinen Kopf nicht hoch. Andere helfen sich mit kalten Bädern, Diäten oder dem Tragen von Keuschheitsgürteln. Auch sollen bestimmte Mantras helfen, die innere und äußere Reinheit zu bewahren. In seltenen Fällen kommt es sogar vor, daß der Penis bei der Initiation durchbrochen oder mit einem Ring abgklemmt wird, so daß keine Erektion mehr möglich ist.

Derartige extreme Praktiken, das Keuschheitsgelübde zu demonstrieren, sind nicht auf Indien beschränkt. So soll der Wanderprediger Robert von Arbrissel (um 1045–1116) wie Dominikus und viele andere Asketen seinen Körper zwei Jahre lang in einen Harnisch eingeschlossen haben.[43] Berichtet wird auch von christlichen Asketen, die sich gegen die Versuchung des Fleisches abhärteten, indem sie in eiskaltem Wasser badeten, sich im Schnee wälzten, in Brennesseln oder Dornen warfen, sich peitschten oder auf andere Weise quälten.[44]

Andererseits setzen sich Asketen auch den Versuchungen aus, um zu sehen, ob sie ihnen widerstehen könnten. So soll der heilige Alexius, Sohn eines reichen Römers, der am Tag seiner Hochzeit nach Edessa in Syrien floh, um seine Keuschheit zu bewahren, und dort siebzehn Jahre in strenger Armut verweilte, später unerkannt und in stillem Dulden von allerlei Spott in seinem Elternhaus als armer Pilger gelebt haben. So soll sich Robert von Arbrissel wie manch anderer christlicher Mönch neben Frauen gelegt haben, um zu sehen, ob sich in ihm «das Fleisch» noch regt. Dies brachte ihm eine große Gefolgschaft von Frauen ein, die wegen ihrer Ehelosigkeit am Rande der Gesellschaft lebten: Witwen, Frauen von Priestern, die durch die neue Zölibatsvorschrift allein gelassen waren, Dirnen und verstoßene Frauen, aber auch adlige Frauen, die der Welt überdrüssig geworden waren.

In gleicher Weise setzte sich der äußerst asketische Führer der indischen Unabhängigkeitsbewegung, Mohandas Karamchand «Mahatma» Gandhi (1869–1948), Versuchungen aus. Ab seinem 36. Lebensjahr lebte er keusch, angeblich weil er als Sechzehnjähriger mit seiner Frau geschlafen hatte, während sein Vater starb. Dies soll ihn so sehr traumatisiert haben, daß er den Ehepflichten später entsagte. Um seine Standfestigkeit zu testen, hat er regelmäßig mit seinen Großnichten Manu und Abha in einem Bett geschlafen. Stolz vermerkt er, daß er dabei auch gedanklich rein blieb.

Maßgeblich für viele, die ein Keuschheitsgelübde abgelegt haben, ist ihr Protest gegen die Fortpflanzung, auch wenn sie dadurch den Zorn der Götter, Ahnen, Eltern oder Ehepartner heraufbeschwören. Götter brauchen keine Nachkommen, denn sie leben ewig.[45] Asketen wollen gottgleich sein, oder wie Tertullian es ausdrückt:

> Er (Gott) will nämlich, daß wir, sein Ebenbild, ihm auch ähnlich werden, so daß «wir heilig sind, wie er heilig ist».[46] (Tertullian, De exhortatione castitatis, Kap. 1)

Ein Asket darf nicht wie ein gewöhnlicher Sterblicher sein. Er muß sich folglich die Frage stellen:

Wozu Kinder?

Kinder, vor allem Söhne, sind in den meisten Gesellschaften Garanten des Lebensstandards und der Altersversorgung. Wem aber gerade dies nicht wichtig erscheint, weil er ohnehin mit dem Leben gebrochen hat, der muß in letzter Konsequenz auf Haus und Kinder verzichten. Und da vor der Entdeckung zuverlässiger Verhütungsmethoden durch sexuelle Kontakte fast immer auch Nachkommen «drohten», war ihm mit dem Verzicht auf Kinder der heterosexuelle Geschlechtsakt so gut wie unmöglich. Keuschheit bedeutete also beides: Verzicht auf Kinder und Verzicht auf Sexualität. Wie aber konnte ein Asket Befreiung erlangen, wenn das jenseitige Heil an die Erzeugung von Nachkommenschaft oder an die «heilige Familie» gebunden war? Besonders für den vedisch-brahmanischen Hinduismus stellte sich diese Frage, da er den Kult des familiären Hausfeuers als Heilszentrum pflegte. Jede Aufgabe des Hauses und der Ehe hieß dann auch die Aufgabe eines ganzen Systems der Heilssuche, die an die väterliche Abstammung und Erzeugung eines Sohnes gebunden war. Hinduistische Asketen haben dieses Problem im wesentlichen durch eine Verinnerlichung des Feuerkults zu lösen versucht:

Im Mittelpunkt altindischer, vedischer Religiosität (ca. 1500–500 v. Chr.) stand das Opferfeuer. Es stellte über die verbrannte Speise und den Rauch die Verbindung zu den Göttern her, galt selbst als Gott. Agni – etymologisch verwandt mit Lateinisch *ignis* («Feuer») – war der Garant der Unsterblichkeit, die auch die Götter nur durch das alles beherrschende Opferfeuer erhielten. Damit waren die Götter davon abhängig, daß ihnen die Menschen opferten. Noch heute gehört es zu den religiösen Pflichten der Zweimalgeborenen, das heißt derjenigen, die mit der heiligen Schnur initiiert wurden, daß sie täglich das *agnihotra*-Feuer entfachen. Im hinduistischen Götterdienst (Skt. *pūjā*) ist die Verpflichtung, die Götter täglich zu versorgen, sogar noch deutlicher greifbar.

Wer das Opferfeuer unterhält, muß – so lautet eine weitere opferrituelle Bestimmung – verheiratet sein. Nur dadurch konnten das Opfer und die Götter «am Leben» erhalten bleiben, denn erst der in der Ehe mögliche, mithin legitime männliche Nachwuchs sorgte für die Kontinuität von Schöpfung und Neuschöpfung, letztlich für Unsterblichkeit. «Durch den Nachwuchs, Agni, erlangen wir Unsterblichkeit», heißt es bereits im Rigveda (5.4.10). Umgekehrt hat der sohnlose Mann keinen Lebensraum.[47] Hieraus entwickelte sich nicht nur ein ausgeprägter Ahnenkult, sondern auch eine geradezu paradoxe Verbindung der Unsterblichkeit des Opfers (beziehungsweise der mit diesem identifizierten Götter) mit der Sterblichkeit des Menschen. Die Lösung dieses Paradoxes geschah rituell: der Sohn wurde mit dem Vater identifiziert, er folgte ihm nicht nach, sondern dieser wurde durch jenen ersetzt: «Der Vater ist gleich dem Sohn, und der Sohn ist gleich dem Vater.»[48] In der hinduistischen Initiation wird diese rituelle Identifikation vollzogen, so daß es tatsächlich einer zweiten, nämlich rituellen Geburt bedarf, die von dem sterblichen Ballast, der bloß biologischen Geburt, befreit ist.

Die Stärke, welche die Identifikation des Opfers mit dem Menschen bedeutete, war zugleich seine Schwäche. Denn wenn der Mensch das unsterbliche Opfer *ist*, fragt man sich, warum er es dann noch darbringen muß. Und wenn der Vater der Sohn *ist*, warum braucht er dann noch Nachwuchs? Tatsächlich wurde so seit etwa der Mitte des letzten vorchristlichen Jahrtausends gefragt – unter anderem von Asketen. Das Paradox der Sterblichkeit (= Mensch) der Unsterblichkeit (= Opfer) oder die rituelle Gleichsetzung von Mensch und Opfer (beziehungsweise Göttern) konnte fortan umgangen werden: durch die Verinnerlichung des Absoluten:

> Daher ist es auch heute noch so: wer weiß: «Ich bin das brahman [das Absolute]», der wird zu diesem All. Auch die Himmlischen sind nicht imstande, ihm zu schaden. Denn er wird ja zu ihrem Selbst. (...) Deshalb ist es den Himm-

lischen nicht lieb, wenn die Menschen dieses wissen. (Brihadāranyaka-Upanishad 1.4.22)[49]

Die asketische Kritik am Opferritual wurde auch zu einer Kritik am häuslichen Status. Wenn Opfer und Mensch identisch sind, dann sind weder Ehefrau noch Sohn nötig. Folglich mußte sich der Asket in Opposition zum häuslichen Feuerritual stellen. Tatsächlich wirft er bei seiner Weihe alles, was mit dem regenerativen Opfer zu tun hat, weg: die Koch- und Feuerutensilien ebenso wie die heilige Schnur, die die Opferberechtigung symbolisiert. Eine Bezeichnung für den Asketen ist «Feuerloser» (Skt. *anagni*).

Der Asket, der das Opferfeuer aufgibt, steht – rituell gesehen – auf gleicher Stufe wie Frauen oder die «nur» Einmalgeborenen, die nicht nach vedischen Normen initiierten und daher aus brahmanischer Sicht unreinen Shūdras, die Angehörigen des untersten der vier klassischen Stände. Beide, Shūdras und Frauen, dürfen nicht das heilige Feuer unterhalten, und sie können daher – zumindest in diesem vedisch-brahmanischen System – nicht Asketen werden, da sie nichts haben, was sie aufgeben können.

Die Asketen im Alten Indien haben um die Symbole des Opferrituals viel Aufhebens gemacht. Ihre Texte, die Samnyāsa-Upanishads, bringen deutlich zum Ausdruck, wie das Opfer und seine Gegenstände beziehungsweise Symbole und damit auch Sexualität und Fortpflanzung abgelehnt werden. Als Beispiel mag die Āruni-Upanishad aus den letzten vorchristlichen Jahrhunderten dienen, die hier leicht gekürzt wiedergegeben wird, auch um einen Einblick in den Charakter hinduistischer Entsagungstexte zu gewähren.

(1) *Om!* Āruni ging zum Lebensraum des (Schöpfergottes) Prajāpati. Bei ihm angelangt, sprach er: «Auf welche Weise, o Erhabener, kann ich die Taten (*karma*) restlos von mir tun?»

Prajāpati sprach zu ihm: «Seine Angehörigen, die Söhne, Brüder, Verwandte usw., Haarschopf, Opferbehang, Opfer und [Ritual-]Lehrwerk und die [Veda-]Rezitation, (die sieben oberen Lebensräume ... und die sieben Unterwelten) und das Ei des (Weltgestalters) Brahman soll man aufgeben. Einen Stab und [eine] Bedeckung [als Lendenschurz] soll er ergreifen. Alles andere soll er von sich tun.

(2) Ein Haushalter, der keusch lebt, oder ein Waldsiedler soll (wenn er die Taten restlos von sich tun will,) den [Opfer-]Behang [und] den Haarschopf

auf die Erde oder ins Wasser von sich tun. Er soll die [Opfer-]Feuer, welche die Lebensräume sind, im Feuer [seines] Bauches gänzlich emporsteigen lassen. Und er soll die Gāyatrī (der Vers 3.62.10 im Rigveda) im Feuer seiner Rede gänzlich emporsteigen lassen. Ist er [aber] ein Hüttenbewohner, der keusch lebt, soll er (wenn er die Taten restlos von sich tun will,) den Hausstand von sich tun. Er soll [jegliches] Gefäß von sich tun. Er soll den Wasserfilter von sich tun. Die Stäbe und die Lebensräume soll er von sich tun.» So sprach er (das heißt Prajāpati). (Und er fügte hinzu:)

«Von da an soll man ohne Mantra (d.h. einen [liturgischen] Veda-Spruch) (seine täglichen Handlungen) vollziehen. Zu Beginn der drei Verbindungen des Tages (d.h. morgens, mittags, abends) soll man das Bad vollziehen. Die Vereinigung in dem Selbst *(ātman)* soll man in der Versenkung *(samādhi)* vollziehen. Von allen Vedas soll man (nur) das *Āranyaka* (den ‹Einöd-Text›) und die *Upanishad* rezitieren.»

(3) «Das *brahman*, wahrlich, [bin] ich». Schnur [heißt dieses] vom Hindeuten. «Das *brahman* [ist] die [wahre Leit-]Schnur; ich selbst [bin] der, der die Schnur kennt.» Die äußere Schnur soll der Wissende aufgeben, der dieses weiß. Auch Lust, Zorn, [geschlechtliche] Erregung, Wut, Habgier, Wahn, Heuchelei, Stolz und [dergleichen] soll er aufgeben. In den Regen [-Monaten] soll er die Gewohnheit beachten, an einem Orte zu verharren, [aber] während der [übrigen] acht Monate soll der Asket [stets] einsam wandern; oder er mag nur zwei [Monate lang an einem Orte] verweilen (...).

(4) Wahrlich, wer den Sinn des Veda weiß, der mag [schon sogleich] nach seiner Einführung (in den Veda *[upanayana]* durch den Lehrer) – oder [gar noch] vorher – diese hier aufgeben [nämlich]: Vater, Sohn, Feuer und [Opfer-] Behang, Werk (das heißt Ritual), Ehefrau und anderes [alles] sonst hier [auf Erden]. «Ich habe entsagt! Ich habe entsagt! Ich habe entsagt!» Nachdem er dreimal so gesprochen hat, [verkündet er]: «Furchtlosigkeit [gehe von mir aus] für alle Wesen, (denn) aus mir geht alles hervor!» (Und zum Stabe gewandt, spreche er:) «Als [mein] Freund beschütze mich [du,] der du die Kraft zum Freunde hast! Du bist die Wurfwaffe des (Gottes) Indra, die dem Erschlagen von Widerständen dienlich ist! Sei mein Schirm! Welches Übel [auch immer vorhanden sein mag], das wehre ab!» Hat er mit diesem Spruch *(mantra)* den Bambus-Stab [über sich] erhoben, soll er das Lendentuch anlegen, nichts anderes. Alsdann führen sie ein Leben als Bettler. (O Ihr Asketen) Keuschheit und Nicht-Verletzen und Nicht-Erwerb und Wahrheit sollt ihr mit Eifer ja bewahren, sollt ihr ja bewahren, – sollt ihr ja bewahren!

(5) Nunmehr (bezüglich ihres täglichen Lebens), das Sitzen, Liegen usw. der [unter der Beziehung] ‹Höchst-Gans› *(paramahamsa)* Herumziehenden *(pari-*

vrājaka) [findet] auf [bloßer] Erde [statt]. Den keusch Lebenden *(brahmacārin)* [ist] (zwar) ein irdenes [Almosen-]Gefäß, eine Flaschengurke als Gefäß oder ein hölzernes Gefäß (bei ihrem Betteln zu benutzen gestattet). Die Asketen (jedoch) betreten eine Niederlassung (einzig zu dem Zweck), um Almosen [zu betteln, lediglich] mit dem Bauch als Gefäß [oder] mit dem Handteller als Gefäß. «Ja *om*! Ja *om*! Ja *om*!» Dieses [Wort] soll man als [Wesen der] *upanishad* gesondert für sich (in seinem Gedächtnis) niederlegen. Wer so weiß, der, wahrlich, kennt dieses als die *upanishad*. Wer den Stab aus Palāshā [-[Holz] (*Butea frondosa*), den aus Bilva [-Holz] (*Aegle Marmelos*), den aus Udumbara [-Holz] *(Ficus glomerata)*, das [Schwarz-]Bockfell, den Gürtel und den Opferbehang aufgegeben hat, [der wird] ein Held, der also weiß. (...) Also [lautet] die Unterweisung über das Erlöschen, die Unterweisung über das Wissen (beziehungsweise den Veda). (Āruni-Upanishad[50])

Der Zorn der Alten

Jugendliche Aussteiger haben immer wieder mit den gleichen Vorwürfen zu kämpfen: Sie seien zu jung, um zu wissen, was sie tun; sie würden ihren ehelichen Pflichten nicht nachkommen, ihre Frauen und Kinder allein lassen oder vernachlässigen; sie würden dadurch den Generationenvertrag verletzen, der darauf beruht, daß die Jungen für die nicht mehr arbeitsfähigen Alten sorgen; sie seien Schmarotzer, Nichtstuer, Taugenichtse, die sich ein leichtes Leben machten. Diese Konflikte finden sich in nahezu allen Textschichten asketischer Literaturen.

Solche Kritik muß keine grundsätzliche Skepsis gegenüber der Askese sein. Oft steht hinter den Anwürfen eher die Frage, welches Alter für den Ausstieg angemessen ist. Während Sekten und Orden eher an jungen Menschen, am Nachwuchs für ihre Klöster, interessiert sind, möchte die Gesellschaft insgesamt den Ausstieg eher dem hohen Alter zubilligen. Tertullians Ermahnung zur Keuschheit richtet sich zunächst an einen Witwer, dem er rät, eine «Schwester» seinen Hausstand versorgen zu lassen. In den besten Mannesjahren keusch zu leben will den meisten Menschen nicht recht einleuchten. Deswegen wird jugendliche Askese in der Regel nicht toleriert. Die Asketen fliehen daher meist ohne ihre Eltern oder Familie zu fragen, ganz zu schweigen von der Ehefrau, die allein gelassen wird.

Buddha Shākyamuni etwa soll sich nachts heimlich aus dem Palast des Vaters in Lumbini geschlichen haben, immer auf der Hut, seine schlafende Frau und die Palastbevölkerung nicht zu wecken.[51]

Ähnlich klingt das Motiv für einen jungen Aussteiger, der um 1950 im indischen Bundesstaat Orissa seine Familie verließ:

> «Ich war ein Kind, an dem man seine Freude hatte. Ich spielte viel, aber ich wollte nicht arbeiten. Als mein Lehrer mich dazu zwang, gab ich vor, ihn nicht zu hören. Da beschwerte sich mein Lehrer bei meinem Vater über mein mangelndes Interesse am Lernen.» Nach vielen Schicksalsschlägen – Verarmung und Tod der Eltern – beschloß der Mann, Asket zu werden. Die Verwandten versuchten zwar, ihn davon abzuhalten, aber ohne Erfolg: «Ich reiste von Ort zu Ort und gab ihnen nicht meine Adresse, aber sie registrierten alles genau. Sie schrieben viele Briefe und baten mich zurückzukehren. Ich schickte ihnen einen Brief, in dem ich schrieb: ‹Wir haben eigentlich keine Beziehung mehr. Die früheren gelten nicht mehr.› Jeder gibt vor, eine Beziehung zu haben. So lange er in dieser Welt lebt, hängt er an einer Beziehung. Wenn er diese Welt aber für immer verläßt, wird dieses Anhängen nicht mehr sein. Ich warte auf die Tage, wenn mein Leben ein Ende haben wird.»[52]

Ein anderer Konflikt zwischen jugendlichen Aussteigern und den Alten entfacht sich nicht selten daran, daß die jungen Asketen eine altersunangemessene Form der Askese betreiben. So wird in einer Episode des altindischen *Mahābhārata*-Epos der Topos des *Puer senex*, die Umkehrung von Jugend und Altersweisheit, thematisiert:[53] Ein König trifft auf der Jagd im Wald auf den alten Asketen Shamīka, der ein Schweigegelübde auf sich genommen hat und daher nicht auf die Fragen des Königs antworten kann. Daraufhin verachtet der Herrscher den Asketen und hängt ihm eine tote Schlange um. Als dies Shringin, der Sohn von Shamīka, erfährt, wird er so zornig, daß er den König verflucht. Shamīka jedoch belehrt daraufhin seinen Sohn und wirft ihm kindisches Verhalten vor. Nicht im Zorn, Fluchen und Gewaltausbrüchen zeige sich wahre Askese, sondern in Gleichmut und Verzeihen.

In diesem Disput drücken sich zwei Formen von Askese aus: Der Vater vertritt eine vergeistigte, ethische Askese, der Sohn eine eher hitzige, «magische» Entsagungsform, bei der die angesammelte Macht bedenkenlos zum eigenen Vorteil ausgenutzt wird. Die im *Mahābhārata* als höherwertig dargestellte geistige Askese wird dem Vater in den Mund gelegt, weil der die Weisheit und Autorität des Alters hat. Er ist Guru nicht nur durch Fähigkeiten, sondern auch durch sein Alter. Die «egoistische» Askese des Sohnes wird hingegen verurteilt, weil auch der Asket dem König gegenüber loyal sein muß.

Der Zorn der Ahnen

Asketen wollen befreit sein von allen Schulden gegenüber den Mitmenschen. So schreibt etwa Tertullian:

> Entsagen wir den fleischlichen Dingen, um endlich einmal geistige Früchte zu bringen! Ergreife die, wenn auch nicht gerade sehr erwünschte, doch schickliche Gelegenheit, niemanden zu haben, dem du die Pflicht schuldest und der sie dir leistet! Du hast aufgehört, ein Schuldner zu sein – O du Glücklicher! (Tertullian, De exhortatione castitatis, Kap. 10)

Allerdings hat der Asket bisweilen nicht nur gegenüber den Lebenden, sondern auch gegenüber den Ahnen Schulden abzuleisten. Diese zürnen den jungen Asketen, wenn sie keusch bleiben und die stillen Bande zwischen ihnen abreißen lassen. So etwa im Alten Indien, wo der Mensch mit drei Schulden geboren wird, die er den Göttern, Mitmenschen und Ahnen gegenüber hat. Erst wenn diese Schulden abgegolten sind, darf er den traditionellen Rechtstexten zufolge in die Askese gehen. Die Schuld gegenüber den Ahnen ist die Geburt eines Sohnes. Solange dieser nicht geboren ist, hängen die Vorväter nach einer verbreiteten Vorstellung kopfüber in einer Grube und können nicht in die Schar der «Allgötter», wie die befriedeten Toten bezeichnet werden, aufsteigen und in den Himmel kommen. Eine weitere Episode aus dem *Mahābhārata*-Epos veranschaulicht diesen Konflikt lebhaft:[54]

Der Asket Jaratkāru kommt auf seiner Wanderschaft zu einer Höhle, worin seine Ahnen von der Decke hängen. Nur ein Grashalm, an dem schon die Mäuse nagen, verhindert, daß sie in die Verderbnis fallen. Sie klagen Jaratkāru, den sie nicht erkennen, ihr Leid: Sie seien nur deshalb in diese mißliche Lage geraten, weil ihr einziger Nachkomme Asket geworden sei, ohne für einen Sohn gesorgt zu haben. «Wir fallen nach unten in die Erde, weil unsere Geschlechterfolge dem Untergang entgegengeht», sagen sie. Da ergibt sich Jaratkāru als ihr Nachkomme zu erkennen und verspricht aus Mitleid, sich eine Frau zu suchen. Allerdings stellt er drei Bedingungen: Die Frau muß seinen Namen tragen, sie muß ihm als Almosen gegeben werden, und er muß nicht für sie sorgen müssen. Nach langer Suche bietet der König der Schlangen Jaratkāru seine eigene Schwester, die auch Jaratkāru heißt, zur Frau an. Der Asket willigt in die Heirat ein, schwört aber der Frau, daß er sie verlasse, sobald sie ihn beschimpfe. – Eines Tages nun schläft der Asket im Schoß seiner neuen Frau. Als es dämmert, befürchtet die Frau, Jaratkāru werde es versäumen, die Abendrituale rechtzeitig zu verrichten. Erbost weckt sie ihn, aber Jaratkāru erwidert erzürnt, daß die Sonne es nicht wagen werde unterzugehen, solange er schlafe. Seinem Schwur entsprechend verläßt er sie. Sorgenvoll fragt die Frau noch, ob er ihr ein Kind gezeugt habe. Seine Antwort wird der Name des Kindes, das die Ahnen befreit: *Āstika*, wörtlich: «Er ist bereits da!»

Die Geschichte stammt aus dem Haus- und Familienmilieu, aber sie steht der Askese nicht grundsätzlich skeptisch gegenüber. Wenn für Nachkommenschaft gesorgt ist, darf man in die Entsagung gehen. Jaratkāru war dieser Pflicht nicht nachgekommen, und so ergab sich für ihn das Problem, daß er einen Sohn herbeischaffen mußte, ohne wirklich die Askese aufzugeben. Seine Bedingungen waren geschickt gewählt: Seine Frau soll den gleichen Namen tragen (im Sanskrit ist das grammatikalische Geschlecht von «Jaratkāru» nur in der Flektion zu erkennen). In dem nominalistischen Weltbild jener Zeit bedeutet dies, daß sie sich gewissermaßen nicht von ihm unterscheidet. Jaratkāru verlangt auch, daß sie ihm als Almosen (Skt. *bhikshā*) gegeben wird. Im Unterschied zu Geschenken oder ähnlichen Gaben *(dāna)* – auch die Braut wird im hinduistischen Heiratssystem als eine solche Tochtergabe *(kanyādāna)* aufgefaßt – besteht bei Almosen keine Verpflichtung zu einer Gegengabe oder zur Versorgung der Ehefrau. Jaratkārus Kompromiß ist also im Grunde kein Machtverlust. Hinzu kommt die Vorstellung, daß ein Asket sich wie Götter die Kinder selbst schaffen kann und dazu nicht der Frau oder der Sexualität bedarf.

Der Zorn der Frauen

Asketen sind in der Regel Männer. Ihr Bekenntnis zu Keuschheit und Askese ist eine Verweigerung gegenüber den Frauen und ihren Kindern. Kein Wunder, daß diese den Asketen in besonderem Maße zürnen, wenn auch oft machtlos: Als einmal die Frau des buddhistischen

Mönchs Sangāmaji ihrem ehemaligen Mann mit dem gemeinsamen Sohn nacheilte, um ihn zur Umkehr zu bewegen, blieb der stur und ohne jede Regung: «Ernähre mich, Asket, und unseren kleinen Sohn», sagte sie, aber der Mönch blieb hart. «Ernähre wenigstens den Sohn», sagte sie und legte ihn vor seine Füße, doch wieder regte sich Sangāmaji nicht. Da nahm die Frau den Jungen wieder auf ihren Arm und ging. Der Buddha, der davon hörte, soll daraufhin gesagt haben:

> Sie kam, und er freute sich nicht,
> sie ging, und es reute ihn nicht,
> ein Sieger, die Fesseln zertrennt:
> Ihn wahrlich «Brahmanen» man nennt! (Udāna I.8)

«Wehe den Frauen dieser Männer!» soll die Frau des Mose gerufen haben, nachdem dieser auf dem Berg Sinai die Gegenwart Gottes erfahren und daraufhin enthaltsam gelebt hatte.[55] Im frühen Christentum hat vor allem der unverheiratete Paulus die Ehe abgewertet. Zwar hat er sie nicht verdammt, aber er hat sie im wesentlichen nur als Bezähmung der Begierden zugelassen. Dem Heil wirklich nützlich war sie ihm nicht, unterschwellig klang eine andere Botschaft an:

> Der Unverheiratete sorgt sich um die Dinge des Herrn, wie er dem Herrn gefallen möge; der Verheiratete aber sorgt sich um die Dinge der Welt, wie er seiner Frau gefallen möge. Und verschieden ist auch das Verhalten der Frau und Jungfrau. Die Unverheiratete sorgt sich um die Dinge des Herrn, damit sie heilig sei an Leib und Geist; die Verheiratete aber sorgt sich um die Dinge der Welt, wie sie ihrem Mann gefallen möge. (1. Brief an die Korinther 7,32–34)

Die hinduistische Mythologie thematisiert immer wieder den Streit der Geschlechter über die Askese. Ein Beispiel dafür ist die alte Geschichte von Agastya und seiner Frau Lopamudrā: Auch dieser Asket will seine Vorfahren aus der Hölle befreien, aber anders als Jaratkāru findet er keine Frau, die ihm angemessen wäre. Er sieht sich selbst als vollkommen an, eine gewöhnliche Frau kann ihm da nicht gleichen. Also erschafft er sich seine Gefährtin, indem er die besten Teile von sich neu zusammenfügt. Den so entstandenen Embryo übergibt er dem König von Vidarbha, um ihn in dessen kinderloser Gattin heranreifen zu lassen. Die Tochter, Lopamudrā genannt, wächst heran, aber keiner will sie heiraten – aus Angst, von dem Seher Agastya verflucht zu werden.

Als Lopamudrā heiratsfähig geworden ist, nimmt sie der Seher selbst zur Frau und umgeht damit die Verpflichtungen gegenüber einem anderen Familienverbund, die eine Ehe in Indien bedeutet. Auch Lopamudrā legt das Fellgewand eines Asketen an und teilt das entbehrungsreiche Leben ihres Gatten. Nach einiger Zeit ruft Agastya sie zum Beischlaf herbei, doch verweigert sie sich zunächst. Er müsse, verlangt sie, umgeben sein von Luxus wie im Palast ihres Ziehvaters. Als Agastya ihr entgegenhält, daß er mittellos sei, antwortet sie: «Durch deine Askese kannst du doch augenblicklich alles herbeischaffen.» Das träfe zwar zu, erwidert Agastya, doch sei er nicht bereit, seine Askese aufzugeben. Am Ende «siegt» Lopamudrā. Agastya kann nur mit ihr schlafen, indem er ihre Wünsche nach äußeren Annehmlichkeiten und Luxus erfüllt.[56]

In dieser Geschichte kommt die Angst indischer Asketen vor der fordernden, verunreinigenden Sexualität der Frauen zum Ausdruck, die freimütig als Motiv für die Entsagung eingestanden wird. Zwar wird Agastya als der Überlegene dargestellt, doch muß er sich letztlich den Bedingungen Lopamudrās fügen. Die Geschichte von Agastya und Lopamudrā wird bereits in einem Hymnus des Rigveda (1.179) behandelt.[57] Doch geht es dort nicht um Nachkommenschaft, sondern um die Frustration der Lopamudrā, deren Mann Asket wird. Sie wirft Agastya vor, daß auch die früheren «Wahrheitsdiener» von der Askese abgelassen hätten, denn sie seien «nicht ans Ende gelangt». Und sie fragt ihn dann: «Sollten die Frauen nie mit ihren Männern zusammenkommen?» Agastya verspürt daraufhin das «Begehren eines steigenden Stieres», und sodann «läßt Lopamudrā ihren Mann ausrinnen, den Weisen milcht die Unweise, daß er keucht». Der Indologe Paul Thieme deutet dieses alte Zwiegespräch als Sühnespruch beim Bruch eines Keuschheitsgelübdes: «Viele Lüste hat ja der Sterbliche», heißt es resignierend im Text.

Diese Angst vor der Lust, die nicht leicht zu bekämpfen ist, und die Fähigkeit der Frauen, ihre asketischen Männer zu verführen, durchzieht die hinduistische Mythologie. So will Pārvatī immer wieder den Großen Yogi Shiva, ihren Gefährten, von seiner Entsagung abbringen. Sie beschwert sich zum Beispiel, daß ihr Wunsch nach Kindern unerfüllt bleibe, wenn ihr Gatte ihr nicht beiwohne. Nur durch eine List und weil sie eine Göttin ist, gelingt es ihr, sich selbst einen Sohn zu schaffen. Als Shiva dies bemerkt, wird er zornig und schlägt dem Kind den Kopf ab. Pārvatī wird daraufhin so traurig, daß es Shiva reut. Eilig köpft er auch einen vorbeiziehenden Elefanten und setzt den Kopf dem Torso des Knaben auf. So entstand der Elefantengott Ganesha, dessen langer, schlaffer Rüssel geradezu ein Gegenbild zum Linga, dem erigierten Phallussymbol Shivas, bildet.

Die Geschichte der Askese ist die Geschichte der Unterdrückung von Sexualität. Aber aus der Sicht von Asketen könnte man ebenso gut formulieren: Die Geschichte der Askese ist die Geschichte der Befreiung vom Diktat der Sexualität.

Der Frust mit der Lust

Asketische Religionen werten Sinnlichkeit, Körperlichkeit und Sexualität ab. Sie mißtrauen den leiblichen Regungen, den sexuellen allzumal. Diese sind ihnen nur wilde Triebe, die es zu zähmen gilt. Was sich in ihnen äußert, gehört für Asketen bestenfalls zu den Affekten und muß kontrolliert werden, soll es nicht in Wollust und anderen Lüsten enden. Ein prüder Puritanismus liegt daher immer in der Luft, wenn Entsager auftauchen. Für Asketen ist Lust oft nur Frust.

Doch wenn Sexualität dazu dient, sich Liebe, Freude, Wohlbefinden, Zufriedenheit oder Glück zu verschaffen, dann wollen auch viele Asketen diese Geistes- und Gefühlszustände einschließlich ihrer leiblichen Äußerungen verwirklichen. Aber fast immer versehen sie sie mit einem religiösen, transzendentalen Aspekt. Asketen begreifen Liebe als Liebe zu oder von Gott, Zufriedenheit als Ruhen der Gedanken, Glück als höchste Wonne, nicht als vorübergehende Befindlichkeiten, sondern als höhere, dauerhafte, gar ewige Zustände:

> Wenn wir also sagen, daß die Lust das Lebensziel sei, so meinen wir nicht die Lüste der Wüstlinge und das bloße Genießen, wie einige aus Unkenntnis und weil sie mit uns nicht übereinstimmen oder weil sie uns mißverstehen, meinen, sondern wir verstehen darunter, weder Schmerz im Körper noch Beunruhigung in der Seele zu empfinden. Denn nicht Trinkgelage und ununterbrochenes Schwärmen und nicht Genuß von Knaben und Frauen und von Fischen und allem anderen, was ein reichbesetzter Tisch bietet, erzeugt das lustvolle Leben, sondern die nüchterne Überlegung, die die Ursachen für alles Wählen und Meiden erforscht und die leeren Meinungen austreibt, aus denen die schlimmste Verwirrung der Seele entsteht. (Epikur, *Briefe an Menoikeus* 131–132)[58]

So ist im Buddhismus die Liebe beziehungsweise Güte (Skt. *maitrī*, Pāli *mettā*) der erste Teil von Vier Göttlichen Verweilungszuständen (Skt. *brahmavihāra*), die der Heilige erfahren kann – neben Mitgefühl (*karunā*), (Mit-)Freude *(mudita)* und Gleichmut *(upekshā)*. Ein Buddha, also ein Erleuchteter, ist von diesen Zuständen so sehr erfüllt, daß seine Taten, einschließlich der geschlechtlichen Liebe, kein weiteres Karma und damit keine erneute Wiedergeburt und neues Leid bedeuten.

In der Sexualität und der zwischenmenschlichen Liebe ist Asketen diese höhere Liebe nicht gegeben. Statt dessen weisen sie auf die Schattenseiten der Sexualität hin: auf die sexuellen Obsessionen, die den Menschen ergreifen, nicht mehr loslassen und somit binden, bis hin zu den seelischen, bisweilen tragischen Problemen, die sich aus Ehebruch, Impotenz oder Geschlechtskrankheiten ergeben. Sexualität ist für sie eben nicht Befreiung, sondern Repression. Sie warnen vor den Gefahren von Pornographie, Onanie, Sodomie oder Prostitution. Die modernen, vor allem durch Sigmund Freud begünstigten Vorstellungen von einer gesunden Sexualität sind ihnen völlig fremd, ja widersprüchlich. (Ohnehin ist das Reden über das Geschlechtliche, auch der Begriff «Sexualität», ja erst eine Erscheinung des 18. Jahrhunderts.) Wenn Sexualität von Asketen überhaupt zugelassen wird, dann gehört sie in die Ehe, nur dorthin, und zur Erfüllung der Pflicht zur Erzeugung von Nachwuchs. Die Verbindung von Sexualität und Liebe zu Erotik ist ihnen meist nur eine Illusion.

Freilich sind Sexualität und Geschlechterrollen keine Naturerscheinung, sondern in höchstem Maße kulturell bestimmt. Was etwa als feminin oder viril gilt, ist von Kultur zu Kultur oder von Religion zu Religion unterschiedlich geprägt. Dies gilt ebenso für die Frage, wer in den Geschlechterbeziehungen eher aktiv oder passiv ist. Die Entstehung der frühchristlichen Askese ist ohne den römischen Begriff von Männlichkeit (lat. *virilitas*) kaum zu erklären. Damit ist nun nicht etwa sexuelle Potenz gemeint, sondern eine «Härte», die im wesentlichen Selbstbeherrschung bedeutet. Der männliche Samen wurde in den medizinischen Traktaten etwa von Galen (ca. 129–199 n. Chr.), neben Hippokrates der wohl einflußreichste Arzt der Antike, als Hitze aufgefaßt, spürbar in der warmen Ejakulation. Die Hitze war zugleich der Lebensgeist des Mannes, den es zu bewahren und nicht zu verschleudern galt. «Kein normaler Mann konnte wirklich zu einer Frau werden; aber jeder Mann mußte ständig befürchten, er könne ‹weibisch› werden. Seine flackernde Hitze war eine unsichere Kraft. Wenn sie wirksam bleiben sollte, mußte ihr Schwung aufrechterhalten werden. Es genügte nie, daß man männlich war: ein Mann mußte bestrebt sein, ‹viril› zu bleiben. Er mußte lernen, aus seinem Charakter und aus der Haltung und der Konstitution seines Körpers alle verräterischen Spuren von ‹Weichheit› zu tilgen, die ihn an den halbfertigen Status einer Frau verraten könnten.»[59]

Auch in Indien wurde (sexuelle) Energie als «Hitze» (Skt. *tapas*)[60] aufgefaßt und ihr Verlust gefürchtet, aber doch mit ganz anderen kulturellen Vorzeichen. Hier bedeutet Tapas zunächst magische und ethisch neutrale «Glut» *(tejas)*, die der Asket durch Kasteiung erwerben und bewahren kann. Mit einer solchen «Hitze» verfügt der Asket über eine Macht, mit der er etwa seine Feinde verfluchen oder vernichten kann. Derjenige, der diese «Hitze» in sich angesammelt hat, verbrennt in sich jede Tatschuld und erwirbt damit übermenschliche Kräfte, die in zahlreichen Mythen und Legenden bewundernd geschildert werden. So kann ein «Tapasvin», also einer, der diese «Hitze» hat, Berge erschüttern, durch Wände gehen, Dämonen und selbst Götter besiegen, ja sogar die Welt erschaffen oder anhalten. Mit römischer Virilität hat Tapas nichts zu tun, obgleich auch in Indien die Furcht vor dem Verlust von Hitze im Samenverlust gesehen wird. Der Asket wird auch als (Skt.) *ūrdhvaretas* bezeichnet, als «derjenige, dessen Samen oben bleibt».

In Indien werden Askese *(tapas)* und die sexuelle Begierde (Skt. *kāma*) als zwei Formen von Hitze, nicht als Widersprüche aufgefaßt. Daher verfügt der Asket auch über besondere sexuelle Potenz, die ihn nicht nur ständig in Versuchung führt, sondern auch jenseits jede Sexualmoral stellt. Nicht selten wird dem Asketen daher zugebilligt, sexuell ausschweifend zu sein, da er ja von den Verstrickungen solcher Taten entrückt ist. Daher ist es kein Widerspruch, wenn Shiva sowohl der Große Asket (Skt. *mahāyogin*) als auch ein glühender Liebhaber ist.[61] Ohnehin wird beim Sexualleben der Asketen und Asketinnen, Mönche und Nonnen oft geargwöhnt, daß Beteuerungen zur Unschuld und Keuschheit nur Lippenbekenntnisse sind und sich im Verborgenen, hinter den Klostermauern, andere Dinge abspielen. Die Fehltritte von Asketen werden dabei genüßlich registriert. Dem «normalen» Menschen will nicht einleuchten, daß es einen Ausweg aus der vielleicht unentrinnbaren Ambivalenz von Lust und Frust geben soll.

III. Die Anmut der Armut: Innerweltliche und außerweltliche Askese

«Normal» ist es für Menschen, zu arbeiten, Geld zu verdienen und Vorsorge für härtere Zeiten zu treffen. Arbeit ist für den Menschen meist eine Bedingung seiner Existenz.[62] Sie ist sogar ein Menschenrecht geworden. Arbeitslosigkeit ist ein Stigma. So sehr ist Arbeit in der modernen westlichen Welt zu einer Notwendigkeit geworden, daß Fragen nach dem Sinn von Arbeit kaum noch gestellt werden. Besser ist es, irgendeinen Job zu haben als gar keinen. «Wichtig ist die Arbeit, die man *hat*, nicht die man *tut*.»[63] Wehe dem, der da – wie manche antike Philosophen oder viele indische Asketen – Müßiggang, Kontemplation oder gar das Lob beziehungsweise wie der Schwiegersohn von Karl Marx, Paul Lafargue, das Recht auf Faulheit predigt:

> Welches sind in unserer Gesellschaft die Klassen, welche die Arbeit um der Arbeit willen lieben? Die Kleinbauern und Kleinbürger, welche, die einen auf ihrem Acker gebückt, die anderen in ihren Boutiken vergraben, dem Maulwurf gleichen, der in seiner Höhle herumwühlt, und sich nie aufrichtet, um mit Muße die Natur zu betrachten. (P. Lafargue, Das Recht auf Faulheit, 1883, S. 3)

Asketen aber richten sich auf, indem sie aus der Arbeit um der Arbeit willen aussteigen. Als Zeichen der Ablehnung jeglicher Handarbeit lassen sich manche hinduistische Asketen und Derwische[64] die Fingernägel wachsen, in seltenen Fällen sogar durch die Hand. Der Sufi Ibrahim ibn Adham: «Dem Martyrium gleich ist die Armut im himmlischen Schatzhause verwahrt, und er gibt sie nur denen, die er liebt.»[65]

Wozu arbeiten?

In der modernen Welt ist Arbeit vor allem zu einem Feld der Bewährung geworden. Man definiert sich durch den erlernten Beruf und die bezahlte Arbeit. Zugleich ist Arbeit die soziale Angelegenheit schlechthin. Nicht wenige leben nur für die Arbeit und haben mehr Beziehungen zu Arbeitskollegen als zu anderen Menschen, einschließlich der eigenen Familie. Selbst die Freizeit ist durch Arbeit bestimmt, sie ist Restzeit; nur wer arbeitet, hat sie.

Erwerbsarbeit wurde noch nie so hochgeschätzt wie heute, wo man sie im Grunde weniger benötigt als je zuvor. Der Beruf gilt als Erfüllung und Herausforderung, das Privatleben, selbst Frau und Kinder, haben dabei zurückzustehen. Traditionelle Werte wie Gemeinsinn, persönliche Fürsorge, Verantwortung für das Gemeinwohl, Freundschaft zählen fast nur noch, wenn sie bezahlte Arbeit sind. Die Pflegeversicherung ersetzt die familiäre Altenpflege, Serviceagenturen treten an die Stelle von Nachbarschaftshilfe. Selbst eigene Kinder werden für kleine Handreichungen bezahlt.

Der Arbeit, besser dem Arbeitsplatz, wird alles geopfert. Zu starke Bindungen – an die Familie, die Heimat, die Religion – behindern die Laufbahn. Die Folge ist eine nie gekannte Beschleunigung, Flexibilität und Mobilität des Lebens. Zugleich wird das Berufsleben von Konkurrenzkampf, Verlust an persönlicher Freiheit, Entfremdung, Ausbeutung und ständiger Angst vor dem Verlust des Arbeitsplatzes bedroht.

Arbeit ist auf unmerkliche Weise zum Selbstzweck und alles bestimmenden Faktor des Lebens geworden. Kaum wird aber nach dem Sinn von Arbeit gefragt. Immer mehr Menschen wissen nicht, wofür sie arbeiten und konsumieren. Arbeit ist zum Zwang geworden, zur Krankheit der Moderne, zur Sucht, von der nicht mehr abgelassen werden kann, obwohl sie weder zur Lebenssicherung noch für Annehmlichkeiten in diesem Umfang nötig wäre. In einem Netz von kaum durchschaubaren Abhängigkeiten der Arbeitsteilung und Fremdbestimmung vermögen nur wenige moderne Aussteiger der Arbeit den unmittelbaren Sinn der Existenzsicherung und Befriedigung bestimmter Bedürfnisse zu geben, indem sie – auf dem Land und mit der Landwirtschaft – versuchen, ein weitgehend autarkes Leben zu führen. Aber der moderne Aussteiger ist kein Arbeitsverweigerer. Spätestens seit das Betteln in Verruf geraten ist, ist in den Städten eine unabhängige Existenz kaum noch möglich. Asketen können sich auch dort nur mit Arbeit halten.

In der Antike aber galt die Handarbeit nicht nur der Aristokratie als Mühsal und Pein – etymologisch verwandt mit griech. *ponos*, wörtlich «Arbeit». Auch engl. *labour* bezeichnet zugleich die Arbeit und die schmerzvollen Geburtswehen. Arbeit stand in der Antike dem Guten und der Wahrheit, die nur durch Kontemplation und innere Ruhe erkannt werden konnte, im Wege. (Körperliche) Arbeit war etwas für Sklaven, Frauen und Fremde. Die Stoiker forderten eine Beschränkung der materiellen Bedürfnisse, warnten vor dem Überfluß, mahnten Bescheidenheit an, ebenso Epikur:

> Wir halten auch die Selbstgenügsamkeit für ein großes Gut, nicht um uns in jedem Fall mit wenigem zu begnügen, sondern damit wir, wenn wir das Viele nicht haben, mit dem Wenigen auskommen, in der echten Überzeugung, daß jene den Überfluß am süßesten genießen, die seiner am wenigsten bedürfen, und daß alles Naturgemäße leicht, das Sinnlose aber schwer zu beschaffen ist, und daß bescheidene Suppen ebensoviel Lust erzeugen wie ein üppiges Mahl, sowie einmal aller schmerzende Mangel beseitigt ist, und daß Wasser und Brot die höchste Lust zu verschaffen vermögen, wenn einer sie aus Bedürfnis zu sich nimmt. Sich also zu gewöhnen an einfaches und nicht kostspieliges Essen verschafft nicht nur volle Gesundheit, sondern macht den Menschen auch unbeschwert gegenüber den notwendigen Verrichtungen des Lebens, bringt uns in eine zufriedenere Verfassung, wenn wir in Abständen uns einmal an eine kostbare Tafel begeben, und erzeugt Furchtlosigkeit vor den Wechselfällen des Zufalls. (Epikur, Briefe an Menoikeus)

Auch in der Bibel gilt die Arbeit eher als Fluch – wegen des Sündenfalls. Sie ist Mühsal und geschieht im Schweiße des Angesichts (1. Mose 3,17 und 19). Keineswegs lehrt die Bibel Arbeit als Selbstzweck. Im Gegenteil, viele andere Werte, vor allem Gottessuche und Liebe, stehen ungleich höher. Die Arbeit hat sich diesen unterzuordnen: «Betrachtet die Lilien des Feldes, wie sie wachsen! Sie arbeiten nicht und spinnen nicht; ich sage euch aber, daß auch Salomo in all seiner Pracht nicht gekleidet wie eine von diesen.»[66] Selbst Paulus' Wort «Wer nicht arbeitet, soll auch nicht essen»[67] zielte auf eine Gleichbehandlung der Gemeindemitglieder, war aber keine Lobpreisung der Arbeit.

Erst mit dem Mittelalter kam die Wende in der Wertschätzung der Arbeit. Doch noch die berühmte Formel *ora et labora* («bete und arbeite») des Benedikt von Nursia (um 480–547) setzt das Beten, nicht aber das Arbeiten an die erste Stelle. Schon gar nicht galt und gilt die Formel als Ausdruck von arbeitstechnischer Produktivität. Im östlichen Mönchtum knüpften Mönche mitunter tagsüber Teppiche, um sie abends wieder aufzulösen. Im Mittelalter wurde Arbeit aber zunehmend zur Pflicht und Buße, vor allem wurde der Müßiggang heftig kritisiert. Aber erst seit dem Puritanismus und der Reformation kam es zu jener einzigartigen Verbindung von Askese und Arbeit, die noch heute das Leben der meisten Menschen in den Industrienationen bestimmt.

In der Reformationszeit hat sich die Einstellung zur Arbeit grundlegend geändert. Sie wurde zunehmend zum Selbstzweck des Lebens. Umgekehrt galt Arbeitsunlust als Zeichen für den fehlenden Gnadenstand. Luther predigte: «Müßiggang is Sünde wider Gottes Gebot, der hier Arbeit befohlen hat. Zum anderen sündigst du gegen deinen Nächsten.»[68] Man richtete sich gegen die bloße Frömmigkeit, verlangte Werkheiligkeit. Arbeit war wie bei Martin Luther Schickung und Fügung oder wie bei den Puritanern ein Befehl Gottes. Luther übersetzt (griech.) *ergon* und *ponos* beide Male mit «Beruf» (lat. *vocatio*), und er verlieh dadurch auch der weltlichen Arbeit eine religiöse Komponente. Wer Berufsarbeit leistete, wurde zu einem von Gott dazu Berufenen. Arbeit wurde zum Beruf, Zeichen des Auserwähltseins durch Gott. Aus dem *homo religiosus* wurde der *homo oeconomicus*.

Und so kam es zu einer zunehmenden Umkehrung urchristlicher Vorstellungen, wie sie etwa das berühmte Matthäus-Wort 19,24 zum Ausdruck bringt: «Es ist leichter, daß ein Kamel durch ein Nadelöhr geht als ein Reicher ins Reich Gottes.» Denn fortan war es geradezu geboten, reich zu sein, allerdings nicht, um die Früchte des Reichtums zu genießen: «Nicht für Zwecke der Fleischeslust und Sünde, wohl aber für Gott dürft ihr arbeiten, um reich zu sein» schrieb der Puritaner Richard Baxter (1615–1691).[69] Und Baxter war es, der sagte, daß der Mensch nicht arbeite, um zu leben, sondern lebe, um zu arbeiten. Arbeit wurde wie bei Hegel (1770–1831) Mittel zur Selbstbewußtwerdung und zur Befreiung des Menschen. Oder sie wurde wie bei Karl Marx (1818–1883) als Sieg des Fleißes (im Englischen bedeutet *industry* «Fleiß») über die Faulheit und als Mittel des selbst erarbeiteten sozialen Aufstiegs gefeiert, obwohl selbst Marx darauf aus war, die Arbeit nicht zu befreien, sondern sie abzuschaffen.

Kapitalismus und asketischer Sparzwang

Zuvorderst Max Weber hat diese Zusammenhänge zwischen Askese und Arbeitsstreben analysiert und dabei eine nach wie vor starke These aufgestellt, die er durch vergleichende religionssoziologische Untersuchungen abzusichern suchte. Seine Hauptthese: Der Kapitalismus habe sich aus dem asketischen Geist des Protestantismus entwickelt; dieser habe zu einer innerweltlichen Askese geführt, die sich von der außerweltlichen Askese anderer Kulturreligionen, besonders des Hinduismus und Buddhismus, deutlich unterscheide.

Ausgehend von den Gründen für die Unterschiede in der wirtschaftlichen Entwicklung zwischen Okzident und Orient kommt Weber zu der Überzeugung, daß zwei Faktoren für die Herausbildung des modernen Kapitalismus im Okzident entscheidend sind:[70] die rational-kapitalistische Organisation von (formell) freier Arbeit und die vermögensrechtliche Trennung von Haushalt und Betrieb mit rationaler Buchführung. Die Entstehung eines Proletariats, einer Bourgeoisie und eines Unternehmertums sowie im Überbau einer Sozialismus-Utopie sei erst als Folgewirkung dieser beiden Faktoren verständlich. Aber auch die Rationalität, insbesondere die wissenschaftlich fundierte und technisch verwertbare, sei erst unter den beiden angegebenen Faktoren zu einer entscheidenden Entfaltung gekommen, indem sie der ökonomischen Rationalität unterstellt worden sei. Andere Formen der Rationalität habe es immer und überall gegeben. Weber gibt dafür einige Beispiele rationalen Wissens aus der indischen Kulturgeschichte: Astronomie (freilich ohne mathematische Fundierung), Geometrie (ohne Beweise), Naturwissenschaften (ohne Experimente), Medizin (ohne biochemische Grundlage) oder die Rechtslehre (ohne streng juristische Kodifikation auf Naturrechtsgrundlage). Auch im wirtschaftlichen Alltag habe es überall «Erwerbstrieb; Streben nach Gewinn; nach Geldgewinn, nach möglichst hohem Geldgewinn»[71] gegeben, sogar als rationalisierten Geldgewinn in allen Formen von Bilanzgeschäften.

Der ökonomische Rationalismus mit dem Zweck der dauernden und steigenden Kapitalbildung ist aber «auch von der Fähigkeit und Disposition der Menschen zu bestimmten Arten praktisch-rationaler Lebensführung abhängig. Wo diese durch Hemmungen seelischer Art obstruiert war, da stieß auch die Entwicklung einer wirtschaftlichen rationalen Entwicklung auf schwere innere Widerstände. Zu den wichtigsten Elementen der Lebensführung nun gehörten in der Vergangenheit überall die magischen und religiösen Mächte und die im Glauben verankerten Pflichtvorstellungen.»[72] Dieses dem Geist des Kapitalismus eigentümliche Wirtschaftsethos hat es Weber zufolge nur im Okzident gegeben.

In der Charakterisierung dieser Ethik konzentriert sich Weber auf die protestantische Ethik,[73] da die entscheidenden Impulse des modernen Kapitalismus vom Protestantismus ausgingen und da sich für ihn statistisch eine eindeutige Korrelation zwischen protestantischem Kapitalbesitz und wirtschaftlichem Wachstum feststellen läßt. Weber will aber zunächst nur aufzeigen, in welchem Maß religiöse Einflüsse bei der Expansion der modernen kapitalistischen Gesinnung beteiligt waren, nicht aber will er etwa behaupten, daß der kapitalistische Geist nur ein Erzeugnis des protestantischen Reformismus sein könne.

Weber unterscheidet im großen und ganzen vier Träger des asketischen Protestantismus: Calvinismus, Pietismus, Methodismus und die aus den täuferischen Bewegungen entstandenen Sekten, wobei er in erster Linie jenes religiöse Gedankengut betrachtet, das die Lebenspraxis ernstlich beeinflußt. Dabei beinhaltet der Calvinismus idealtypisch das, worauf es ihm ankommt, während er in den anderen Formen des puritanischen Protestantismus eher Abschwächungen oder Nuancierungen sieht.

Beim Calvinismus steht für Weber das Prinzip der Gnadenwahl im Vordergrund. Danach ist Gott nicht um der Menschen willen, sondern die Menschen sind um Gottes Willen da. Das heißt, daß allein Gott frei ist; der Sinn menschlichen Schicksals ist seinen Ratschlüssen unterworfen, die nur von ihm Auserwählten überhaupt durchschaubar sind. Das menschliche Einzelleben ist dadurch einer vorbestimmten Ordnung unterworfen, und dies wirkt sich mangels eines menschlich verständlichen Vaters im Himmel (wie etwa im Katholizismus) gefühlsmäßig als eine völlige innerliche Vereinsamung des Individuums aus. In Anbetracht der Ungewißheit über den eigenen Gnadenstand fühlen sich die einzelnen Individuen innerlich unerhört vereinsamt, und der Gläubige versucht durch das Hervorbringen guter Werke zu beweisen, daß er zu den Auserwählten gehört. Hinzu kommt noch eine schon im frühen Judentum begründete Entzauberung der Welt von allen magisch-sakramentalen Superstitionen, vor allem aber von einer magischen Verbindung zu Gott selbst.

Im Alltagsleben wirkte sich dies nach Weber in einem tiefen Mißtrauen gegenüber dem Nächsten aus. Dieses wie auch die Abschaffung der Privatbeichte, die eine schuldentlastende Funktion hatte, vergrößerte die psychische Last des Individuums, machte es aber zugleich auch frei von sehr engen sozialen Bindungen. Aus der spezifischen

Religiosität des Calvinismus entwickelte sich dennoch das dogmatisch vertretene Prinzip der Nächstenliebe, auch und gerade als Berufsarbeit, jedoch nicht als Dienst am anderen, sondern als unpersönliche, die Weltordnung erfüllende Berufspflicht *in maiorem Dei gloriam*, «zum höchsten Ruhme Gottes». Vom Einzelnen wurden nicht von einer gefühlsmäßigen Gesinnungsethik getragene gute Werke verlangt, sondern eine zum System gesteigerte Werkheiligkeit, eine zu einem Lebenssystem rationalisierte Reihe einzelner Handlungen.

Diese neue puritanische Ethik verwandelte die Frömmigkeit des Einzelnen im Hinblick auf eine Heilsgewißheit *(certitudo salutis)* zu einer aktiven Lebensführung ohne einen durch kirchliche Gnadenmittel zu begleichenden Saldo des Gesamtlebens. Sie machte Frömmigkeit zu einer jederzeit abrufbaren Verantwortlichkeit in jeder einzelnen Handlung. Eine innerweltliche Askese trat an die Stelle einer mehr mönchischen Askese, in der ja die Überbietung der innerweltlichen Sittlichkeit den Einzelnen eher aus dem Alltagsleben hinausdrängte.

Mit anderen Worten: Dem Einzelnen waren wieder positive Antriebe zur Bewährung des Glaubens im Alltagsleben und besonders im weltlichen Berufsleben gegeben, da in Verbindung mit der Prädestinationslehre an die Stelle der geistlichen Aristokratie der Mönche die prädestinierten Heiligen in der Welt traten. So wurde das weltliche Alltagsleben immer mehr von einer religiösen Methodik durchtränkt und zu einem «rationalen Leben in der Welt und doch nicht von dieser Welt oder für diese Welt»[74] umgestaltet.

Im weiteren untersucht Weber den Einfluß dieser religiösen Gesinnung auf die Maximen des Erwerbslebens. Zunächst galt ja nach wie vor Reichtum als sittlich verwerflich, noch mehr aber das Ausruhen auf dem Besitz und in höchstem Maße der Genuß des Reichtums, der leicht zu Nichtstun und sinnlichen Freuden führen konnte. Vor allem drohte aber die Gefahr des Müßiggangs, der Reichtum prinzipiell (nicht unbedingt tatsächlich) bedenklich machte, zumal wenn er auf Kosten der Berufsarbeit ging. Denn diese wurde ja das asketische Mittel zum *status gloriae.* Im Unterschied zum mittelalterlichen Katholizismus wird im puritanischen Protestantismus die Arbeit zum Selbstzweck, da sie nicht mehr zum Erhalt des Lebens zu leisten ist, sondern ebenfalls *in maiorem Dei gloriam*.

Hinzu kommt noch, daß der Beruf im Calvinismus nicht – wie bei Luther – eine Schickung, sondern ein Befehl Gottes ist, wodurch das

Prinzip einer vielschichtigen Arbeitsteilung durch Berufsgliederung entsprechend einem von Gott vorgegebenen Weltplan vorbereitet war. Denn fortan wurde nicht nur Arbeit für den eigenen Lebensunterhalt erfordert, sondern auch die systematisch-methodische feste Berufsarbeit. Zur Mehrung von Gottes Ruhm war es nun nicht nur erlaubt, reich zu sein, sondern geradezu geboten – als Ausdruck höchster Frömmigkeit. Umgekehrt galt das Arm-sein-Wollen nahezu als sündhaft, zumindest aber dem Ruhm Gottes abträglich. In jedem Fall hat im Beruf die Pflicht gegenüber dem Genuß Vorrang.

Das Ergebnis einer solchen Beschränkung der Konsumption bei gleichzeitiger Entfesselung des Erwerbsstrebens ist für Weber Kapitalbildung durch asketischen Sparzwang. Hierdurch wurden zwei der wichtigsten Erscheinungen des modernen kapitalistischen Wirtschaftslebens begünstigt: Zum einen galt es, das Kapital zu einem allseits nützlichen Zweck zu verwenden, um eine Säkularisierung des ersparten oder erwirtschafteten Kapitals zum Zwecke des Eigengenusses zu vermeiden. Die Funktion der Investitionen zur Verbesserung des Lebensstandards und Komforts hat hier ihre Entstehung. Zum anderen war der Ausbeutung der spezifischen Arbeitswilligkeit der Arbeiter Vorschub geleistet, da allein die sorgfältige Ausübung des Berufs Mittel zum Gnadenstand war, auch wenn sie – wie beim treuen Arbeiter – ohne Aussicht auf großen materiellen Erfolg blieb. Auf der anderen Seite galt aber auch der Gelderwerb des Unternehmertums als Beruf.

Zu Recht wurde Kritik an Webers enger Verknüpfung von Protestantismus und wirtschaftlichem Leistungsstreben und seiner empirischen Basis geübt.[75] So wies man nach, daß man in katholischen Gegenden dem Protestantismus durchaus ähnliche, teilweise ihn übertreffende «Erfolge» aufzubieten hat. Auch zeigen gerade nichtprotestantische Gruppen und Länder, vornehmlich in Ostasien, daß der Einfluß der Religion als Wirtschaftshemmnis nicht überschätzt werden sollte. Ferner muß die besondere Diaspora-Situation der Puritaner in England berücksichtigt werden. Und schließlich zeigen Untersuchungen, daß die Gläubigen vielleicht doch nicht so von der Prädestinationslehre überzeugt und getrieben waren, wie Weber unterstellte. Dennoch haben Webers Aussagen über die asketischen Haltungen zur Welt im Grundsatz Bestand. Auch ist er methodisch nicht leichtfertig gewesen. Im Gegenteil: Max Weber hat seine berühmte Protestantismus-These durch vergleichende Studien abgesichert. Erst dieses Vorgehen brachte ihn zu einer «einigermaßen eindeutigen Zurechnung derjenigen Elemente der okzidentalen Wirtschaftsethik, welche ihr im Gegensatz zu anderen eigentümlich sind».[76] Ein wichtiges methodisches Prinzip ist für ihn dabei die Funktion der Marginalität einer gesellschaftlichen Gruppierung, die unter Umständen eine Katalysatorwirkung auf die übrige Bevölkerung ausüben kann. Weber gibt hierüber in der «Einleitung in die Wirtschaftsethik der Weltreligionen»[77] Rechenschaft.

Ausgehend von der Grundtatsache des physischen und psychischen Leidens erkennt er in seinen vergleichenden religionssoziologischen Studien immer wieder einzelne Gesellschaftsmitglieder innerhalb der verschiedenen Kulturen, welche die Funktion einer ursprünglich aus dem Stammesmagiertum entstandenen Seelsorge übernehmen. In dem Maße, wie diese sich auf einen Erlösermythos berufen konnten, war ihnen auch eine rationale Grundlage gegeben, nämlich der Art, daß die Erlösungshoffnungen auch auf einer rationalen Theodizee des Leidens beruhten. Dies gilt auch für das individuell unverdiente Leid, welches in besonderem Maße einer plausiblen Erklärung des Mißverhältnisses zwischen Schicksal und Verdienst bedurfte, da es von den Mitmenschen verursacht sein konnte.

Mit zunehmender Rationalisierung zu einem Erlöserglauben wuchs hierbei auch die Bedeutung der Intellektuellen, insofern sie den Rahmen der Lebensorientierungen vermittelten, innerhalb dessen die Interessen der einzelnen Schichten das soziale Handeln motivierten. Die praktischen Lebensbezüge der einzelnen Schichten waren von ihren jeweiligen, mitunter konkurrierenden, Interessen abhängig und nicht unmittelbar von den Ideen der Intellektuellen, wohl aber waren sie dies in ihren letzten Wertungen und insbesondere den religiös bedingten Wertungen samt deren ethischen Rationalisierungen. An dieser Stelle führt Weber den für seine gesamte Religionssoziologie wichtigen Unterschied zwischen der Virtuosen- und der Massenreligiosität ein, der zugleich das Hauptkriterium der Marginalität ausmacht. Es ist nämlich zu beobachten, daß die am höchsten bewerteten religiösen Heilsgüter nicht allen erreichbar waren, vielmehr bedeutete ihr Besitz ein Charisma, welches bei manchen, nicht aber bei allen geweckt werden konnte. Daraus ergab sich für Weber sozusagen von selbst eine Art ständische Gliederung in einer Religionsgemeinde mit eben jenen religiösen Virtuosen an der Spitze.

Je nachdem, wie sich nun das Verhältnis der religiösen Virtuosen zum Alltag und der Wirtschaft gestaltete, ist auch deren Einfluß zu beurteilen. Hierbei spielen insbesondere das angestrebte Heilsgut und die Erlösungsmittel eine entscheidende Rolle. Waren diese zum Beispiel von kontemplativer oder orgiastisch-ekstatischer Natur, war der Einfluß ungleich geringer als etwa in der rational-praktischen Wirtschaftsaskese des puritanischen Protestantismus, weil das angestrebte Heilsgut wirtschaftliche Betätigung als diesseitig geringschätzte. Damit ist das theoretische Spannungsverhältnis vorbereitet, in welchem Weber die großen Weltreligionen analysiert, von denen nachfolgend der Hinduismus ins Blickfeld gezogen werden soll.

Karma und Weltflucht

Weber findet seine Protestantismus-Kapitalismus-These in der Beurteilung des Einflusses des Hinduismus auf das Wirtschaftsleben Indiens bestätigt.[78] Denn ihm kam es besonders darauf an, zu zeigen, daß trotz guter Ausgangsbedingungen wie Kapital, Rohstoffe, Bildung und Infrastrukturen (z. B. die Eisenbahn) in Indien eine rational-kapitalistische Entwicklung ausblieb. Im einzelnen stützt Weber seine Argumentation auf zwei Punkte: das Kastenwesen und die Erlösungslehren.

Weber sieht im Kastenwesen die grundlegende gesellschaftliche Struktur des Hinduismus. In Verbindung mit den beiden Dogmen von der Seelenwanderung und der Vergeltungskausalität, welche trotz großer Toleranz in bezug auf die Lehre bei noch größerer Intoleranz in bezug auf die rituellen Pflichten *(dharma)* den Hinduismus durchdringen, sei damit gegeben, daß das gesamte Lebensschicksal des Menschen eigenste Tat sei. Das betrifft auch die Kastenzugehörigkeit des Einzelnen und den sozialen Rang innerhalb der Kaste und der Kasten untereinander. Bedingung für einen sozialen Aufstieg war die rituelle Pflichterfüllung der Kastentradition – unter anderem in dem Sinne, daß jede einzelne Tat hierfür gewertet wurde, immer im Hinblick auf das nächste Leben, nicht aber im Hinblick auf einen «jüngsten Tag».

> Auf dem Boden dieses an der Karmanlehre verankerten Kastenritualismus war eine Brechung des Traditionalismus durch Rationalisierung der Wirtschaft eine Unmöglichkeit. Wer aus dieser ewigen Kastenwelt (...) und aus dem unentrinnbaren Kreislauf der Wiedergeburt heraus wollte, der mußte aus der Welt selbst heraus in jene Hinterwelt, in welche hinduistische Erlösung führte. (M. Weber, «Hinduismus und Buddhismus», S. 122)

Ethische Höchstnorm war daher nach Weber die Kastentreue, jedenfalls im Wirtschaftsleben. Zugleich behinderte diese aber wirtschaftliche Mobilität und freie Leistungskonkurrenz, da ein Berufswechsel (= Kastenwechsel) oder eine Änderung der Arbeitstechniken von ritueller Verunreinigung bedroht war. (Die Kastenordnung bildete sich Weber zufolge heraus, als die einwandernden Indo-Arier zunehmend die rassische Vermischung mit der als ethnisch minderwertig angesehenen Urbevölkerung zu vermeiden suchten.) Diese feste Gesellschaftsstruktur verhinderte zugleich soziale Revolutionen, da ein individuelles Unrecht immer als Schuld vergangener Taten gedeutet werden konnte, nicht aber als Unrecht von Menschen an Menschen.

In diesem Zusammenhang weist Weber auch darauf hin, daß der Hinduismus keine Eschatologie, keinen «seligen Urzustand» und kein «seliges Endreich» kennt und auch kein auf Gleichheitsprinzipien beruhendes Naturrecht. Deshalb konnte sich auch keine gesellschaftliche Utopie herausbilden, geschweige denn eine allgemeine Universalethik, sondern immer nur eine private Sozialethik für einzelne Stände.

Wie auf der einen Seite Weber die Kastenordnung in Verbindung mit der Wiedergeburts- und Vergeltungslehre als Garantie gesellschaftlicher Statik sieht, so sind für ihn die verschiedenen asketischen Erlösungslehren als deren Ventil anzusehen. Bei Weber kreisen diese Lehren im wesentlichen um die Frage, wie dem durch die Karma-Anhäufung verursachten Kreislauf von Geburt und Wiedergeburt ein Ende gesetzt werden könne und wie sich der Mensch aus der Verstrickung in die Welt des Leidens, der Vergänglichkeit und des Scheins zu befreien vermöge. Spätestens seit der Zeit der Upanishaden habe dieser Erlösungsweg als vielversprechendster festgestanden:

> Immer handelte es sich darum, von der Welt der Sinne, der seelischen Erregungen, Leidenschaften, der Triebe und Strebungen, der nach Mitteln und Zwecken geordneten Erwägungen des Alltagslebens loszukommen, um dadurch die Vorbedingungen zu schaffen für einen Endzustand, der ewige Ruhe bedeutet: die Erlösung (moksha, mukti) von diesem Getriebe, die Vereinigung mit dem Göttlichen. Und: Alle (...) den Intellektuellenschichten entstammende Heilstechnik Indiens hat diesen Sinn einer Abwendung vom Alltagsleben, darüber hinaus vom Leben und der Welt überhaupt, mit Einschluß auch des Paradieses und der Götterwelt. (M. Weber, Hinduismus und Buddhismus, S. 171f.)

Entscheidend war also für den hinduistischen Virtuosen das Heraustreten aus dem rituellen Pflichtenkreis der Kaste und deren spezifischen

Formen der Devotion und das Eintreten in eine wie auch immer geartete weltabgewandte Askese, meist sogar gesteigert zu einer sonst nur vereinzelt bekannten Weltflucht.

Es versteht sich für Weber von selbst, daß eine solche religiöse Grundeinstellung kaum geeignet sein konnte, Antriebe zu wirtschaftlicher Betätigung zu vermitteln. Wegen ihrer Marginalität konnten diese virtuosen Askesen keine Leitbilder für den Durchschnittsmenschen abgeben, zumal sie einem emotionalen Bedürfnis in der Religion keine Chance gaben. Die Entstehung der großen Volksreligionen des Shivaismus und Vishnuismus hat für Weber in diesem Umstand ihre Ursache, obwohl auch diese in ihren Grunddogmen keine Abweichungen von der orthodoxen Lehre bildeten. Gleichwohl hatten nach Weber die Erlösungslehren ein hohes Maß an Rationalität, freilich nicht in bezug auf eine an realem Handeln und Denken orientierte Realität, sondern mehr in der methodischen Bewältigung der Befreiung von der Sinnlosigkeit.

Menschliche Bewährung als Folge aktiven Handelns gab es nicht oder nur als Ritus bestimmter Kasten. Dies mag auch erklären, warum es im Hinduismus kein Geschichtsbewußtsein gibt. «Geschichte als ein Feld menschlicher Bewährung, als ein zwischen Weltschöpfung und Welterlösung eingespanntes, sinnvolles und zielgerichtetes Geschehen»[79] konnte sich Weber zufolge nicht herausbilden.

Eine weitere Konsequenz dieser extrem weltflüchtigen Virtuosenreligiosität war die Entstehung einer stark verbreiteten Massenmagie. «...der Zauber blieb daher die Kernsubstanz der Massenreligiosität, vor allem der Bauern und der Arbeiterschaft, aber auch des Mittelstandes. (...) Dieser höchst antirationalen Welt des universalen Zaubers gehörte nun auch der ökonomische Alltag an, und aus ihr führte daher kein Weg zu einer rationalen innerweltlichen Lebensführung.»[80]

Max Weber hat treffende Gründe für die hinduistische Absage an die Welt zusammengetragen, doch ist Weltflucht keine hinduistische Besonderheit. Sie ist gewissermaßen in der Askese selbst angelegt, denn sie ergibt sich aus der Ablehnung der Welt der Menschen als Welt der Kontingenz und Sterblichkeit sowie dem Wollen einer Welt, in der nur Gott ist. Die Absage an die Welt der Immanenz bedeutet mehr als innerweltliche Tätigkeiten, sie umfaßt auch die Absage an Mitmenschen und Kommunikation.[81] Freilich fliehen die Menschen nicht alle Mitmenschen, sondern nur diejenigen, die nicht wie sie auf Transzendenz aus sind. Damit heben sie sich von den «Normalen» ab und werden zu religiösen Virtuosen. Für das Christentum hat diese Absonderung zu bestimmten Paradoxien geführt, auf die Niklas Luhmann und Peter Fuchs hinweisen: «Die Menschenwelt kontaminiert jeden, der sich um Transzendenz bemüht, man muß sich von ihr lösen, mit der Loslösung findet man Gott, die Welt aber, die man floh, ist Gottes Welt. Ergo ermöglicht erst die Flucht vor der Welt den Dienst an der gottgeschaffenen, aber aufgrund des Vorkommens von Menschen und diabolischen Mächten perversen und vom Kurs der Perfektion abgekommenen Welt.»[82]

Weltflucht ist daher nicht in erster Linie die Flucht vor der Welt, sondern vor dem Kontakt und der Kommunikation mit denen, die sich damit abfinden, daß Mensch und Welt nicht perfekt beziehungsweise gottgleich sind, den «Normalen» also. Und daher müssen Asketen alles anders machen, sich anders kleiden, anders leben, anders essen oder reden, besser noch: schweigen.

Betteln, Spenden und die Armutsfrage

«Normal» ist es auch, für seine Arbeit entlohnt zu werden und davon zu leben. Asketen aber leben oft nur davon, daß sie betteln gehen, also erwarten, daß andere sie ernähren. Dies gelingt in der Regel nur, wenn die Spender sich von den Asketen etwas erhoffen dürfen, zum Beispiel religiöses Verdienst oder Seelenheil.

Spätestens seit Athanasios und seiner Vita Antonii gehören der Besitzverzicht und die selbstgewählte Armut zum Grundbestandteil der christlich-monastischen Bekehrung. Jeglicher Besitz gilt wie bei Luther als des Teufels Zeug:

> Die ganze Welt ist ein Haufen verzweifelter Geizhälse, die Gott nicht trauen, Gott nicht dienen, sondern dem Teufel. Denn der Mammon ist der Gott der Welt. Mammon heißt Besitz. Nun sucht alle Welt am Besitz nicht, daß sie davon essen und trinken (welches jedermann voll gegönnet wäre), sondern daß sie nur viel Geld und den Mammon im Kasten haben und ihn anbeten. Deshalb ist die Welt voller Mammonsdiener. Nun sage mir, ist es nicht wahr? Wenn du auf diese Weise schon das Haus voll Geld hättest, und das Haus wäre dazu golden, und in Elbe oder Rhein flösse Gold, was könnte dir das helfen, wenn sonst nichts da wäre, kein Korn, kein Bier, kein Wein, kein Wasser?

Ei, wie fein hast du alsdann dem Mammon gedienet! Du wirst ja das Gold nicht fressen können. (M. Luther, Predigten, Göttingen 1965, Bd. 8, S. 359 f.)

Die Benediktusregel verbietet folgerichtig jeden Eigenbesitz des Mönches:

Vor allem dieses Laster muß mit der Wurzel aus dem Kloster ausgerottet werden. Keiner maße sich an, ohne Erlaubnis des Abtes etwas zu geben oder anzunehmen. Keiner habe etwas als Eigentum, überhaupt nichts, kein Buch, keine Schreibtafel, keinen Griffel, gar nichts. Den Brüdern ist es ja nicht einmal erlaubt, nach eigener Entscheidung über ihren Leib und ihren Willen zu verfügen. Alles Notwendige dürfen sie aber vom Vater des Klosters erwarten, doch ist es nicht gestattet, etwas zu haben, was der Abt nicht gegeben oder erlaubt hat. «Alles sei allen gemeinsam», wie es in der Schrift heißt, damit keiner etwas als sein Eigentum bezeichnen oder beanspruchen kann. Stellt sich heraus, daß einer an diesem schlimmen Laster Gefallen findet, werde er einmal und ein zweites Mal ermahnt. Wenn er sich nicht bessert, treffe ihn eine Strafe. (Benediktusregel 33)

Viele Bezeichnungen für Asketen drücken schon die Armut aus: Skt. *bhikshu* (Pāli *bhikkhu*) bezeichnet den Bettelmönch, persisch *darwish* (türkisch *derwish*) und arab. *faqir* bedeuten «arm» beziehungsweise «bedürftig».[83] Gerade der Verzicht auf persönliches Hab und Gut führt aber dazu, daß die Asketen und Mönche nicht selten so sehr mit Gaben überhäuft werden, daß die Aufrichtigkeit ihres freiwilligen Besitzverzichts angezweifelt wird. Zwar wird meist unterschieden zwischen privatem Besitz der Mönche und Nonnen sowie gemeinschaftlichem Besitz der Klöster, doch stößt der Reichtum der Ordensgemeinschaft immer wieder auf die Frage, ob sich Besitz überhaupt mit dem asketischen Leben verträgt. Nirgends ist diese Frage nach der Armut *(quaestio de paupertate)* so heftig erörtert worden wie in dem christlichen Mendikantentum (von lat. *mendicare* «betteln»).

Immer wieder strebten im Christentum einzelne Aussteiger und mönchische Gemeinschaften zu apostolischer Armut in der Nachfolge Christi. Besonders als das Papsttum und der Klerus sich zunehmend in weltlichem Machtstreben und Anhäufung von Besitztümern erging, erstarkten religiöse Bewegungen, die die Nachahmung des Lebens Jesu, die *Imitatio Christi*, und die Armut Jesu zum Ziel erklärten. Seit dem 11. Jahrhundert lebten einzelne Wanderprediger dieses Leben vor, seit dem 12./13. Jahrhundert entstanden auch unter Laien religiöse Gruppen, die Armut selbst für die Mönchsgemeinschaften forderten. Vornehmlich die Bettelorden der Dominikaner, Franziskaner, Augustiner-Eremiten und Karmeliten entwickelten neue Formen im Umgang mit gemeinschaftlichem Besitz und Zusammenleben. Dazu gehörte, daß sie verstärkt auch in den Städten predigten, Seelsorge betrieben und die Ketzer bekämpften. In den Städten fanden sie genügend Reichtum, um sich aushalten lassen zu können.

Besonders radikal war Franziskus von Assisi (gest. 1226).[84] Er verlangte ein unbedingtes Armutsgebot für alle, auch für die Orden. Im Jahr 1210 ging er nach Rom, um dem Papst seine Vorstellungen vorzutragen. Die Kirche sollte allen Besitz verkaufen und unter die Armen verteilen. Er selbst hatte als Sohn eines reichen Tuchhändlers sein gesamtes Hab und Gut auf diese Weise weitergegeben. Die Mönche sollten den Menschen dienen, Buße leisten und Armut (vor-)leben. Dies sei aus der Heiligen Schrift geboten. Franziskus lebte die Armut selbst vor. Einmal riß er – so wird überliefert – ein Haus mit den eigenen Händen ein, das die Bürger von Assisi für die Brüder errichtet hatten. Zeitlebens blieb er den Bedürftigen und Armen nahe. Er war mit der Armut verheiratet, wie seine Gefährten zu berichten wußten:

> Von der Armut wußte der Heilige, daß sie dem Sohne Gottes besonders lieb war. Aber vom ganzen Erdkreis schien sie verbannt. So dachte er, sie zu seiner Braut zu machen, mit einer Liebe, die nicht vergeht. Ihretwegen verließ er nicht nur Vater und Mutter, sondern gab auch schlechthin alles hin, was er hätte besitzen können. Nie ist ein Mensch so auf das Geld erpicht gewesen, wie er auf die Armut; nie ist einer so besorgt gewesen, seine irdischen Schätze zu hüten, wie er besorgt war, diese evangelische Perle zu hüten; und wenn es etwas gab, was er bei seinen Brüdern nur mit Erregung sehen konnte, so war es dies, wenn er etwas nicht in Übereinstimmung mit der Armut fand.
>
> Tatsächlich wollte er von der Gründung seines Ordens bis zu seinem Tode nie etwas mehr besitzen als ein Gewand mit Gürtel und Beinkleid. Der Armut Jesu Christi und seiner Mutter gedachte er oft mit vielen Tränen; und er nannte sie gern die Königin unter den Tugenden, weil sie am König der Könige und an seiner königlichen Mutter besonders hervorleuchtet. (Franz von Assisi, Bruder Leo und Gefährten erzählen)[85]

Seine Predigten fanden großen Anklang und Gefolgschaft, führten aber auch zu Konflikten innerhalb der Gemeinschaft und mit der Amtskirche. Zunächst billigte Papst Innozenz III. die Forderungen des Franziskus weitgehend, nicht zuletzt, um auf diese Weise die neue Bewegung in die Amtskirche einzubinden. Innerhalb des Franziskanerordens hielt sich aber zunehmend nur eine Minderheit, die sogenannten Spiritualen, an die Forderungen des Franziskus. Die Mehrheit akzeptierte die 1279 gefundene Position, daß das Eigentum an gespendeten Sachen, Grundstücken und Immobilien an den Papst fiel, die Gebrauchsrechte aber an den Orden. Dennoch schwelte innerhalb des Ordens der Konflikt weiter, bis er 1309 vor die Kurie geriet. Besonders unter Papst Johannes XXII. forderte man von den Spiritualen bedingungslosen Gehorsam, ließ sogar ein paar trotzige Mönche verbrennen und erklärte einige ihrer Schriften für häretisch. Dennoch gab es in Rom viel Sympathie für ein radikales Armutsideal. Sogar ein Papst, Cölestin V. (Juli bis Dezember 1294), versuchte als Eremit das franziskanische Armutsideal für sich zu verwirklichen.

Gleichwohl ging der Armutsstreit weiter. So vertrat 1321 der Franziskaner Berengar von Talon gegenüber dem dominikanischen Inquisitor Johannes von Bela einen Angeklagten mit der Behauptung, Christus und die Apostel seien arm und ohne jeglichen privaten oder gemeinschaftlichen Besitz gewesen. Wieder zog der Papst den Fall an die Kurie. Das Kardinalskollegium war uneins, doch es erklärte tatsächlich, daß auch die Orden auf Besitz zu verzichten hätten. Sofort regte sich heftiger Protest, selbst unter den sogenannten «Konventualen». Zwei Jahre später machte Johannes XXII. dem Streit ein Ende und ließ erklären, daß die Auffassung von der persönlichen Armut Christi und den Aposteln häretisch sei. Ihre Anhänger wurden als Ketzer verfolgt. Die Armut der christlichen Mönche mußte sich fortan nicht mehr in Bettelgängen zeigen und behaupten. Im Gegenteil, der Bettel wurde zunehmend verpönt oder kaschiert, bis im Puritanismus die mönchische Armut der Werkheiligkeit und Gottes Ruhm abträglich wurde. «Und vollends das Betteln eines zur Arbeit Befähigten ist nicht nur als Trägheit sündlich, sondern auch des Apostels Wort gegen die Nächstenliebe.»[86]

Ein ganz anderes Armutsideal findet sich bei den buddhistischen Theravāda-Mönchen. Für sie gilt nicht nur ein strenges Armutsgebot, sie müssen sich auch ihren Lebensunterhalt von den Laien erbetteln.[87] Als persönlicher Besitz sind nur wenige Dinge erlaubt: drei Tücher (Hüfttuch, Schultertuch, Manteltuch; bei Nonnen noch zwei mehr); eine Almosenschale aus Ton, aber nicht aus wertvollem Metall zum Erbetteln der Speise, die man schweigend annehmen soll, egal was einem offeriert wird; ein Rasiermesser zum Scheren der Haare (die also nicht, wie bei den Jainas, ausgerissen werden); Nadel (und Faden); ein Gürtel; ein Wasserfilter (Tuch), um nicht aus Versehen kleine Lebewesen zu töten; mitunter Sandalen und Schirme. Geld anzunehmen war den einzelnen Mönchen ursprünglich wohl nicht erlaubt. Handel und Geschäfte waren folgerichtig für sie nicht möglich, wohl aber für den Orden, der so zu Grundbesitz oder Klöstern kommen konnte und damit eine solide Ausbreitungsbasis hatte. Allerdings gab es nach Buddhas Tod eine heftige Debatte über diese Fragen. Auch wurde immer wieder über Mönche geklagt, die ein gewisser Prunk umgab.[88]

Das Bettelgebot, das vom Buddha selbst erlassen worden sein soll, ging oft mit einem Arbeitsverbot einher. Mönche beteiligten sich nicht einmal an der Pflege der Klostergärten. Es bannte aber auch die Gefahr der Isolation, sorgte für einen steten Kontakt zwischen Mönchen und Laien. Es verhinderte auch den Hochmut, weil Bettler oft Erniedrigungen ausgesetzt waren. Man durfte beim Betteln kein Haus auslassen, sich nicht die Rosinen herauspicken und keine Gaben abweisen, weil dadurch das religiöse Verdienst des Gebers gefährdet gewesen wäre. Der Mönch Mahākassapa aß sogar den Daumen eines Lepra-Kranken, als er in seinen Almosennapf fiel,[89] und anders als beim heiligen Franz von Assisi wandelte sich das bittere Gemengsel nicht in eine süße Speise.[90] Die buddhistischen Mönche durften nur zubereitete Speisen annehmen, da ja Kochen eine Tätigkeit des Hausvaters war. Die Speisen mußten nicht notwendig vegetarische sein, aber das Tier durfte nicht eigens für die Mönche geschlachtet werden. Der Bettelgang war also Teil der Selbstdisziplin. Er diente vielleicht dazu, die Abscheu vor dem Leben zu verstärken. Letztlich führte jedoch das Bettelgebot nicht nur dazu, daß die Mönche einer ständigen Wanderschaft und Heimatlosigkeit ausgesetzt waren, unterbrochen nur durch die Regenzeit, sondern auch den Kontakt zu den Laien nicht abreißen lassen und sich hinter Klostermauern verschanzen konnten.

Hinduistische Asketen betrachten oft ihr weniges Hab und Gut als Schmuck *(bhūshana)*. Allerdings gelten etwa der Lendenschurz und andere Kleidungsstücke, die Bettelschale, die heilige Schnur oder andere Ketten, die Feuerzange, der Wassertopf oder auch die Asche nur dann nicht als Besitz, wenn sie zum Beispiel vom Guru geweiht sind. Dann sind diese Dinge im Grunde immateriell, allenfalls feinstofflich, weil sie Ausdruck des Höchsten Geistes sind, mit dem Asketen sich zu identifizieren suchen.

Anders als die hinduistischen, buddhistischen oder christlichen Asketen konnten islamische Derwische und Sufis sich kaum in einer Kultur der Freigebigkeit bewegen. (Das islamische Gebot zum Spenden, die Almosensteuer – arab. *zakāt* –, gilt in erster Linie für Arme und Bedürftige, nicht aber für Asketen.) Für sie bedeutete das Betteln daher oft auch eine besondere Form der Demütigung, denn nicht selten wurden und werden sie ohne jede Gabe weggeschickt. Nicht selten erzwingen sie aber, wie auch viele indische Sadhus, ihren «Anteil», indem sie die knauserigen Mitmenschen schmähen, mit obszönen Worten beschimpfen oder gar drohen, sie zu verfluchen. Die Angst davor ist bei dörflichen Menschen oft so groß, daß sie mehr geben, als sie es eigentlich vermögen. Um das bisweilen ausufernde Bettelwesen in gewisse Bahnen zu lenken, organisieren sich mitunter die Bewohner und Geschäftsleute von indischen Wohnquartieren dergestalt, daß sie den Asketen immer nur in bestimmten Zeitabständen Almosen geben, so daß man etwa in Benares beobachten kann, wie alle vierzehn Tage Scharen von Sadhus durch bestimmte Wohnviertel ziehen.

Das Problem des Bettelns liegt aber – dies hat besonders der französische Soziologe Marcel Mauss (1872–1950) in seinem *Essai sur le don* (dt. *Die Gabe*) gezeigt – in dem verpflichtenden Charakter jeglicher Gaben.[91] Gerade Asketen sehen darin eine Form von Abhängigkeit gegenüber den «Normalen», die sie zu vermeiden suchen. Mauss hatte die Theorie aufgestellt, daß die Gabe in egalitären, marktfreien Gesellschaften etwas vom Geber (den Geist, *esprit du don*, Maori *hau*) enthalte, welches den Empfänger persönlich zu einer Gegengabe verpflichte, da die Gabe nur scheinbar ganz entäußert werde. Diese «soziale Tatsache» beruhe auf einem mehr oder weniger sakralen *do ut des* («Ich gebe, damit du gibst»). Eine reine Gabe, eine wirklich selbst- und interessenlose Gabe beziehungsweise ein reines Geschenk gibt es Mauss zufolge nicht. Seine Hauptfrage lautete demgemäß: «Welches ist der Grundsatz des Rechts und Interesses, der bewirkt, daß in den rückständigen oder archaischen Gesellschaften das empfangene Geschenk obligatorisch erwidert wird? Was liegt in der gegebenen Sache für eine Kraft, die bewirkt, daß der Empfänger sie erwidert?»[92] Mauss sah diese Verpflichtung zur Gegengabe vor allem in sogenannten archaischen Gesellschaften (Polynesien, Melanesien, Andamanen, Indianer Nordamerikas), aber er sah das «Weiterleben dieser Prinzipien [auch] in den alten Rechts- und Wirtschaftsordnungen» – so der Titel des Dritten

Kapitels, nämlich im römischen Personen- und Sachenrecht, im «klassischen Hindu-Recht» und im Germanischen Recht von Pfand und Gabe.

Die Konsequenzen dieser Debatte betreffen das moderne Verhältnis zu Besitz und Geld. Weil Mauss und vor allem Marx die Warenwirtschaft als unpersönlich, interessenbezogen und letztlich unmoralisch ansahen, mußten ihnen Wirtschaftsformen, in denen Realtausch und Gabentausch als wirtschaftliche Transaktionen eine dominante Funktion einnehmen, persönlich, moralisch, unschuldig, transparent oder nicht-ausbeuterisch erscheinen. Geschenk und Gabe als unveräußerliche Objekte zwischen abhängigen Wirtschaftssubjekten standen gegen Geschäft und Ware als veräußerliche Objekte zwischen unabhängigen Wirtschaftssubjekten. Die antiken Vorbehalte gegenüber dem Kaufmann, der selbst nichts produziert[93] und daher eine Barriere zwischen Produzent und Konsument schafft, die noch im Mittelalter[94] den Händler ins Fegefeuer kommen ließ, wirken da nach. Die Folge dieser Sichtweise war zum Beispiel, daß das Geschenk (und mit ihm die Gabe) zwar als eine nichtkommerzielle, unentgeltliche, den anderen nur moralisch verpflichtende Transaktion aufgewertet wurde, die außerhalb des ökonomischen Handelns steht und ohne Äquivalenzforderungen stattfindet, daß aber der für den materialistisch-wirtschaftlichen Tausch grundlegende Aspekt der Reziprozität gleichwohl beibehalten wurde.

Die Motive für Geben und Spenden sind indes vielfältiger, als sie bei Mauss erscheinen. Gaben wurden und werden aus Mitleid an Bettler und Bedürftige gegeben, als Wiedergutmachung in Form von Totenbeigabe, als Lohn oder Bezahlung für religiöse Dienstleistung, als Geschenke, um soziale Beziehungen zu stabilisieren oder in Frage zu stellen (angemessene beziehungsweise unangemessene Geschenke), als Schenkungen (an Menschen und Götter), um Wohlgefallen, Freundschaft oder Loyalität zu erzeugen, als diplomatische Geschenke zur Bezeugung eines Bundes, als Dankgeschenke für eine Genesung, als Bittgeschenke für die Ernte, als religiöse Gabe mit dem Wunsch nach religiösem Verdienst oder zur Tilgung von rituellem Vergehen, als rituelle Pflichtgabe. Mauss reduziert all dies mehr oder weniger auf vertragsrechtliche Aspekte der Reziprozität.

In Bezug auf Indien ist denn auch Kritik an Mauss geäußert worden, nicht zuletzt wegen des Selbstverständnisses der Asketen und der brahmanischen Theorie der Gabe (Skt. *dāna*, vgl. lat. *donus*). So hebt der britische Ethnologe Jonathan Parry hervor, daß diese Theorie der nach Mauss universalen Norm der Reziprozität widerspreche, weil bei *dānas* gerade nicht zurückgegeben werden dürfe.[95] Die Gabe werde entäußert, damit sie nicht zurückkehre, damit eben keine Bande zwischen Geber und Empfänger entstünden. Sie enthalte nämlich das Unreine des Gebers, das endlos weitergegeben werden müsse. *Dāna* sei mithin eine Art Opfer, die Umwandlung von Unheil in Heil, nicht aber eine Soziologie der Reziprozität. Das sei der Grund dafür, daß sich auch keine Belege für eine Verpflichtung zur Reziprozität im Dharmashāstra finden ließen.

Der *dānadharma*, «die Moral des Gebens» – schreibt Mauss –, wurde entwickelt «inmitten einer Volkswirtschaft mit Städten, Märkten und Geld»,[96] inmitten einer Volkswirtschaft mit Überschuß und auch zum Teil Überfluß, als man den berühmten Ausspruch *pecunia non olet* («Geld stinkt nicht») von Kaiser Vespasian (9–79 n. Chr.) hätte abwandeln können in: *pecunia olet*, als der brahmanische Priester sein eigenes Ideal bereits in der Askese sah, als ihm aus diesem Grund Gaben zu verpflichtend waren beziehungsweise – *idealiter* – nur akzeptabel waren, wenn auch der Geber einen asketischen, reinen Status hat. Als diese Stufe erreicht war, wurde die Gabe sowohl Pflicht als auch Last.

Wo es aber eine asketische Moral gibt, stellt sich die franziskanische *Quaestio de paupertate*, stellt sich die Frage nach dem unsittlichen, weil verschwenderischen, habgierigen oder geizigen Umgang mit Besitz, aber auch nach der Unsittlichkeit von Besitz für den religiösen Spezialisten. Nicht das Geben, sondern das Haben kommt in Verruf. Geben durfte – um heilsbringend zu sein – nur Hingeben und Hingabe, Freigabe und Freigebigkeit sein. Denn gefährlich für den Asketen ist nicht die Gabe, sondern das Band, das zwischen ihm und dem Geber entsteht und ihn dadurch der Freiheit beraubt, die er anstrebt oder nur Gott gegenüber eingeschränkt sehen will. Für den Asketen ist nahezu jeder kommunikative Akt, der sich an einen anderen Menschen richtet, eine «Verletzung oder Infragestellung der Selbstachtung» und eine «virtuelle Entehrung».[97] Ganz gleich, was man einem anderen gibt – Gaben, (Gruß-)Worte, Einladungen, Gesten oder Blicke –, man setzt sich dem Empfänger aus, indem man ihm die Wahl zwischen einer kulturell und sozial akzeptierten oder inakzeptablen Erwiderung ermöglicht.

Gewiß, «normal» ist die Erwiderung; «unnormal» ist es, die Gabe nicht zu erwidern, sie zu ignorieren oder zu verweigern. Aber wo der

Geber ohne Sanktionen, ohne Groll und Neid keine Gegengabe erwartet, gibt er sie, weil er gerade das Nichtnormale, Nichtalltägliche, Übernatürliche sucht. Denn «normal» ist es, eine kommunikative Herausforderung zu erwidern, und deshalb kann es als Zeichen des Außernormalen, eben des Asketen, gelten, es sich leisten zu können, nicht zu erwidern, nicht zurückzugeben, nicht eine Gegeneinladung auszusprechen, nicht zu grüßen, wegzuschauen, zu schweigen. Gott genügt sich selbst. «Gott, Natur und Sonne geben umsonst, ohne eine Gegengabe zu verlangen,» sagt Jean Starobinski (in Anlehnung an Seneca).[98] Und daher darf man Menschen, die gottgleich sein wollen oder so behandelt werden, zum Beispiel Heilige, Asketen oder Gott-Könige, oft nicht anreden, (zuerst) grüßen, einladen oder in der Erwartung einer Gegengabe beschenken.

Eine Gabe, bei der eine Gegengabe weder gegeben noch beiderseitig erwartet wird, bei der also nur gegeben, nicht aber genommen wird, wird meist aus Freigebigkeit gegeben, deren moralisches oder religiöses Verdienst um so höher ist, je mehr sie altruistischen Motiven entspringt. Insofern bei der Freigebigkeit religiöse oder moralische Ziele angestrebt werden, darf es in der Regel für den Empfänger keinerlei Verpflichtung zu einer Gegengabe geben. Mauss und seine Kritiker lassen Altruismus als Beweggrund für das Geben von Gaben nicht zu, doch ist genau dies ein gefordertes Motiv für das Geben religiöser Gaben. Zwar mag man aus psychologischer Sicht sagen, daß es eine interessenlose Gabe nicht gibt, doch ist zumindest allgemein anerkannt, daß das Interesse an einer vereinbarten, berechneten oder sichtbaren Gegengabe und Gegenleistung hinderlich ist, Anteil an jener Welt zu bekommen, die sich eben diesen menschlichen Kalkülen entzieht, weil sie die Opposition dazu bildet. Die Gegengabe bleibt daher beim *dāna* nicht deshalb aus, weil die Gabe die Unreinheit des Gebers enthält, sondern weil im Grunde asketische Freigebigkeit gewünscht ist. Die altruistische, nicht mit Barmherzigkeit zu verwechselnde Freigebigkeit ist eine asketische und teilweise für Asketen bestimmte Tugend. Um dem geforderten Motiv der Interessenlosigkeit nahezukommen, müssen die Haltung von Nehmer und Geber nicht von dieser Welt sein.

Geradezu augenfällig kann man diesen Sachverhalt noch heute bei der hinduistischen Initiation in Nepal beobachten: Der Initiand geht, nachdem er vorübergehend zum Asketen (Skt. *brahmacārin*) gemacht wurde, bei den eingeladenen Gästen herum und sammelt – in gelborangem, asketischen Gewand und ausgestattet nur mit Tigerfell, Wanderstock und Almosenschale – die zahlreichen und beträchtlichen Gaben für den Hauspriester ein. So bekommt der Priester im Grunde Almosen und ist der Verpflichtung zur Gegengabe enthoben. Man kann auch mit dem französischen Soziologen Louis Dumont sagen, daß in Indien erst die Verweigerung von Gabe und Gegengabe Individualität möglich macht, weil jede Transaktion den einzelnen in eine Gemeinschaft einbindet und dabei die teilenden, tauschenden, konformen Aktivitäten höher bewertet werden als die egoistischen und individualistischen. Nur derjenige, der nicht mehr geben, nehmen und tauschen muß, ein Asket eben, ist nicht mehr ein Wesen der Gemeinschaft, ein Individuum.

Es ist zu Recht darauf hingewiesen worden, daß der «beste» Brahmane ein Asket sei, daß er seinen soteriologischen Zielen am ehesten durch Verzicht nachkomme.[99] Aber in bezug auf die Gabe bedeutet dies für den Brahmanen, daß er entweder tatsächlich zum Asketen werden muß und dadurch einer Gegenleistung enthoben ist oder das *dāna* als reine Gabe deklarieren muß, das ohne jeden Anspruch auf ideelle oder materielle Gegengabe beziehungsweise eben Reziprozität gegeben werden soll. Ein solcher Anspruch konnte freilich nur erhoben und eingelöst werden, als es bereits eine Tugend der Freigebigkeit gab, für welche die Almosen *(bhikshā)*, die Asketen gegeben wurden, das Ideal abgaben. Und die Tugend der Freigebigkeit konnte nur auf dem Boden von Fülle und Überfluß wachsen. Die Tugend der Freigebigkeit ist eine Tugend der Könige und Wohlhabenden. Das lateinische Wort *largitio* (zum Teil auch ital. *larghezza* und frz. *largesse*) bezeichnet vor allem «die großzügigen Spenden des Fürsten und die bedeutender Persönlichkeiten einer Provinz oder einer Stadt».[100]

Auch die Theorie des *dāna* ist erst mit den höfischen, polyzentrischen Machtstrukturen Indiens entstanden. Die besonders Königen, der Aristokratie und Reichen zustehende Freigebigkeit mildert unliebsame Verdächtigungen der Illegitimität von Macht und Reichtum. Reichtum legitimiert sich durch Freigebigkeit, Stiftungen, Mäzenatentum, nicht durch Habgier, Verschwendung oder Geiz. Durch Freigebigkeit und Wohltätigkeit wird ein Teil des gemeinsam erwirtschafteten, aber nicht gleich verteilten Überschusses freiwillig umgeschichtet. Mit den Asketen erwuchsen den Brahmanen ernsthafte Konkurrenten – nicht nur um den rechten Heilsweg, sondern auch um die Rechte auf den wirtschaftlichen Gewinn. Die Brahmanen hatten allen Grund, die Tugend der Freigebigkeit zu preisen (sie lebten davon), aber sie konnten als würdige Empfänger nur gelten, wenn sie selbst nicht in die Kategorie der zur Freigebigkeit Verpflichteten fielen, wenn sie selbst also keinen wegzugebenden Besitz hatten, wenn sie selbst – im Idealfall – Asketen waren.

Wie sehr der Mensch in der westlichen, modernen Welt von der Vorstellung einer «reinen», interessenlosen Gabe entfernt ist, zeigt sich unter anderem daran, daß er kaum noch überzeugende Gesten der Freigebigkeit und demzufolge güterlose Asketen kennt. In jeder Gabe und Spende, selbst wenn sie diskret im Klingelbeutel, anonym am Bankschalter wohltätigen Organisationen gespendet oder einem Bettler hingeworfen wird, ist eitles Eigeninteresse enthalten. Und so kommt es nicht von ungefähr, daß heute «Freigebigkeit» und spendende «Nächstenliebe» durch «Solidarität» (mit den Armen, Bedürftigen, der Dritten Welt) ersetzt wird, weil dieser Begriff die Herablassung verschleiert, die die Gabe nun einmal in ungleichen Verhältnissen bedeutet.

IV. Klause und Kloster, Haus und Hauslosigkeit

«Normal» ist es, ein Dach über dem Kopf zu haben, im Haus zu wohnen, längere Zeit an einem Ort zu verweilen, eine feste Adresse zu haben, erreichbar zu sein. Das Haus ist denn auch den meisten Menschen Heim und Mittelpunkt des Lebens. Es bedeutet oder vermittelt Sicherheit und Stabilität. Asketen aber sind Obdachlose. Sie verlassen ihre familiären Häuser, ganz gleich, ob es sich wie beim Buddha um einen Palast oder wie bei Jesus um eine bescheidene Hütte handelt. Asketen suchen neue Orte: Wüsten, Höhlen, Einsiedeleien in Wildnis und Wald. Oder sie errichten ihre eigenen Herbergen und Klöster. Oder sie ziehen von Ort zu Ort, ohne feste Bleibe, ohne Heim: «Die Füchse haben Gruben und die Vögel des Himmels [haben] Nester; der Menschensohn hat nichts, wo er sein Haupt hinlegen kann» (Lukas 9,58). Und sie versuchen sogar, die Behausung zu verlassen, die der Körper der Seele bietet.

Stehen und Sitzen

«Normal» ist es für Menschen, von einem Ort zum anderen zu laufen, um seine täglichen Verrichtungen und Aufgaben zu erledigen, zur Arbeit zu gehen, Mitmenschen zu treffen, zu verreisen, Unbekanntes zu entdecken oder mit eigenen Augen zu sehen. Ohne diese Bewegungen wäre der «normale» Mensch nicht überlebensfähig oder wie unbewegliche Bettlägrige auf die Fürsorge anderer angewiesen. Asketen aber setzen sich oft von dieser Beweglichkeit der «normalen Menschen» ab. «Alle Beweglichkeit ist Sterben», sagt Meister Eckhart.[101] Daher bleiben die Entsager nicht selten lebenslang an einem Ort, wenn sie nicht (zeitlebens) auf Wanderschaft ziehen. Das Motiv, an einem Ort zu verweilen, ist kulturell geprägt, das heißt von besonderen zeitlichen, regionalen und religiösen Faktoren abhängig. Aber es läßt sich allgemein feststellen, daß Vorstellungen von einer unbeweglichen, inaktiven Seele Praktiken des Verharrens Vorschub geleistet haben.

Berühmt geworden sind die syrischen Säulensteher, die Styliten, die im 4. bis 6. Jahrhundert auf säulenartigen Plattformen (griech. *stylos*) in der freien Luft verweilten. Sie wollten damit das Stehen vor Gott zum Ausdruck bringen. Aufrecht setzten sie das Auferstehungsmotiv in Szene, indem sie zum Beispiel vor Ostern auf der Säule vierzig Tage mit ausgestreckten Armen beteten. Schon in der Antike brachten es auf diese Weise etwa Symeon der Ältere (um 390–459), der sogar 37 Jahre auf einer Säule verbracht haben soll, oder Symeon der Jüngere (521–592), der schon mit sieben Jahren die Plattform erklommen haben soll, zu hohem Ansehen.

Auch hinduistische Entsager kennen die Praxis des asketischen Stehens. Sie beruht meist auf dem Gelübde, sich über einen bestimmten Zeitraum, zum Beispiel zwölf Jahre, nicht hinzulegen oder zu setzen. Diese Asketen schlafen dann auf ein Brett gestützt, das mit Stricken befestigt an einem Baumast oder von der Decke eines Raumes hängt. Nach einem in indischen Asketenkreisen verbreiteten Mythos soll einmal ein Vogel in dem Haargeflecht Shivas oder eines meditierenden Asketen sein Nest gebaut haben. Als Shiva beziehungsweise der Asket dies bemerkten, blieben sie so lange in starrer Position, bis der Vogelnachwuchs geschlüpft und ausgeflogen war.

Im Jinismus hat die Statue von Gommateshvara große Bekanntheit erlangt. Sie repräsentiert Bāhubali, den legendären Sohn des ersten Tīrthankara («Furtbereiter») namens Ādinātha. Es heißt, daß Bāhubali, nachdem er in einer Schlacht seinen Bruder Bharata geschlagen hatte, aus Reue in die Askese ging und nackt ein Jahr stehend in Versenkung verbrachte – so lange, bis sich Schlingpflanzen um seinen Körper rankten und Ameisenhaufen um die Füße bildeten. In dem südindischen Pilgerort Shravana Belgola ist auf einem Berg eine etwa fünfundzwanzig Meter hohe Statue dieses Heiligen aus einem Felsen gehauen worden. Die Gläubigen, die dort seine Füße berühren, nachdem sie einen mühsamen Anstieg hinter sich haben, schauen zu ihm hoch und fühlen sich dann ganz klein.

Einen anderen Hintergrund hat die Praxis des Armhochhaltens (Skt. *ūrdhvabāhu*), bei der Asketen einen oder in seltenen Fällen sogar beide Arme jahrelang ausstrecken, bis die Gelenke steif werden. Hierbei gilt es zu demonstrieren, daß der Asket nicht mehr wie «normale» Menschen der Arme und Hände bedarf, um sich zu ernähren. Denn bei diesem Gelübde muß er gefüttert werden. Meist hat er einen Schüler, der ihn versorgt.

Auch das Sitzen kann den Ausstieg aus dem sozialen Leben anzeigen. Die meditative Versenkung erfordert stunden- oder tagelanges Verharren in einer bestimmten Position, etwa bei der Sitzmeditation (jap. *zazen*) im Zen-Buddhismus: Dabei sitzen die Mönche in der Meditationshalle *(zendo)* aufrecht mit überkreuzten Beinen auf Strohmatten und einem Kissen, die Hände in den Schoß gelegt. Sie richten den Blick in etwa einem Meter Entfernung auf den Boden. Ein anderer Mönch geht mit Stöcken durch die Reihen und achtet darauf, daß die aufrechte Haltung beibehalten wird und die Konzentration nicht nachläßt.

Die vollständige Konzentration, die sich im verharrenden Sitzen ausdrückt, bedeutet auch körperlich, daß man sich von seinem inneren Weg nicht abbringen läßt. Daher sind nicht nur die Sitze von berühmten Heiligen, sondern auch die Positionen selbst heilig. Es versteht sich, daß es sich dabei niemals um gewöhnliches Sitzen handeln darf, sondern um besondere, außergewöhnliche Sitzformen. Bei hinduistischen Asketen ist etwa das Sitzen inmitten von Feuern aus Kuhdunghaufen verbreitet, wobei die glühende Sonne als fünftes Feuer gilt (Skt. *pancatapas*). Nahezu kanonisch sind im Hinduismus vierundachtzig Yoga-Positionen (Skt. *āsana*) geworden, die in ihrer Mehrzahl nur nach jahrelangem Körpertraining eingenommen werden können. Jede dieser Positionen hat einen eigenen Namen und steht mit Bewußtseinsstufen in Verbindung. Zusammen mit Atemübungen sollen diese Übungen der Kundalinī dazu verhelfen, zu höheren Bewußtseinsstufen zu gelangen. Als *kundalinī* (wörtlich «Schlange») bezeichnet man in tantrischen Systemen jene spirituelle Energie *(shakti)*, die aufgerollt am Ende der Wirbelsäule jedes Menschen ruht. Durch Meditation, rituelle Praxis oder Yoga kann sie wachgerufen werden und durch sechs entlang der Wirbelsäule liegende Chakras (Energiezentren) emporsteigen, bis sie sich im siebten Chakra über dem Scheitel des Kopfes mit dem Absoluten beziehungsweise Shiva vereinigt.

Die Sitze von Asketen gleichen in gewissem Sinne königlichen Thronen. Sie umgibt eine Aura von Heiligkeit. Der Buddha erlangte unter einem Baum sitzend die Erleuchtung. Das Antilopen- oder Tigerfell, auf dem indische Asketen gesessen haben, oder die Höhlen und Klausen von hinduistischen oder christlichen Eremiten werden selbst zu Orten der Verehrung. Nicht selten bilden sie den Mittelpunkt von Klostergründungen und Orten, in denen Mönche mehr oder weniger seßhaft leben: etwa der Ort von Buddha Shākyamunis Erleuchtung unter dem Bodhibaum in Sarnath bei Benares oder die 934 n. Chr. über der Zelle des 861 n. Chr. ermordeten Einsiedlers Meinrad gegründete Benediktinerabtei Maria Einsiedeln.

Das asketische Ideal der Bewegungslosigkeit ist besonders bei den Jainas ausgeprägt, da bei ihnen jede Aktivität als heilshinderlich gilt. Alle Taten haben bei ihnen unabhängig von ihrem ethisch-moralischen Wert Folgen, die zur Wiedergeburt führen: «Ohne Aktivität bindet die Seele kein neues Karma und zerstört das zuvor (das heißt in früheren Leben) gebundene Karma» (Uttarajhayana 29.37[102]). Demzufolge ist im Jinismus das starre Verharren eine verständliche asketische Praxis. Aber die Lehre von der im Grunde inaktiven Seele ist Gemeingut indischer Philosophie und Geistesgeschichte.

So ist im einflußreichen Sāmkhya-System der erlösende Heilszustand dann vorhanden, wenn sich – vereinfacht gesagt – Geist beziehungsweise Licht (Skt. *purusha*) und Materie beziehungsweise Urstoff *(prakriti)* im nicht wahrnehmbaren Äquilibrium befinden. Umgekehrt entsteht die Evolution aus einem Wechsel zwischen dem entfalteten und unentfalteten Zustand. In Bewegung und damit ins Ungleichgewicht gerät der Urstoff nur deshalb, weil er den Individuationen des Purusha oder den einzelnen Seelen geradezu triebhaft helfen will, die Identität mit dem reinen, völlig wandlungslosen, ewigen Geist und damit die Erlösung zu erlangen. Über eine Stufe von dreiundzwanzig immer grobstofflicheren Wesenheiten *(tattva)* entfaltet sich die Prakriti zum Kosmos und reabsorbiert sie zyklisch wieder zu einem unentfalteten Zustand. Nur wenn die Prakriti entfaltet ist und dabei grobstoffliche Körper entwickelt hat, verbinden sich aufgrund des Karma-Gesetzes die Individualseelen mit ihr und erhalten Individualität. Mit anderen Worten: der träge, inaktive Purusha handelt nur scheinbar, im Grunde ist das Heil statisch und nicht dynamisch. Aktivität ist mithin nicht oder nur bedingt heilsfördernd. Der Einzelne muß die inaktive Seele erkennen und sich mit ihr rituell oder meditativ identifizieren, um Erlösung zu erlangen. Alles andere ist nur Schein, Umtriebigkeit ist heilswidrig.

Laufen und Pilgern[103]

Manchmal muß man raus. Das sagen sich nicht nur alle, die von der Arbeit müde sind und Ferien ersehnen, das sagen auch viele Religionen, indem sie Pilgerreisen propagieren. Aber draußen lauern Gefahren, Unbill, Fremdheit. Daher sehnt man sich, kaum am Ziel angekommen, wieder zurück nach dem eigenen, sicheren Haus. Doch einige Reisende bleiben für immer draußen. Man nennt sie verlorene Söhne. Man nennt sie auch Asketen.

Haus und Hauslosigkeit, Heimat und selbstgewählte Heimatlosigkeit, Bleiben und Peripatetik stehen in einem komplementären Verhältnis. Beide Lebensformen gelten als heilsfördernd. Reisen bedeutet oft in die Hauslosigkeit gehen, die geordnete Welt zugunsten einer (vermeintlich) ungeordneten Welt aufgeben. Reisen stellt aber zugleich auch eine neue Ordnung her. Eine uralte Spannung zwischen Stabilität und Mobilität, die möglicherweise zur Geschichte und Überlebensstrategie der Gattung Mensch gehört,[104] drückt sich im Pilgerwesen aus.

Im Reisen wird man selbst zum Fremden, kommt heraus aus dem Bekannten, trennt sich von den alltäglichen Normen, um geläutert oder erholt zurückzukehren. Dies ist die Theorie des amerikanischen Ethnologen Victor Turner (1920–1983).[105] Die Fremde – Turner nennt sie Anti-Struktur – diene der Bestärkung des Gewohnten, schaffe ein Gemeinschaftsgefühl *(communitas)* und wirke dadurch integrativ. Die Phase des Umbruchs in der Wallfahrt, die eine Art Grenzsituation («Liminalität») sei, könne aber auch zu revolutionären Umbrüchen führen.

Die Spannung zwischen Haus und selbstgewählter Hauslosigkeit sowie zwischen *stabilitas* und *mobilitas* zeigt sich in vielen Religionen. Dabei gilt Seßhaftigkeit vielen Asketen als Zeichen des allzu normalen, eben häuslichen Lebens. (Permanente) Wanderschaft ist daher in beinahe allen Asketengruppierungen ein hochgehaltenes Ideal. Es hat sich auch in der Nachfolge Christi früh herausgebildet, hatte aber im Vorderen Orient schon in vorchristlichen Wanderpredigern seine Vorläufer. Johannes der Täufer ist der bekannteste unter ihnen. Die christliche Spannung zwischen lebenslanger Bindung an ein Kloster und klösterlicher Seßhaftigkeit *(stabilitas loci)* sowie ewiger Wanderschaft kennzeichnet auch die Problematik des christlich-klösterlichen Lebens.

Viele Asketen, vor allem hinduistische, leben von der Hand in den Mund. Da ihnen Besitz und Vorsorge versagt ist, sind sie auf Menschen angewiesen, die sie unterstützen. Bettelgang gehört daher zu ihrer täglichen Routine. Indische Asketen sind fast immer unterwegs. Einige messen heilige Strecken, manchmal hunderte von Kilometern, mit ihrem Körper aus, indem sie sich der Länge nach auf den Boden werfen und die Spitze der Hände markieren, um sich dann dort wieder niederzuwerfen: Es versteht sich, daß auch die Form der Wanderschaft nicht «normal» sein darf. Ein indischer Asket, über den man vor Jahren einen Fernsehfilm gedreht hat, legte sogar die Strecke von Rajasthan bis Kaschmir seitlich rollend zurück. Er wollte mit seiner spektakulären Aktion, die ihn auch durch die Metropole Delhi führte, für den Frieden beten und den Beistand der Göttin erbitten. Begleitet wurde er auf seiner halbjährigen Reise von einer Schar von Anhängern, die für ihn Spenden sammelten und dafür sorgten, daß er nicht von Lastwagen überfahren wurde. Während ihm auf dem Land der Ruhm vorauseilte und in den Dörfern Menschen die Straßen säumten, um ihn zu sehen und ihm zu huldigen, beachtete ihn in der hektischen Hauptstadt Indiens kaum jemand. Nur mit Mühe konnte er dort seinen Weg fortsetzen.

Eine ähnliche Strapaze bildet das japanische *kaihōgyō*-Gelübde, das bis in das 8. Jahrhundert n. Chr. zurückreicht und in der Tendai-Schule des Zen-Buddhismus entwickelt wurde.[106] Dabei muß der Berg Hiei in der Shiga-Präfektur «tausend Tage», tatsächlich aber sieben Jahre lang, unter kontinuierlichem Rezitieren von Sūtras und Mantras umwandert werden. Wer aufgibt, muß der Tradition nach sein Leben beenden. Wer durchhält, wird erlöst und zu einem lebenden Buddha (jap. *itibotoke*). Gegessen wird nur zweimal am Tag. Nach siebenhundert Tagen folgt ein neuntägiger Rückzug in Myōdō, bei dem der Mönch weder schläft noch ißt oder trinkt, sondern nur Gebete zum «Unbeweglichen» (Fudomyō-ō), eine Form des Dainichi oder kosmischen Buddha, spricht. Seit 1885 haben nur sechsundvierzig «Marathon-Mönche» das Ritual überlebt. Die von ihnen zurückgelegte Strecke entspricht einer Umrundung des gesamten Erdballs. Noch 1996 nahm der vierundvierzigjährige buddhistische «Marathon»-Mönch Genshin Fujinami das Gelübde auf sich und beendete es im September 2003 erfolgreich. Er war meist nachts dreißig Kilometer marschiert. Im sechsten Jahr lief er der Tradition folgend an hundert aufeinander folgenden Tagen jeweils sechzig Kilometer.

Im Alten Indien galt die Vorschrift, daß der Asket keine zweite Nacht beziehungsweise maximal drei Tage an demselben Ort verbringen dürfe. Ausgenommen von dieser Verpflichtung, immer auf Wanderschaft zu sein, war die Regenzeit, in der das Umherziehen nicht nur beschwerlich ist – das sollte Asketen nicht schrecken –, sondern teilweise unmöglich wird. Vermutlich beruht die alte Vorschrift,[107] während der zwei bis vier Monate des Monsuns an einem festen Ort zu verweilen, aber auf dem Bestreben, in dieser Zeit nicht die besonders zahlreichen Insekten und Kleinsttiere zu töten sowie die aufblühende Vegetation zu beschädigen. Einer Legende nach soll der Buddha selbst diese Vorschrift erlassen habe, denn die Menschen sollen sich darüber entrüstet haben, daß seine Jünger «grünes Gras zertreten, lebende Wesen beschädigen und vielen Kleinstlebewesen den Untergang bringen.»[108] Das Gebot (Skt. *ahimsā*), Lebewesen nicht zu verletzen, galt für Hindus, Jainas und Buddhisten.

Die Entstehung von Wallfahrtsorten und das Pilgerwesen ist also ohne Askese kaum denkbar. Aber es gilt, auf die jeweiligen regionalen und kulturellen Besonderheiten zu achten. So ist etwa Jerusalem für Juden, Christen und Muslime aus verschiedenen Gründen Pilgerstadt. In den Evangelien ist selbst Jesus noch ein Tempelpilger, der zur Passahfeier nach Jerusalem kommt, erst später wird die christliche Pilgerreise in die heilige Stadt mit der Erwartung der Wiederkunft Christi oder mit dem Aufsuchen der Stationen des Lebens Jesu – vor allem Via dolorosa und Grabeskirche – verbunden. Hinzu kommt, daß Christen Jerusalem als Ort der Auferstehung betrachteten. Juden hingegen suchen in erster Linie die Klagemauer auf, Muslime den Felsendom und die Al-Aksa-Moschee.

Das Pilgerwesen des Hinduismus stellt insofern einen Sonderfall dar, als diese Religion – zumindest in ihrer brahmanisch-sanskritischen Form – eigentlich eine Religion des Hauses war, kaum aber außerhäusige Verehrungsorte kannte. Pilgerschaft ist dadurch nicht nur etwas Neues im Hinduismus, sondern im religiösen Umfeld auch so anders, daß sie zugleich eine Kritik an der gewohnten Form des Kultes und der Religiosität bedeutete. Dies wird besonders in der asketisch propagierten Hauslosigkeit deutlich. In Indien hat diese Spannung unter anderem Louis Dumont mit seiner strukturalen Unterscheidung zwischen dem Menschen-in-der-Welt und dem Asketen als spezifisch hinduistische Form des Weltbezugs thematisiert.[109]

Indien ist so voll von heiligen Stätten und Wallfahrtsorten, daß man gerne sagt, es gebe dort nicht einmal ein sesamkorngroßes Stück Erde ohne einen heiligen Ort (Skt. *tīrtha*). Und doch war es ein langer Weg, bis heilige Orte diese herausragende Stellung errungen hatten. Ganz gefestigt ist sie noch immer nicht. Denn in der Gelehrsamkeit der brahmanischen Priesterschaft blieb der Sinn und Nutzen, Göttersitze durch Wallfahrten aufzusuchen, umstritten. Die altindische (frühvedische) Religion kannte keine Wallfahrtsorte, keine permanenten Tempel, keine Pilgerreisen. Es waren in dieser nomadisierenden Lebensform die Götter, die reisten: «Die Götter bedürfen nicht des Schlafes, unermüdlich reisen sie zum (Soma-)Rausch (wo immer er ihnen geboten wird)», heißt es im Rigveda (8.2.18). Das Opfer als wichtigster Weg zum Heil war um den Hausherd oder um einen eigens geschichteten (Feuer-)Altar angelegt. Nur bestimmte Personen durften es ausführen, angeleitet durch die brahmanischen Opferpriester. Andere mußten erst durch die Brahmanen die Weihe erhalten, bevor sie zum Opfer zugelassen werden konnten. Das Opfer war somit exklusiv und schloß andere aus.

Das Opfer fand dort statt, wo die Gemeinschaft, der Clan, die Sippe residierte. Es wanderte mit ihnen. Auch der Opferplatz wechselte je nach Anlaß. Die Maße richteten sich nach dem jeweiligen Opferveranstalter. Viele Altarbauten haben mit Vogelformen zu tun, in denen sich eher Bewegung als Statik ausdrückt. Die Götter wurden jeweils zum Opferplatz eingeladen oder – «magisch» – gezwungen, sich dort einzufinden. Im Grunde waren sie aber überall und nirgends. Die Priester allein waren imstande, sie herbeizurufen.

Der jeweils neu eingerichtete Opferplatz war also das Zentrum der vedischen Religion, und er ist es bis auf den heutigen Tag geblieben. Freilich kam es bei den einwandernden Indoariern, den Trägern der vedischen Religion, etwa seit dem 5. Jahrhundert v. Chr. zu einer tiefgreifenden Umformung des Lebens. Um nur einige Stichwörter zu nennen: Seßhaftigkeit, ethnische Vermischungen mit der autochthonen Bevölkerung, erste Königtümer mit administrativen Verwaltungsstrukturen, Städte, Arbeitsteilung, Übergang zur Naßwirtschaft (Reisanbau), überregionaler Handel, Geldwirtschaft, Schrift und Literalität.

In der Folge kam es zu einer Auflösung und Umformung alter Glaubensvorstellungen, der Kosmologien und Kosmogonien, des Pantheons, des Ritus. Und es kam auch zur Entwicklung eines ausgedehnten Wallfahrtswesens. Obgleich die noch heute in orthodoxen, brahmanischen Kreisen spürbare Skepsis gegenüber öffentlichen, kommunalen Feiern und der *Stabilitas loci* des Heiligen nie verblaßte, haben die Brahmanen zögerlich Wallfahrten als Mittel zum Heil akzeptiert, teilweise sogar das religiöse Verdienst einer Pilgerreise über das eines Opfers *(yajña)* gestellt. Reisen bedeutete Kontakte mit Fremden, bei denen die detaillierten Ge- und Verbote zur Reinheit des Kastenstatus kaum eingehalten werden konnten. Heilige Orte waren und sind in der Regel offen für alle Kasten; ihre Popularität hing nicht zuletzt mit ihrer sozialen Öffnung zusammen. Zugelassen waren neben den Zweimalgeborenen auch «untere» Kasten *(shūdras)*, Frauen, selbst Witwen und Abkömmlinge aus Mischkasten. Sogar Kastenlosen *(candālas)* und solchen Personen, die schwere Vergehen und Verbrechen begangen haben, wird der Zugang zu heiligen Orten im allgemeinen nicht verwehrt. Das alles nahm die auf Reinheit bedachten Brahmanen nicht gerade für das Pilgerwesen ein.

Spätestens seit dieser tiefgreifenden Veränderung in der Religionsgeschichte Indiens gibt es eine anhaltende Spannung zwischen verschiedenen Heilsidealen, zwischen Hausvater und Hausverlasser, «Nesthocker» und «Wandervogel»: Einerseits gilt das Ideal einer aus dem Veda abgeleiteten Organisation der sozialen Beziehungen und einer hierarchisch abgegrenzten sowie nach rituellen Reinheitskriterien strukturierten Gesellschaft. Sitz dieses Lebens ist die Familie, der Familienverbund, die Subkaste, das Haus. Das rituelle Zentrum dieses Lebens ist das Hausfeuer. Sein typischer Vertreter ist der Familienvater, der *gṛihastha*, wörtlich der «Im-Haus-Steher» oder Mensch in der Welt.

Andererseits gilt das Ideal einer individual-eschatologischen Befreiung der Seele, das einen soteriologischen Ausweg des Verzichts auf Besitz und Nachkommen, der Entsagung, der Kontaktlosigkeit, der Grenzenlosigkeit, des ozeanischen Gefühls anbietet. Sitz dieses Lebens ist die Hauslosigkeit, Wald und Wildnis, die mehr oder weniger permanente Wanderschaft. Das rituelle Zentrum dieses Lebens bilden der eigene Körper (der freilich als «inneres» Haus ebenfalls zu überwinden ist) und das Ich. Sein typischer Vertreter ist der Asket, der *parivrājaka*, der «Herumwanderer», Mendikant, Bettelmönch. Er zieht von einem Ort zum anderen, lebt allein und keusch im fernen Wildnisbereich *(aranya)* oder im siedlungsnahen Wald *(vana)*, unterhält kein Hausfeuer, braucht daher kein Obdach, sondern schläft auf dem Boden.

Die Aufgabe des häuslichen Opferfeuers erklärt zwar die asketische Hauslosigkeit, nicht aber das Ideal der (steten) Wanderschaft. Es wäre ja auch denkbar, daß die Asketen sich in mönchischen Behausungen, Klöstern mithin, zusammenschlössen und eine dem Christentum vergleichbare *stabilitas loci* entwickelten. Dies ist aber bis etwa zum Beginn des 2. Jahrtausends kaum der Fall. Ein Grund dafür liegt darin, daß bestimmte Asketen nicht zu einem Heiligtum hingehen, sondern selbst das Heiligtum sind. Sie haben – mit dem Buddha gesprochen – sich selbst zur Leuchte, sind selbst diejenigen, die aufzusuchen sind, sind selbst ein Tīrtha, ein heiliger Ort, ein Wallfahrtsort. Auch deshalb bieten sich ihnen dynamische und statische Lebensformen an: Wanderschaft oder Verharren. Eine asketische Präferenz für Pilgerschaft läßt sich also für das Alte Indien nicht generell nachweisen. Das Aufsuchen heiliger Orte war für die Asketen der alten Zeit nicht das höchste Ziel.

Die Situation ändert sich grundsätzlich mit den mittelalterlichen Sektenbewegungen. Mit ihnen bildete sich ein ausgedehntes Pilgerwesen heraus, bei dem sich Laienpilger und Asketen mischen. Fast alle großen Sekten haben Zentren an heiligen Orten und Herbergen für ihre Anhänger, fast alle bedeutenden Sektenstifter sind auf Wanderschaft gewesen. Aber nicht nur sektengebundene Asketen pilgern regelmäßig zu heiligen Orten, sondern auch viele Sadhus, die – halb Asket, halb Bettler – das Kasten- und Sozialsystem ausgestoßen hat, die vor der Verheiratung oder vor zu großen Schulden wegliefen, die weder Arbeit noch Land haben. Sie alle finden an heiligen Plätzen immer etwas zum Überleben, denn Almosen geben ist auch für Hindus eine Tugend, besonders anläßlich einer Wallfahrt.

Asketen und andere Pilger wollen teilhaben am göttlichen Geschehen, einem kalendarischen Ereignis, einem Fest, einem heiligen Ort, an dem sich ein Gott manifestiert, zum Beispiel Ayodhya, Rāmas angebliche Geburtsstadt, Janakpur, wo Rāma Sītā geheiratet haben soll, oder Citrakut, wo er ins Exil gegangen sein soll. Sie treffen sich bei Großereignissen wie etwa den großen Khumbamelas (Wallfahrten) in Hardvar, Allahabad, Ujjain oder Nasik. Sie pilgern zur Quelle und Mündung des Ganges oder zum heiligen Berg Shivas, dem Kailāsa im Himalaya. Seit alters sind sie dabei von Wegzöllen befreit, und auch heute noch fahren viele Asketen mit Eisenbahn oder Bus, ohne daß der Schaffner ihnen einen Fahrschein abverlangt.

Auf Pilgerschaften werden auch die Pilger zu Asketen: Sie fasten, laufen barfuß und nehmen andere physische Strapazen auf sich. Pilger und Asketen unterscheiden sich aber in einem wichtigen Punkt: Pilger verlassen das Haus zeitweilig; sie kehren – geläutert – zurück. Asketen verlassen jedoch das Haus in der Regel auf Dauer; sie gehen in die Hauslosigkeit.

Fast wichtiger als die Hauslosigkeit im konkreten Sinn ist das Verlassen des Hauses als Symbol für Sicherheit. Im Buddhismus, aber im Grunde auch in allen anderen asketischen Religionen, wird der physische Körper oft als Haus, meist sogar Gefängnis des Körpers gesehen: «So wie ein Raum, der durch Holz, Schlingpflanzen, Gras und Lehm umschlossen ist, ‹Haus› genannt wird, so wird ein Raum, der durch Knochen, Sehnen, Fleisch und Haut umschlossen ist, ‹Körper› genannt», heißt es etwa im Visuddhimagga.[110] Wie man das Haus und das Hausfeuer als Entsager verlassen muß, so muß man zusätzlich im inneren Haus, dem Körper, die Feuer der Gier und des Hasses auslöschen.[111] Die buddhistische Hauslosigkeit hat daher drei Stufen:[112] Zunächst wird das Stadium des Hausvaters und das familiäre Haus verlassen, dann das psychische Haus, das heißt die Individualität, aufgegeben und schließlich das ontologische Haus und der Kreislauf der Geburten (Skt. *saṃsāra*) hinter sich gelassen.

Einsamkeit und Bruderschaft

Asketen leben gern zurückgezogen von der Welt, allein oder in Klöstern (von lat. *claustrum*, «abgeschlossener Ort»), einem abgetrennten und nicht selten abgelegenen Bereich ihrer Gemeinschaften. Selbst innerhalb der Klöster haben etwa die Benediktiner einen abgeschlossenen Bereich, die Klausur, der ausschließlich Ordensangehörigen vorbehalten ist und zu dem Außenstehende keinen Zutritt haben. So leben etwa die Kartäuser schweigend in kleinen, schlichten Einzelhäusern mit einem vom Mönch zu bestellenden Garten. In der Zellentür ist eine Durchreiche für Speisen und Getränke. Die Mönche kommen nur zum gemeinsamen Chorgesang, zu einem nachmittäglichen, einstündigen Spaziergang und sonntags sowie an Festtagen zu einem gemeinsamen Mahl im Refektorium zusammen.

Freilich besteht auch in den Gemeinschaften oft keine Übereinkunft, ob der Entsager ganz allein für sich oder in der brüderlichen und schwesterlichen Gemeinschaft leben soll. Der Rückzug des Einzelnen, die Anachorese (griech. *anachōréin*, «sich zurückziehen»), gilt nicht nur unter den «Normalen» als Verweigerung, Eigenbrötelei, merkwürdiges Verhalten von Sonderlingen. Die Menschen haben nur ausnahmsweise einen völligen Anspruch auf sich selbst. Asketen sind solche Ausnahmen.

Auch wenn das Zusammenleben der Asketen in Sekten und Gefolgschaften überwiegt, hat sich eine gewisse Tendenz zum vollständigen Rückzug in die Einsamkeit[113] (beziehungsweise ungestörte Zweisamkeit mit Gott) fast immer gehalten. Kontaktvermeidung ist ein hohes asketisches Ziel. «Mönch» (von griech. *monachós*) bedeutet ursprünglich: der für sich allein und einzigartig Lebende. Kontakte mit den «Normalen» sind fast immer hinderlich auf dem Weg der Vervollkommnung. Sie lenken ab, führen in Versuchung, bringen Unreinheit, spiegeln menschliche Schwächen wider. In der Abgeschiedenheit kann diesen Anfeindungen und Versuchungen am besten widerstanden werden. Einsamkeit erhöht die innere Wachsamkeit (griech. *prosoché*). Basilius der Große (um 330–379 n. Chr.) schrieb 358 aus seiner Eremitage an den Kirchenlehrer Gregor von Nazianz:

> (Die Einsamkeit) schläfert unsere Leidenschaften ein und gibt der Vernunft Muße, sie gänzlich aus der Seele auszurotten. Wie nämlich die wilden Tiere, einmal gezähmt, leicht zu bändigen sind, so sind auch die Lüste, die Erregungen des Zornes, Furcht- und Traueranwandlungen, diese Giftbruten der Seele, wenn durch die Ruhe eingeschläfert und nicht durch fortgesetzte Reizung wild gemacht, durch die Macht der Vernunft leichter niederzukämpfen. Demnach muß die Einsiedelei derartig sein wie es die unsrige ist, abgesondert von allem Verkehr mit Menschen, so daß eine fortlaufende Askese durch nichts von der Außenwelt eine Unterbrechung erleidet.[114]

Asketen bevorzugen Einsamkeitsorte: Einöden, Höhlen, Wälder oder Berge (Symbol für den Aufstieg der Seele zu Gott), Klausen, Eremitagen (von griech. *éremos*, «einsam, allein»), Einsiedeleien, Inklusen und Reklusen. Den Aufbruch in die Einöde bezeichnete man im Hochmittelalter als «Konversion». Berühmt sind die Felsenhöhlen des Antonius, die Wüste des Simeon, die Wildnis (Skt. *āranyaka*) der indischen «Waldasketen», der Berg Athos der östlichen Kirche. Dabei sind die Einsamkeitsorte oft symbolisch aufgeladen. So gilt die Wüste, in die sich die ersten christlichen Asketen zurückzogen, als Ort der Askese schlechthin. Freilich wird die Wüste für den Asketen nicht zu einem kargen, entbehrungsreichen Ort, sondern zu einer Stätte der Ruhe und Begegnung mit Gott, wie der Einsiedler und spätere Bischof Sophronius Eusebios Hieronymus (347–419/20) dichtete:

Wüste, die du dich zeigst in der Frühlingspracht der Blumen Christi. O heilige Einsamkeit, in der die Steine wachsen, aus denen nach den Worten der Apokalypse die Stadt des großen Königs erbaut wird! O verlassene Stätte, in der man sich des vertrauteren Umgangs mit Gott erfreut.[115]

Im Mittelalter wurde auch der Wald von Mönchen zur Wüste erklärt.[116] So wollte der Benediktiner und Begründer der Kamaldunenser Romuald (um 952–1027) die ganze Welt in eine Wüste verwandeln. Überhaupt verlassen die Eremiten dieser Ordensgemeinschaft ihre Zellen nur zum Gottesdienst, die Reklusen sogar niemals.

Wer Mitmenschen meidet, ist noch nicht unbedingt mit sich im reinen, denn um ihn und in ihm sammeln sich Dämonen, Leidenschaften und schädliche Gedanken, wie auch Immanuel Kant wußte: «Tiefe Einsamkeit ist erhaben, aber auf eine schreckhafte Art. Daher große weitgestreckte Einöden, wie die ungeheure Wüste Schamo in der Tartarei, jederzeit Anlaß gegeben haben, fürchterliche Schatten, Kobolde und Gespensterlarven dahin zu versetzen.»[117] Benedikt legte deshalb auch in seinen Regeln ausdrücklich fest, daß sich nur ein gefestigter, den Versuchungen widerstehender Mönch zum Eremiten eigne:

Die zweite Art sind die Anachoreten, das heißt Einsiedler. Nicht in der ersten Begeisterung für das Mönchsleben, sondern durch Bewährung im klösterlichen Alltag und durch die Hilfe vieler hinreichend geschult, haben sie gelernt, gegen den Teufel zu kämpfen. In der Reihe der Brüder wurden sie gut vorbereitet für den Einzelkampf in der Wüste. Ohne den Beistand eines anderen können sie jetzt zuversichtlich mit eigener Hand und eigenem Arm gegen die Sünden des Fleisches und der Gedanken kämpfen, weil Gott ihnen hilft. (Benediktusregel 1.3–5)

Seit dem 9. Jahrhundert verbreitete sich im Abendland das Inklusentum, das sich schon vorher im östlichen Mönchtum bemerkbar gemacht hatte. Besonders Nonnen ließen sich dabei jahrelang oder gar lebenslänglich in Zellen einmauern oder einschließen, um sich ganz dem Gebet hinzugeben. Zeitweilig stand diese Form des Rückzugs in hohem Ansehen: Inklusen fanden sich mit einer Öffnung zum Innenraum an die Kirchen angebaut.

Im frühen Buddhismus stand zeitweilig der Typ des (Pāli) *paccekabuddha* (vermutlich «der für sich Erwachte»)[118] in der Diskussion, der «für sich allein» (Skt. *pratyeka*) bleibt und ohne Lehrer die Erleuchtung erlangt, sein Wissen aber nicht weitergibt, während der *samyaksam-*

buddha («der vollkommen Erwachte») die Lehre und seine Erfahrungen mitteilt. Den Weg des Paccekabuddha bezeichnet man auch als Nashornweg, weil dieses Tier gut gepanzert allein seiner Wege zieht. Freilich war der Einzelasket schon in der Frühzeit des Buddhismus umstritten und in der Minderheit; auch bestehen Unsicherheiten über sein Vorkommen und seine Verbreitung. Nach dem Buddha soll ein Mönch ohnehin nur drei Orte im Gedächtnis behalten: den Ort des Gangs in die Hauslosigkeit, den Ort der Erkenntnis der Vier Edlen Wahrheiten und den Ort der Erlösung.[119]

Auch für die hinduistischen Asketen gilt eine alte Norm, nach der ein Asket allein zu gehen hat. Ein Spruch für Asketen besagt: zwei bilden ein Paar, drei ein Dorf *(grāma)*, noch mehr eine Stadt *(nagara)*. Und im Gesetzbuch des Manu wird ausdrücklich festgelegt, daß der Asket kein Zuhause haben und nur zum Nahrungserwerb das Dorf aufsuchen soll:

> Er (der Asket) soll immer allein, ohne Begleitung, gehen, um Erfolg zu haben. Wenn er erkennt, daß Erfolg nur für denjenigen ist, der allein ist, verläßt er nicht und wird nicht verlassen. Der Asket soll kein Feuer haben, kein Zuhause; er soll (nur) ins Dorf gehen, um sich Nahrung zu holen, schweigend, gleichgültig, unerschütterlich und in tiefer Konzentration. (Manu 6.42–43)

Christliche Klöster mit Klosteranlagen und fester Klosterorganisation entstanden im frühen Wüstenmönchtum erst im 3. Jahrhundert. Zwar hatte schon Antonius (251/252–356) das gemeinsame Leben der Wüstenasketen und damit das Mönchtum gefördert, doch erst der Kopte Pachomius der Ältere (um 287–347) gründete um 320 am Nil in Tabennese ein Kloster, das die meist allein lebenden Mönche zusammenschloß und ihnen verbindliche Regeln gab. Darin finden sich bereits die wesentlichen Grundlagen des klösterlichen Zusammenlebens: gemeinsames Leben, Wohnen, Beten, Arbeiten, Essen; Einheitlichkeit der Kleidung; Gehorsam gegenüber dem Oberen. Benedikt von Nursia (um 480–547) hat in seinen klösterlichen Regeln, den *Regula Monachorum,* diese Maßstäbe übernommen und damit das christliche Klosterwesen maßgeblich geprägt. In 73 Kapiteln wurden der Tagesablauf der Mönche sowie die Organisation des Klosters Subiaco auf dem Monte Cassino in Kampanien genau geordnet.

Im Zentrum stehen dabei der Wechsel von Gottesdienst und körperlicher Arbeit *(ora et labora)* als Hauptaufgabe der Mönche:

Müßiggang ist der Seele Feind. Deshalb sollen die Brüder zu bestimmten Zeiten mit Handarbeit, zu bestimmten Stunden mit heiliger Lesung beschäftigt sein. (Benediktusregel 48.1)

Ebenso wichtig sind die brüderliche Gemeinschaft und der Gehorsam *(oboedientia)* gegenüber dem Abt, das Gelübde der *conversatio morum* (sittlich reines Leben) sowie die lebenslange Bindung an ein Kloster *(stabilitas)*.

Klostergemeinschaften sind als geistige, wirtschaftliche und karitative Zentren aus der Geschichte des Abendlandes nicht wegzudenken. Ihnen ist unter anderem zu verdanken: die Übermittlung des antiken Wissens, die Bewahrung der Handschriften, die Entstehung von Schulen und Universitäten, die Pflege der Künste und bestimmter Handwerke (besonders Kalligraphie, Buchmalerei, Musik und Architektur), die Gründung der ersten Hospize. Bis zum Hochmittelalter waren Klöster aber vor allem Orte, in die man sich zurückzog – aus Überdruß an der Welt *(contemptus mundi)* und um Selbstvervollkommnung im Gebet und in der Versenkung ungestört erreichen zu können.

Asketengemeinschaften in Indien haben eine andere Bedeutung: Zwar handelt es sich auch hier um Stätten, in denen Gelehrsamkeit und Künste, Rückzug und Meditation gepflegt wurden, hinzu kamen aber noch spezifisch indische Gesichtspunkte, die mit der Kastengesellschaft und der Dominanz des brahmanischen Priestertums und seines exklusiven Ritualwesens zu tun haben. Fast immer entstanden Asketengemeinschaften in Indien als Protest gegen die Brahmanen, fast immer boten sie Heilswege auch für diejenigen an, die in der vedisch-brahmanischen Tradition eher an den Rand gedrängt oder gar ausgeschlossen waren: Niedrigkastige, Kastenlose und Frauen.

Meister und Schüler

Das Verhältnis des Schülers zum Meister[120] beruht in erster Linie darauf, daß es einer Weihe bedarf, um an dem höheren Wissen teilhaben zu können. Der Meister verhilft dazu – mal autoritär, mal freundschaftlich. «Meister» ist eigentlich die Eindeutschung des Titels «Magister», der «Meister» Eckhart zum Beispiel aufgrund seiner Universitätstätigkeit zukam. Ein «Meister» war also zunächst ein Gelehrter, aber darin auch Vorbild. Obgleich man den Scholastiker Eckhart nicht vom Mystiker

Eckhart trennen kann, war er wohl mehr Universitätslehrer an der Dominikarschule in Köln als ein spiritueller Lehrmeister mit Gefolgschaft. Ein solcher Meister kann eine charismatische oder geradezu allmächtige Person sein, der streng zu gehorchen ist. Er kann aber auch wie etwa der Zen-Meister ein Helfer sein, ein Begleiter, spiritueller Freund, die Verkörperung des esoterischen Wissens. Letztlich verdankt der Einzelne aber seine Erlösung sich selbst. Auch der Buddha verstand sich der Überlieferung zufolge als jemand, der keinen Meister hat:

> Der Allüberwinder, der Allwissende bin ich, unbefleckt von allem, was ist. Alles habe ich verlassen, ohne Begehren bin ich, ein Erlöster. Aus eigener Kraft besitze ich die Erkenntnis; wen sollte ich meinen Meister nennen? Ich habe keinen Lehrer, niemand ist mit mir zu vergleichen. In der Welt samt den Göttern ist niemand, der mir gleich sei. Ich bin der Heilige in der Welt; ich bin der höchste Meister. Ich allein bin der vollendete Buddha; die Flammen sind in mir erloschen; ich habe das Nirvāna erreicht. (Samyukta-Nikāya 12.65.19)

Entscheidend ist, daß das Wissen des Meisters in der Regel auf non-verbaler Erfahrung oder Offenbarung beruht. Zur Einweisung in dieses Wissen bedarf es besonderer pneumatischer Fähigkeiten oder Techniken, in Indien vor allem der Meditationstechniken. Priesterliche Vermittlung des vedischen Wissens war im alten Indien immer mit persönlichen, oft familiären oder clangebundenen Kriterien verknüpft. Der Schüler lernte von seinem Guru, und dieser war zugleich sein Vater. Da das Lernen bereits sehr früh einsetzte, wohnte der Schüler bei seinem Lehrer, ging ihm zur Hand, diente ihm, besonders dadurch, daß er die niederen Tätigkeiten verrichtete, und folgte ihm nach, wohin auch immer er ging. Erst nach einer langen, traditionell zwölf Jahre dauernden Zeit des Hörens, Nachsagens und Auswendiglernens durfte der Schüler auch in die Bedeutungen und Geheimnisse des Wissens eingewiesen werden. Als diese gelten etwa die Upanishaden. Aber auch anderes esoterisches Wissen, wie etwa das tantrische, konnte nur in einer dauerhaften persönlichen Beziehung vermittelt werden. In der Weitergabe des Wissens entwickelten sich lange Traditionslinien und Schulen.

Die Beziehungen zwischen Schüler und Lehrer entwickelten in Indien mitunter eine Form von strengem Gehorsam und inniger Verehrung. Da der Lehrer in asketischen Gruppierungen Selbstvergottung anstrebte und dies auch nicht als anmaßend empfunden wurde, stand seiner Vergöttlichung selten etwas im Wege. Der Meister war nicht nur

Vermittler des Heils, er war es oft genug auch selbst geworden. Die Deifizierung des Meisters oder Lehrers kennt daher in Indien kaum Grenzen. Schon bei der Aufnahme in den vedisch-brahmanischen Schülerstand unterwirft sich der Schüler dem Lehrer (Skt. *ācārya*). So sagt der Lehrer:

> In meinem Herzen wohne dein Herz; meinem Denken hänge mit dem Denken an, an meinem Wort erfreue dich mit ganzem Gemüt; (Gott) Brihaspati soll dich mir anvertrauen. An mir allein halte dich fest; in mir mögen deine Gedanken verweilen, auf mich richte sich deine Verehrung, gegenüber mir sollst du deine Stimme zügeln. (Hiranyakeshigrihyasūtra I.(2.)5.11)

In der indischen Bhakti-Devotionalität wird die Maxime «verehre den Lehrer wie einen Gott»[121] intensiviert. Ein Ausdruck für Hochschätzung und Unterwürfigkeit der Schüler ist zum Beispiel, daß sie die Füße des Meisters berühren, sie ihm waschen und das Fußwasser trinken. Umgekehrt zeigen Asketen, daß sie sich keinem überlegen fühlen, indem sie etwa wie der italienische Benediktinermönch und Einsiedler Petrus Damiani (um 1007–1072) aus der Schüssel essen, in der man den Armen die Füße wusch. Die Hingabe an den Lehrer geht mitunter so weit, daß der Meister über den Gott gestellt wird, etwa wenn der Dichter-Heilige Rāmdās, der Guru des Maratha-Königs Shivājī (1627–1680), sagt:

> Jener, der Gott für höher hält als Guru, ist ein Narr ... Gegenüber der Größe des Guru ist die Größe Gottes ein Nichts ... Gott wird durch die Menschen kraft der Macht der Mantren erzeugt; doch der Guru kann nicht einmal von Gott erschaffen werden. Gottes Macht ist die Macht der Täuschung; die Macht des Guru reißt alles mit sich fort.[122]

Derartige Verehrungen oder Vergöttlichungen von asketischen Meistern führen in der Regel zu einer Fülle hagiographischer Schriften, mit denen die Einzigartigkeit des Lehrers und seiner Lehren festgehalten werden soll. Sie bilden das kollektive Gedächtnis der Gemeinschaft, verhindern das Vergessen und tragen so zur Bewahrung bei. Zungenreden, ganz gleich wie charismatisch oder wahrhaftig sie klingen, sind vergänglich. Die kanonischen buddhistischen Textsammlungen, das Neue Testament oder auch der Koran wurden aus Angst vor dem Vergessen der Worte des Religionsstifters geschaffen. Jesus selbst schrieb (im Unterschied zu Mohammed) keine Bücher und hat auch an seine Jünger keine derartige Weisung erteilt. Aber je mehr die Erinnerung verblaßt, um so größer wird das Bedürfnis nach schriftlicher Bewahrung der Worte des Meisters. Papier ist zwar geduldiger und haltbarer als bloß gesprochene Worte, aber es mangelt ihm an Glaubwürdigkeit. Deshalb sind die Schriften auch fast immer eine Quelle des Zweifels und des Streits. Sie können ihren testamentarischen Charakter oft nur durch den Anspruch einer glaubhaften und lückenlosen Kette von Überlieferungsträgern bewahren. So beginnen Predigten des Buddha immer mit der Formel *evaṃ me sutam*, «So habe ich gehört», und nennen den Ort der Predigt und den oder die Hörer. Doch führen gerade die Zweifel an der Authentizität der Überlieferung zu Kanonbildung und einer andauernden Auseinandersetzung, führt ein immer neues Überdenken – Exegese – letztlich zur Lebendigkeit der Tradition. Die Bewahrung der Schriften etwa in den klösterlichen Skriptorien und das Ringen um das wahre, richtige Verständnis der Texte, das sich unter anderem in einer reichhaltigen Kommentarliteratur ausdrückt, beschäftigen intensiv die Mönche und Asketengruppierungen.

Auch im Sufismus ist die Meister-Schüler-Bindung (arab. *shuhbha*) prägend. Der Meister (pers. *pīr*, arab. *shaikh*) gibt dem Schüler (arab. *murīd*) eine Gebetsformel und begleitet ihn auf seinem mystischen Weg. Er verlangt dabei absoluten Gehorsam. Das Zentrum der seit der Mitte des 12. Jahrhunderts entstandenen einflußreichen Bruderschaften war der Wohnort des Meisters *(ribāt)*. Am Jahrestag des Todes des Ordensgründers feiern Schüler und Tausende Gläubige oft das «Hochzeitsfest», die Vereinigung der Seele des Meisters mit Gott.

Im Volksislam spielt die Verehrung der Gräber von heiligen Meistern bis heute eine wichtige Rolle. Der Heilige gilt als ein «Gottesfreund» (arab. *walī*, wörtlich «der unter besonderem Schutz Gottes steht» und daher Wunder bewirken kann). Es heißt, daß der Meister imstande war, ihnen durch seine Gnadenmacht, sein *baraka*, zu helfen oder sie zu heilen. Die Gebetsformeln, die der Meister seinen Schülern und Anhängern gibt, dienen in diesem Sinne auch als Schutz.

Sekte und Kirche

Indische Asketen sind in der Regel Mitglieder einer sogenannten Sekte. Das Wort «Sekte» bezeichnet im indischen Kontext aber nicht eine abgespaltene oder ausgeschlossene Gemeinschaft, sondern eine organisierte, meist von einem Stifter begründete Gefolgschaft. In Indien gibt es daher für «Sekte» verschiedene Sanskrit-Wörter: *pantha* («Weg»), *sampradāya* («Überlieferung»), *saṃgha* («Gemeinschaft») oder *samāj* («Gesellschaft»). Bei diesen Gruppierungen steht nicht die Häresie im Vordergrund; sie wäre mangels eines Zentrums oder einer verbindlichen Autorität im Hinduismus auch nicht möglich. Vorrang hat vielmehr die Gemeinschaft der Asketen. Wenn man daher den Begriff «Sekte» richtig von lat. *sequi* («begleiten, folgen, nachgehen») statt – wie vereinzelt zu lesen ist – von lat. *secare* («abschneiden, trennen») ableitet, ist er für Indien bestens geeignet.

Was sich zunächst als kleine Gruppe eines Meisters mit seinen Schülern bildet, kann sich zu großen religiösen Gemeinschaften und Religionen entwickeln.[123] Auf Buddha oder Jesus mit ihren zunächst nur wenigen Jüngern gehen Weltreligionen zurück. In diesen Meister-Jünger-Verhältnissen wird von den Schülern eine Entscheidung, ein Bekenntnis oder eine Umkehr verlangt. Nicht selten geht das nur, wenn die Adepten auch dem asketischen Weg ihres Meisters folgen. So war es bei dem Buddha, so war es bei Jesus. Da die Mitglieder der neuen Bewegung sich oft gegen bestehende Strukturen oder Religionen wenden, haben sie zu Beginn in der Regel den Status des Außenseiters, und die Beziehungen zum Meister sind noch nicht fest. Auch wenn Gehorsam verlangt wird, handelt es sich eher um lockere, zumindest wieder lösbare Verhältnisse.

Jede Gefolgschaft hat ein Nachwuchsproblem. Üblicherweise rekrutiert sich der Nachwuchs von Religionsgemeinschaften über Sozialisation und Administration, weniger über Mission. Der Einzelne wird in seine Religion hineingeboren, erlernt sie von seinen Eltern und der Umwelt. Kleine und neue religiöse Gruppen müssen jedoch immer neu um ihren Nachwuchs werben. Sind sie in diesem missionarischen Bestreben erfolgreich, verlieren sie bereits nach wenigen Generationen ihren Ausnahmecharakter. Sie wachsen an zu großen religiösen Gruppierungen, die nicht mehr allein vom persönlichen Charisma ihres Stifters getragen werden, sondern verwaltet und organisiert werden müssen. Es entstehen religiöse Anstalten oder Kirchen. Von diesen können sich wieder häretische Gruppierungen abspalten, etwa indem sie Glaubenssätze anzweifeln, den Ritus abändern oder Teile der kanonischen Schriften anzweifeln. Es entstehen Schismen, Häresien und Sekten. Asketen sind mehr Sektenmitglieder als Sektierer und daher fast immer Teil dieses dynamischen Prozesses religiöser Gruppenbildungen.

Der Übergang von kleinen religiösen Gruppen in religiöse Anstalten bedeutet meist einen Bruch mit den ursprünglichen Absichten des Stifters. Heilige sind im Sinne Max Webers religiöse Virtuosen, ausgestattet mit besonderen Fähigkeiten, Visionen und Überzeugungen. In der Nachfolge stellt sich für religiöse Gruppierungen oder Sekten die Frage, ob an diesem Charisma des Stifters festgehalten wird, ob also auch von allen Anhängern ein radikaler Bruch und oft der Gang in die Askese verlangt wird, oder ob eine Laienschaft entstehen kann, eine Organisation mit religiösen Ämtern, einer Amtshierarchie und einer verwalteten Mitgliedschaft. Sekten haben also spätestens nach dem Tod ihres Stifters viel zu klären: ihr Verhältnis zum Meister, zur Welt, zu den Laien und den Grad der formalen Organisation.

Widersprüchliche Aussagen des Stifters sind mit der häufigste Grund für Aufspaltungen, Schulen- und Sektenbildungen. Hinzu kommen die Bildung kleinerer Zentren, die der strukturellen Pluralität der Asketengemeinschaften meist zugrundeliegen, die Herausbildung von Diözesen und Amtshierarchien, Pfründenbildung durch Klöstergründungen mit Sprengeln und Landbesitz, politische Förderungen einzelner Personen oder Schulen durch Herrscher sowie regionale Einflüsse und Popularisierungen mit einer Stärkung des Laientums und der sprachlichen Vielfalt.

Die Spannung zwischen «Sekte» und «Kirche» ist besonders von dem Philosophen und Historiker Ernst Troeltsch[124] (1865–1923) sowie Max Weber[125] behandelt worden. Die anhaltende Debatte betrifft noch heute nicht nur den Kern der religiösen Organisation, sondern auch den Umgang mit religiös motivierten Aussteigern. Auch wenn zu Recht der Begriff «Sekte» kritisiert worden ist, da er jede sich anders oder neu definierende religiöse Gruppierung diskrimiert, kann man folgende Unterschiede zwischen Kirchen und Sekten feststellen: Kirchen streben dem Prinzip nach Offenheit und Universalität an, Sekten nicht. Kirchen lassen also die familiären und ethnischen sowie nationalen Bindungen an Haus, Clan, Sippe, Stamm oder Nation weitgehend fallen, Sekten öffnen sich nicht unbedingt. Das gilt auch bei einem universalistischen Anspruch der Lehren. Die Amischen und Hutterer etwa werben nicht um Mitglieder. Die Kirche richtet sich potentiell an alle Menschen, die Sekte meist nur an religiös Qualifizierte. In eine Kirche wird man hineingeboren, einer Sekte tritt man bei. Es handelt sich bei einer Sekte nach Weber um eine *Ecclesia pura*, eine reine sichtbare Gemeinschaft von Heiligen. Dementsprechend gibt es oft eine strenge Auswahl der Mitglieder, Wartezeiten, mehrstufige Aufnahmeverfahren und -prüfungen, Weihen und Initiationen. In Kirchen gibt es ein hierokratisches Amtscharisma, eine Anstaltsgnade, einen von der Welt ausgesonderten Priesterstand, legitimiert durch Prädestination von Amts wegen (etwa im Papsttum) und manchmal erbliches Charisma.

Die Basis der Kirche sind Priesteramt, die Priestersukzession und heilspendende Sakramente. In Sekten hingegen gibt es einen Zusammenschluß der religiösen Virtuosen, und die Hierarchie ergibt sich aus besonderen Befähigungen, dem Charisma oder der Anciennität. In der Mönchsversammlung des Theravāda-Buddhismus präsidiert der Älteste, maßgeblich ist das Alter bei Eintritt in den Orden; Nonnen sind Mönchen untergeordnet, selbst dem jüngsten Mönch. Kirchen sind eher kompromißbereit und in ihrer Kirchenzucht eher nachgiebig. Sekten hingegen sind eher dogmatisch und streng, schließen Abweichler aus, boykottieren Nichtmitglieder. Gegenüber der Welt verhält sich die Sekte eher indifferent, duldend oder an ihr leidend.

Während man mit Blick auf das Christentum dazu neigt, Kirche und Sekte als sich ausschließende Begriffe zu verstehen, gilt diese scharfe Grenzziehung für indische Religionen, vornehmlich für den Hinduismus, nicht. In Indien kann man mehreren «Religionen» angehören, etwa Mitglied einer Sekte sein, aber im Häuslichen auch dem vedisch-brahmanischen Hinduismus folgen. Man kann spirituell einem Guru anhängen und von ihm eine spezielle Weihe bekommen, man kann aber oft auch zugleich für die Übergangsrituale einen brahmanischen Priester beschäftigen und von ihm initiiert werden. Nur wenn der Guru auch den sozialen Ausstieg in die Askese verlangt, entsteht ein Konflikt mit Familie und Gesellschaft.

Asketengruppen bilden sich aber nicht nur, weil Einzelne das Haus und die Gesellschaft verlassen, sondern auch, weil Mönche nicht mit der Verwaltung des Heils in Kirchen einverstanden sind, also in der Kritik an Verkirchlichung. Für Asketen sind Priester Menschen, die den «Normalen», den Weltlichen, mit Predigt, Seelsorge oder Ritualen dienen. Für radikale Asketen gehen Priester, die sich nicht ganz von der Welt zurückziehen, nicht weit genug. So forderte Johannes Cassianus:

Der Mönch muß unter allen Umständen die Frauen und den Bischof fliehen. Keiner von beiden läßt ihn, den er einmal in den Kreis seiner Vertrauten gezogen hat, sich wieder der Ruhe der Zelle hingeben oder erlaubt ihm, sich der göttlichen Betrachtung der heiligen Dinge durch den Blick mit reinen Augen zu widmen.[126]

V. Heil und Erlösung: Technologien asketischer Mystik

Harte Askese ist körperbetont. Genau das haben Mystiker, die eine eher geistige Gottesnähe gesucht haben, immer wieder kritisiert. Der Erzbischof Nathan Söderblom gibt die Ansicht vieler Askesekritiker wieder:

> Jene Mystiker, die wirklich würdig sind, mit einem Namen benannt zu werden, der das Geheimnis göttlichen Umgangs anzeigt, haben eine viel zu geistige Ansicht von der göttlichen Wirklichkeit und den menschlichen Beziehungen, um sich an irgendwelchen asketischen Künsten, die geringere Seelen befriedigen, zu erfreuen, die aber allzu weltlich sind für die wahren Pilgrime auf Erden. (...) (Die großen Mystiker glauben) an Innenschau, Wissen, Intuition, nicht an Training, Askese, ebenso wie die Helden des Glaubens nicht an Werke oder Übungen glauben, sondern an Vertrauen.[127]

Tatsächlich steht körperbetonte Askese nicht selten gegen Meditation, Kontemplation, vertrauende Gnadenerwartung – und Mystik. Aber Asketen und Mystiker haben oft ähnliche Ziele und Methoden. Ein Gegensatz läßt sich hier weder aufbauen noch halten. Denn «Mystik» ist eine religiöse Praxis, die innere *und* äußere Reinigungen – etwa das Auslöschen von Begierden –, Visionen, Auditionen, Konzentrationsübungen, stille Betrachtungen, Entrückungen, Schweigen und anderes mehr umfaßt. Diese Praxis kann zu außergewöhnlichen Bewußtseinszuständen führen, die oft nur durch einen außergewöhnlichen Lebensstil, etwa die Askese, erreichbar sind und die verschieden beschrieben werden: Ruhe und Unruhe, Erlebnis von Zeitlosigkeit, Unendlichkeit oder Weite, ozeanisches Gefühl, Erkenntnis Gottes aus Erfahrung *(cognitio Dei experimentalis)*, direktes Gotteserlebnis, Verschmelzung mit Gott *(unio mystica)*, Allwissenheit, innere Leere (Skt. *shūnyatā*).

Mystik ist daher selbst oft genug gesellschaftskritisch – und dies nicht erst seit der Romantik, die in ihr das Beste der Religionen sah und es gegen Vernunft und Aufklärung verherrlichte. Auch in der Moderne gewinnt die Annahme, daß der Kern aller Religionen ein gemeinsamer und eine Leerstelle sei, die nur spirituell oder eben mystisch erfahrbar sei, zunehmende Attraktivität. Das «Heilige» wird – in Rudolf Ottos einflußreicher Terminologie[128] – zum «Numinosen», einem Gefühl, das vom Heiligen unabhängig von der Religion ausgelöst wird. Dieses Numinose ist für Otto das Heilige ohne Moral. Es versetzt das Gemüt in eine eigene Bestimmtheit durch drei Kategorien, die in Kontrast miteinander harmonieren, weil sie das Ganze ausmachen: (1) Das *Mysterium tremendum*, welches ein Kreaturgefühl, eine «Ohnmacht gegenüber der Übermacht»,[129] auslöst, ist das Schauervolle des numinosen Objekts und die Vorstufe der eigentlichen Religion. In einem weiteren Moment des Objekts, der *majestas*, erkennt der Mensch die Übermacht des Numinosen an und wertet sich in der Folge vollständig ab. (2) Als zweites Moment tritt das *fascinans* hinzu, das in Kontrastharmonie zum *tremendum* steht: Man ist von dem Objekt fasziniert, fühlt sich angezogen; das Objekt ist wundervoll und schauervoll zugleich. (3) Das *augustum* oder *mirum* schließlich ist die anerkennende Beugung gegenüber dem heiligsten Wert. Es ist der schlechthin unüberbietbare Wert, das *sanctum*.

Freilich ist dies alles nur für empfangende, entsprechend veranlagte oder vorbereitete Gemüter erfahrbar. Berühmt ist Ottos Satz: «Wir fordern auf, sich auf einen Moment starker und möglichst einseitiger Erregtheit zu besinnen. Wer das nicht kann oder wer solche Momente überhaupt nicht hat, ist gebeten nicht weiter zu lesen.»[130] Damit ist zum einen eine besondere religiöse, «mystische» Begabung angesprochen, zum anderen aber auch ein, wenn auch nicht notwendig asketischer, Ausstieg aus dem normalen Leben postuliert. Für Otto sind diese Gefühle nicht ableitbar, sondern nur erweckbar. Er spricht von dem Gesetz der Gefühlsgesellung, aber alle Gefühlsmomente sind für ihn irrational, auch wenn sie durch rationale Schematisierung erfaßt werden können. So ist das Numinose eine Kategorie *a priori* – Otto ist hier Immanuel Kant verpflichtet –, das auf den Seelengrund des Menschen einwirkt, wenn er denn dazu bereit ist oder sich entsprechend vorbereitet. Für Otto ist das Numinose mithin objektiv, weil es als etwas außerhalb Bestehendes gefühlt wird. Das Abhängigkeitsgefühl ist nur ein Reflex. Das Objekt, von dem man sich abhängig fühlt, ist *a priori* das numinose Objekt, das Kreaturgefühl ist «Begleitmoment und Wirkung», es reagiert auf das außerhalb bestehende numinose Objekt, das den Einzelnen zum *subiectum* macht.

In der Bibel sind (griech.) *mystikós* und verwandte Wörter noch nicht gebräuchlich, in der Antike war Mystik im wesentlichen Mysterium: das, worüber man schwieg, das Schließen (griech. *mýein*) der Augen und Lippen, weil es ein Geheimkult oder ein Mysterienkult war. In der modernen Mystik und Religiosität rücken aber Begriffe wie das Heilige, das Numinose, spirituelle Macht, Kraft, Aura oder Charisma an die Stelle von Gott. Das Heilige oder Numinose zeigte sich überall, obwohl das *numen* selbst in der Römischen Religion nur auf Götter begrenzt war. Das «Übersteigen alles Endlichen» (Kurt Ruh) ist offenbar das, was Mystiker eint. Eine grundlegende Aporie tut sich da auf, die Wittgenstein mit den Schlußsätzen seines *Tractatus logico-philosophicus* so löste: «Es gibt allerdings Unaussprechliches. Dies *zeigt* sich, es ist das Mystische» (6.522). «Er muß diese Sätze überwinden, dann sieht er die Welt richtig» (6.54). «Wovon man nicht sprechen kann, darüber muß man schweigen» (7).[131]

Dennoch ist Mystik meist als Zeichenform gegeben. Diese verweist auf etwas, sei es durch Worte, sei es durch Symbole. Mystik ist – wie Gershom Scholem sagt – immer «Mystik *von* etwas». Dabei zeigen sich in vielen Details geradezu auffällige Übereinstimmungen zwischen den verschiedenen Mystiken. Etwa zwischen der Christusmystik und Meister Eckharts «Sohnsein», Shankaras Ātmanbegriff, der islamischen Mystik beziehungsweise dem Entwerden (arab. *fanā*), bei dem man, wie Annemarie Schimmel sagt, wird, wie man war, als nur Gott alleine war, oder der buddhistischen Lehre vom Nicht-Ich (Skt. *anātman*). Und doch sind die Unterschiede fast zu groß, um allen Mystiken eine gemeinsame Erfahrung zu unterstellen. Eckharts Lehre von der Gotteskindschaft oder dem Seelenfunken ist unablösbar mit der trinitarischen Theologie verknüpft, der islamische Urvertrag zwischen Gott und Mensch hat keine oder nur eine entfernte Entsprechung im Christentum: den Bund schloß Gott mit Israel, nicht mit dem Einzelnen; das Nicht-Ich im Buddhismus ist untrennbar mit der Lehre von den Daseinsfaktoren verbunden, Shankaras Ātmanbegriff ist atheistisch. Wer vorschnell eine Einheit der Mystikerfahrung unterstellt oder gewissermaßen eine universale, teilweise nicht-religiöse Mystik postuliert, übersieht solche Unterschiede.[132] Der hinduistische Reformer und Asket Ramakrishna (1836–1886), der aufgrund mystischer Erweckungen die Verehrung der Göttin Kālī lehrte, wurde zum Heiligen; eine unbekannte Französin hingegen, die – psychologisch gesehen – sehr ähnliche Zustände und Erfahrungen ekstatischer Mystik durchlebte, wurde hingegen zur Verrückten erklärt und in ein Irrenhaus gesperrt.[133]

Die indische Mystik ist durch mindestens fünf Besonderheiten charakterisiert, für die sich nicht so leicht Äquivalenzen in anderen Mystiken finden:[134] Erstens gibt es die Möglichkeit der Identifizierung des Einzelnen mit dem Absoluten oder Gott: Im Christentum wurde eine *solche* Mystik als Hybris, Selbstvergottung und dadurch Mißachtung der Allmacht Gottes beargwöhnt. (In den vishnuitischen Bhakti-Bewegungen gibt es eine ähnliche Kritik.) Als etwa Franziskus den Vögeln zum zweiten Mal predigen wollte, da erschrak er über seine Anmaßung gegenüber dem Schöpfer, «weil er gewollt hatte, daß die vernunftlosen Kreaturen seinem Befehl gehorchten, als täten sie es dem Schöpfer».[135] Zweitens ist die indische Mystik in wesentlichen Teilen atheistisch oder sieht den jeweiligen Hochgott als eigenschaftslos (Skt. *nirguna*) an. Drittens ist sie weltflüchtig. Im Christentum wurde die mystische Innerlichkeit oft als quietistische Selbstüberhöhung abgewertet, die von der Gemeinschaft in der Kirche und den guten Taten der Nächstenliebe *(caritas)* ablenke, daher nicht zu guten Taten *in maiorem Dei gloriam* führe. In den Hindu-Religionen kam eine solche Kritik auch auf, wurde aber nicht mehrheitsfähig. Viertens kennt sie die Erlösung zu Lebzeiten *(jīvanmukti)*: Die Erfahrung *ist* schon das Heil oder zumindest die entscheidende Begegnung damit. Deshalb wird Erlösung zu Lebzeiten nicht prinzipiell – wie im Christentum oder Islam – ausgeschlossen. Fünftens weist sie eine Fülle von spezifischen psycho-physischen Identifikationstechniken auf, etwa den Yoga mit seiner stufenweisen Loslösung des Geistes von seinen Anhaftungen.

Askese und Mystik hängen in ihren Ausprägungen von solchen Besonderheiten ab. Im folgenden gehe ich in erster Linie auf die aus dem altindischen Opfer entstandene Mystik und die dem Christentum und Islam eher verwandte Gottesmystik ein. Im Anschluß daran sollen verschiedene Technologien der Mystik und Versenkung behandelt werden.

Opfermystik: Selbsterlösung zu Lebzeiten

Erlöst werden muß nur derjenige, der von etwas befreit werden möchte. Das Leben als Leid ist daher eine Grundvoraussetzung für nahezu alle Asketenbewegungen. Dabei kann der Grund des Leids sehr unterschiedlich sein: die als schmerzhaft empfundene Trennung von Gott, die Fesselung des reinen Geistes an den gebrechlichen und sterblichen Körper, die blanke Not eines Menschen oder Volkes (zum Beispiel Israels in der Hebräischen Bibel), die Vergänglichkeit und Unfreiheit alles irdischen Daseins.

Der frühe Buddhismus spricht von einer dreifachen Leidhaftigkeit:[136] (1) «Leidhaftigkeit des Schmerzes» (Skt. *duhkha*): die unangenehme Empfindung; (2) «Leidhaftigkeit durch Veränderung (oder Verfall)» *(viparināma)*: das Abklingen der angenehmen Empfindung; (3) «Leidhaftigkeit durch Vergänglichkeit (der verursachten Daseinsfaktoren als solche)» *(samskāra)*: die metaphysische Leidhaftigkeit. Dabei beruht der metaphysische Leidensbegriff auf der Erkenntnis von der Abhängigkeit und Vergänglichkeit alles Geformten, nicht auf Schmerz. Er hängt mit Dauer zusammen und mit der Tatsache, daß selbst ein glückliches Leben nur so lange glücklich ist, wie es dauert. So heißt es etwa in einem jinistischen Text:

> Schwer zu erlangen ist das Menschendasein, Geburt bedingt Sterben, wechselhaft sind die Glücksfälle, Ursache für Leiden sind die Sinnesfreuden, in Vereinigung ist Trennung schon begründet, schon in jedem Moment lauert das Sterben, hart sind die Folgen der *karma*-Reifung. (Haribhadra, Samarāiccakahā[137])

Ewigkeit, Beständigkeit und Einheit, diese Hauptmerkmale des Absoluten, kann es in den asketischen Religionen Indiens weder im Diesseits noch im Jenseits geben. Denn was ist, ist unbeständig – und dadurch leidvoll. Das gilt auch für das Selbst. Eine Brücke zwischen den Welten, wie sie Jesus darstellt, gibt es im frühen Buddhismus nicht.[138]

Erlösung kann als Erwählung einzelner religiöser Virtuosen, als Errettung aller Gläubigen oder gar wie im Christentum als das gesamte soteriologische Heilsgeschehen verstanden werden. Fast immer wird das Heilsgeschehen aber in ein zukünftiges oder nachtodliches Leben verlagert. Die Vorstellung von einer Erlösung zu Lebzeiten (Skt. *jīvanmukti*) bei gleichzeitiger Aufhebung der Folgewirkungen früherer Taten ist nur in Indien radikal zu Ende gedacht worden. Zwei Sanskritbegriffe stehen dabei im Zentrum: *moksha* (beziehungsweise *mukti*) und *nirvāna* (Pāli *nibbāna)*. Moksha bedeutet wörtlich «Loslösung, Befreiung» von Leid, Übel und Sterblichkeit, von dem Kreislauf der Geburten:

> Der Weise überquert Leid *(shoka)*, überquert Übel (*pāpman*); befreit (*vi-mukta*) von den Knoten des Herzens wird er frei von Tod. (Mundaka-Upanishad 3.2.9)

Der Zustand der Erlösung wird in den hinduistischen Texten äußerst unterschiedlich beschrieben: als blitzartige Erkenntnis, Identität mit dem Absoluten oder Gott, Schutz und Gottesnähe, höchste Wonne (Skt. *ānanda*), reine Geistigkeit, Freiheit, Licht, Verlust an Individualität, Eigenschaftslosigkeit, Leere, Indifferenz und Gleichmut, aber auch als Gewinn übernatürlicher Kräfte (Skt. *siddhi*), Allwissenheit und vor allem Unsterblichkeit.

Auch die frühbuddhistischen Aussagen über das Nirvāna, wörtlich «das Erlöschen, Verlöschen», sind so unterschiedlich,[139] daß man das Nirvāna nicht wirklich fassen oder beschreiben kann. Gewiß ist nur, daß es oft als unbenennbar, ohne Bedingtheit und als das Ende von Leid und Vergänglichkeit gilt. Oft wird das Nirvāna auch nur negativ angedeutet, aber es ist nicht das Nichts. «Ist das Nirvāna Glück?», fragte einmal der Mönch Udāyi den Sāriputta, der daraufhin antwortet: «Lieber Freund, Nibbāna ist Glück *(sukha)*, Nibbāna ist Glück.» Ungläubig fragt Udāyi zurück: «Aber, Freund Sāriputta, was kann das für ein Glück sein, wenn es nicht mehr gefühlt werden kann?» Darauf Sāriputta: «Gerade das ist ja das Glück, daß es kein Empfundenes mehr gibt.»[140] Auch das Nirvāna ist zu Lebzeiten möglich,[141] aber es gibt kein Subjekt, das dieses Nirvāna wahrnehmen kann, auch nicht zu Lebzeiten. Deshalb sind Buddhisten in der Regel sehr vorsichtig, einem Mönch oder Mitmenschen die Erlösung zuzuschreiben. Auch der 14. Dalai Lama behauptet nicht von sich, das Nirvāna erlangt zu haben.

Ähnliches gilt für die Erleuchtung im Zen-Buddhismus (jap. *satori*), die ebenfalls als «(vollständiges) Erwachen» (Skt. *bodhi*, chin. *wu*) und Einheit von Subjekt und Objekt aufgefaßt wird. Der Erfolg des Buddhismus in Ostasien beruhte zum einen darauf, daß der Mahāyāna-Buddhismus auch den Laien ohne Ansehen von Alter, Geschlecht und sozialem oder religiösem Stand ein erreichbares Erlösungsideal anbot, ohne ihnen wie weitgehend im frühen Theravāda-Buddhismus dafür eine lebenslange, mönchische Askese abzuverlangen, zum anderen darauf, daß Erlösung im Hier und Jetzt möglich war. In Japan vertraten diese Lehren, wenn auch mit Unterschieden, etwa der Amida-Buddhismus, der Lotos-Buddhismus des Nichiren oder der Zen-Buddhismus von Eisai Myoan und Dōgen.

Die Vorstellung von einer Selbsterlösung zu Lebzeiten ist ohne die Soteriologie des altindischen Opfers kaum verständlich.[142] Denn im Grunde entspringt die Idee einer Identifikation mit Unsterblichkeit, wie sie im vedischen Opfer vollzogen wird. Die Soteriologie des spätvedischen Opfers ist nur schwach theistisch, sie entstammt weniger dem Vertrauen auf die Gnade eines Gottes als dem (geheimen) Wissen von der Weltordnung und Unsterblichkeit, die der Einzelne erlangen kann, wenn er die Rituale richtig ausführt. Dabei wird er schrittweise mit dem Ganzen und der Unsterblichkeit identifiziert. Losgelöst vom Opfergeschehen wurde in den Upanishaden die Identifikation der Individualseele *(ātman)* mit dem Absolutum *(brahman)* zu einer grundlegenden Heilslehre. Die konsequente Umsetzung dieser Lehre war jedoch kaum noch mit einem normalen Leben zu vereinbaren. Die Upanishaden, die Texte dieser Identifikationslehren, kamen aus dem Opfer und führten in die Askese.

Das ganze Denken dieser Texte kreiste um die Frage nach den Bedingungen und Folgen der Ātman-Brahman-Identifikation. Diese finden sich unter anderem ausgedrückt in den klassischen Sprüchen *aham brahmāsmi,* «Ich bin das Brahman (das heißt: das Absolute)» oder *tat tvam asi,* «Das bist du»,[143] oder «So bist du»[144] – nach Dorothee Sölle faßt dieser Satz «eine Grunderfahrung aller Mystik» zusammen.[145] Nichts durfte zwischen Erkenntnissubjekt und Erkenntnisobjekt treten: Ātman ist Brahman, und Brahman ist Ātman, aber weder Ātman noch Brahman können für sich sein. Was zählt, ist die Identifikation selbst, die Nicht-Zweiheit (Skt. *a-dvaita*) von beidem.

Neben den opferrituellen Identifikationen beeinflußten Substanzvorstellungen die Lehren der Upanishaden. So wurde in den Upanishaden gefragt, welche Kraftsubstanz oder Essenz *(rasa)* das Leben ist, und man sah es wie in anderen Religionen auch im Feuer beziehungsweise der Wärme oder im Atem, also in dem, das beim Tod den Köper verläßt. Der Atem – etymologisch mit *ātman* verwandt – ist, so dachte man, ein Wind; also muß es eine Verwandtschaft zwischen kosmischem Wind und Körperwinden, darunter dem Atem, geben. Der Atem vergeht, der kosmische Wind aber nicht. Wird der Atem mit dem kosmischen Wind identifiziert, dann *ist* man der unsterbliche, ewige kosmische Wind. Nun sind aber Wind und Atem wieder nur Teil von etwas, etwa vom Kosmos. Die Abstraktion mußte also noch weitergetrieben werden, und so kam man auf den Gedanken, daß es eine Kraft hinter allem geben müsse. Diese Kraft wurde meist *brahman* genannt, jene Kraft, die auch die Wirksamkeit des Opfers garantiert. Folglich war die Identifikation zwischen Ātman und Brahman, zwischen Seele und All-Seele, geboten.

Ein zweiter, sich anschließender Gedanke war, daß diese grundlegende Kraft selbst nicht Teil von etwas sein durfte, weil sie dann nicht das Ganze wäre. Stattdessen mußte sie als Teil das Ganze sein. Also konnte man sie auch nicht besitzen, sondern nur sein. Denn Besitz kann verlorengehen, dann aber wäre die Kraft nicht überall und unvergänglich. Diese Überlegung hatte Auswirkungen auf das Verständnis vom Selbst. Nicht durfte ein Ich das Brahman besitzen, nicht durfte die Kraft etwas sein, das kommt und vergeht, sondern das Ich mußte vollständig mit dem All identifiziert werden, um es sein zu können. Dann freilich gibt es den Erkenner der Erkenntnis nicht mehr, allein Erkenntnis bleibt.

Es ist bezeichnend, daß das Verhältnis zwischen Ātman und Brahman in den frühen Upanishaden kaum als Einheit bezeichnet wurde, sondern als Nicht-Zweiheit. Gerade darin zeigt sich, daß «Einheit» eine identifikatorische Relation ist, die es zu wissen, herzustellen und zu halten, nicht aber aufzulösen gilt. Man kann die Logik eines solchen Heilsbegriffs wohl nur verstehen, wenn man die substanzhaften Vorstufen und Voraussetzungen teilt. Die Unsterblichkeit (des Opfers) ist durch eine substanzhafte, aber nicht grobmaterielle Kraft gegeben, komprimiert zum Beispiel in der heiligen Silbe *om*, den Versmaßen, dem Feuer oder eben dem Brahman. Diese «Teile» sind die ganze Kraft, weil sie mit Opfer-Wissen *(veda)* und den Opfer-Handlungen *(karman)* identisch sind und die Unsterblichkeit garantieren:

> Wer weiß «Ich bin das *brahman*», der wird zu diesem Ganzen. Auch die Götter können ihm (dann) nicht schaden, denn er wird ja zu ihrem Selbst. (Brihadāranyaka-Upanishad 1.4.22)

Mit solchen Identifikationen kann auch der Mensch die Substanz der Unsterblichkeit erlangen. Denn das Selbst ist lebend, hat also Anteil an der religiösen Ewigkeitssubstanz «Leben» und damit der Unsterblichkeit. Die Sterblichkeit des Menschen rührt nur daher, daß er nicht um denjenigen Anteil in ihm weiß oder ihn nicht zu filtern vermag, der Unsterblichkeit ist, die das Brahman ist.

Die Identifizierungen waren durch und durch «erkenntnistheoretisch» und intellektualistisch, denn es handelte sich um eine wegen ihrer Wahrheit nicht widerlegbare Erkenntnis. Eindrücklich ist dies in dem Gespräch des Uddālaka Āruni mit seinem Sohn Shvetaketu enthalten, in dem die Methode der Identifikation beziehungsweise die «Substitutionsmethode», wie sie der Indologe Paul Thieme nennt, gelehrt wird.

Zunächst erklärt Uddālaka Āruni an Beispielen begriffliche Abstraktionen: Man weiß nur, was Lehm ist, wenn man weiß, was ein Lehmkloß ist. Ebenso – auch hier kürze ich lange Erörterungen – weiß man nur, was das Selbst ist, wenn man erkannt hat, daß es aus dem besteht, was das (ewige) Leben ist. Der Vater/Lehrer macht dann diese Wahrheit anschaulich, indem er seinen Sohn die Frucht eines Feigenbaumes so lange teilen läßt, bis nichts mehr zu sehen ist, um dann die Aussage zu treffen:

> Was diese Winzigkeit ist [die du nicht wahrnimmst], das ist das Selbst dieses Ganzen. Das ist die Wahrheit. Das ist das Selbst [von dir]. Das bist du *(tat tvam asi)*, Shvetaketu! (Chāndogya-Upanishad 6.12.3)

Immer wieder handeln die älteren Upanishaden von solchem Suchen. Wer erfolgreich war, der erlangte alle Welten, dessen Wünsche wurden erfüllt, der wurde erlöst. Nur durch Ablösung von der Welt wurde also Erlösung möglich. Wer «dynamisch» auf eine Zukunft hin lebt und denkt, erzeugt Fortleben, Wiedergeburt und Wiedertod. Wer «statisch» im Hier und Jetzt lebt und denkt, wird nicht wiedergeboren und stirbt nicht. Wer «nur» den Himmel erreicht, indem er Karma im Sinne von Ritualen und (guten) Taten erzeugt, bleibt im Zustand des Unwissens und damit der Sterblichkeit.

Für den christlichen und islamischen Menschen gilt die hinduistische Vorstellung von einer Selbsterlösung zu Lebzeiten und die dadurch mögliche Gleichsetzung von Gott und Mensch als Mißachtung der Allmacht Gottes. Zwar geht es auch in diesen Religionen um Selbstvervollkommnung – so etwa im Matthäus-Wort (5,48): «Seid also vollkommen, wie euer himmlischer Vater vollkommen ist» –, aber der Abstand zwischen Gott und Mensch muß gewahrt bleiben. Der Bagdader Mystiker und einer der einflußreichsten Sufis Al-Halladj wurde 922 als Häretiker angeklagt und hingerichtet, weil er behauptet hatte, «die absolute Wahrheit», das heißt «Gott», zu sein. «Der [christlichen] Erlösungsmethodik war (...) der Weg zur Selbstvergottung und zum genuin mystischen Gottesbesitz wenigstens im eigentlichen Sinne des Wortes als blasphemische Kreaturvergötterung und ebenso zu den letzten pantheistischen Konsequenzen verschlossen», schreibt Max Weber.[146] Und der Soziologe Wolfgang Schluchter fügt diesem Zitat zu Recht die Bemerkung hinzu: «Stattdessen stehen der Werkzeugcharakter des Menschen sowie Askese, Gebot, ‹richtiges Handeln›, d. h. Ethik, im Mittelpunkt.»[147]

Und doch ist die Idee von einer Erlösung zu Lebzeiten weniger vermessen, als es erscheinen mag, wie der spanisch-indische Philosoph und Theologe Raimon Panikkar gezeigt hat.[148] Auch im Hinduismus gilt es, die Theodizee zu erklären, das heißt unter anderem zu sagen, warum Gott und Mensch getrennt sind, warum es Sterblichkeit und Leid für den Menschen gibt, nicht aber für Gott. Indien hat dieses Problem für ein logisches gehalten und die Inkompatibilität von Gott (Ewigkeit) und Mensch (Sterblichkeit) so radikal zu Ende gedacht, daß es nach Panikkar selbst «Gott» geopfert hat.

Wenn in den kosmogonischen Mythen des Veda aus einem Demiurgen oder Urwesen (Brahmā, Prajāpati, Purusha) die Welt entsteht, dann ist – so Panikkar – durch diesen Akt der Gott selbst «sterblich» geworden. Die Zerstückelung seines Körpers, aus dem heraus die Geschöpfe etwa im Purushasūkta-Hymnus des Rigveda (10.90) entstehen, bedeutet, daß der Gott sich selbst opfert. Im Grunde aber ist Gott in seiner ureigenen, höchsten Form die einzige, rein geistige Realität. Das bedeutet dann auch: Gerade weil der Gott sich zeigt, ist er nicht mehr in seiner höchsten Form. Indem der Gott die Welt aus sich heraus schafft, setzt er sich selbst der Sterblichkeit aus. Sonst gäbe es keinen Grund, etwas Zweites sein zu wollen, etwas, das eben nicht das Eine, die Unsterblichkeit, ist. Gott selbst ist, sagt Panikkar, schuld an dem Problem der Theodizee: «Gott ist tot, weil er geschaffen hat, er hat sich selbst dargebracht, damit sein Geschöpf sein kann; die Welt ist nichts anderes als der geopferte, dargebrachte Gott.»[149] Gott wird also «sterblich», indem er die Schöpfung vollbringt. In der Askese wird das Opfer aber zum Selbstopfer, und mit dieser Identifikation löst sich die Dualität in der Nicht-Dualität von Gott und Mensch auf. Aus dem Himmel kann man stürzen, aus der Gleichheit mit Gott nicht.

Panikkar hat Recht, denn während im Christentum die Theodizee von vornherein auf einen Dualismus hinausläuft – Gott und Mensch stehen sich gegenüber –, bilden in Indien Gott und Mensch eine dualische Einheit, freilich nur, wenn man um die Identität und die richtigen Identifikationen weiß. Es ist aus der Sicht des Hinduismus kaum verständlich, daß eine Religion wie das Christentum, in der Gott Mensch wurde, gerade dadurch mehr Distanz zwischen Mensch und Gott schafft, daß es die Umkehrung und damit die Identität von beiden nicht zuläßt: Eckharts Sohnsein des Menschen als Gottsein war und ist bis heute im Christentum nicht recht akzeptiert. Die Gottesebenbildlichkeit gilt eben nicht in vollem Umfang.

Der Mensch ist im Hinduismus nicht verantwortlich für sein Leid. Vielmehr ist es der Gott selbst. Kann aber einem Gott das Übel zugeschrieben werden? Ist dann nicht der Gott gottlos? Können Schuld und Leid tatsächlich von einem Gott ausgehen? Gibt es «einen bestimmten Akt Gottes, der nicht göttlich ist?», fragt Panikkar.[150] Tatsächlich wird das in Indien so gesehen, nicht aber als persönliche Schuld oder als böser, strafender Akt, sondern als Gnade, Fahrlässigkeit oder Fehler Gottes. Der Gott spielt, langweilt sich, sehnt sich, wird «menschlich», und beinahe unversehens entsteht die Welt. «Er geht aus sich heraus, er verliebt sich, er begeht den Fehler, das Geschöpf zu erschaffen. Kurz: Wir sind der Fehler Gottes.»[151] Und: «Gott stirbt sozusagen, indem er sein Geschöpf schafft; auf dieser Ebene gibt es keinen Platz für zwei.»[152] Also muß der Mensch Gott zusammensetzen, um Unsterblichkeit haben zu können. Das geschieht auf verschiedenen Wegen: im Opfer, in der Erkenntnis von der Identität von Teil und Ganzem, in der *unio mystica*. Gott und Mensch sind aber im Hinduismus nicht grundsätzlich getrennt. Sie sind nicht nur aufeinander angewiesen, sie sind auch beide Teil der vergänglichen Schöpfung: Gott wird Mensch, wie der Mensch zu Gott wird. Gottes Akt der Schöpfung ist seine Menschlichkeit, die von seiner Existenz nicht zu trennen ist. Was jenseits davon liegt, ist nicht mehr Gott, *weil* es nicht teilbar ist.

So sehr breite Teile der indischen Religionen die Erlösung zu Lebzeiten im Prinzip anerkennen, so zögerlich sind sie, einer lebenden Person diesen Zustand auch tatsächlich zuzuschreiben. Nur wenigen wie etwa dem Buddha oder Mahāvīra wird zugebilligt, schon zu Lebzeiten erlöst gewesen zu sein. Statt dessen nehmen viele Richtungen an, daß es Stufen der Erlösung gibt, die auch wieder unterschiedlich beschrieben werden.[153] Die erste Schule, die Erlösung zu Lebzeiten als einen klar definierten Zustand beschrieben hat, war der von Shankara begründete Advaitavedānta. Sie ging von einer Schwellenerfahrung aus, die das nachfolgende Leben nur noch zu einem Auslaufen (von in früheren Leben erworbenem Karma) werden ließ. Beliebt sind hierbei alte, schon in den Upanishaden benutzte Vergleiche: etwa eine Tonscheibe, die, einmal in Bewegung gebracht, von selbst ausläuft, ohne daß es noch einen gibt, der sie bewegt. Oder der Pfeil, der, einmal abgeschossen, ohne den Schützen, also einen Handelnden, weiterfliegt. Ebenso lebt der Erlöste weiter, ohne durch seine Taten weiteres Karma anzuhäufen, das ihm eine weitere Wiedergeburt und damit keine Erlösung bringen würde. Im Jinismus hat man daher auch zwei verschiedene Formen von Karma angenommen: destruktives Karma, das zur Wiedergeburt führt, und nicht-destruktives Karma, das im Erlösten (Skt. *kevalin*, «der Vollständige, Alleinige»; *jina*, «der Sieger») fortwirkt und dessen Körper (nicht Geist) am Leben hält. Der zu Lebzeiten Erlöste wird daher als ein Kevalin mit Körper *(sayogakevalin)* bezeichnet, der nachtodlich Erlöste als körperloser Kevalin *(ayogakevalin)*.

Gottesmystik: Errettung, Erwählung, Gnade

Viele religiös motivierte Entsager streben nur eines an: die durch nichts getrübte Nähe zu Gott. Ausgedrückt wird dieser Zustand in unterschiedlichen Begriffen und Bildern: Reinheit und Einfalt des Herzens, Ent-werden (arab. *fanā*), Verschmelzen in Gott *(unio mystica)*, Selbstvernichtung in Gott *(annihilatio)*, Verschwinden der Seele im Meer göttlichen Lichts, Teilhabe (Skt. *bhakti*). Sie wollen die Vereinigung Gottes mit ihrer Seele, und kaum etwas ist ihnen unerträglicher, als von Gott getrennt zu sein.

Im Unterschied zu denjenigen indischen Asketen, die die Selbsterlösung zu Lebzeiten aus eigener Kraft für möglich halten, begeben sich mystische Asketen, die diese Gottesnähe anstreben, ganz in die Hände (ihres) Gottes. Dabei richten sie sich nicht nur gegen die gottlosen oder -fernen «normalen» Menschen, sondern oft auch gegen die Priester, die sich zwischen die Gläubigen und Gott schieben. (Aus diesem Grund wurde auch die Heiligenverehrung, besonders im Islam, vielfach angefeindet: keiner soll gegenüber Gott privilegiert sein.) Ebenso richten sich die mystischen Asketen aber auch gegen die Scholastik und Gelehrtentraditionen. Die einfache intuitive Gottesschau und das unmittelbare Gotteserleben ist ihnen wichtiger als erstarrtes Ritual und theologische Spitzfindigkeit. Dennoch haben gerade die Mystiker die theologischen Debatten und Auseinandersetzungen befruchtet. Ein Beispiel dafür ist ewa Meister Eckhart (gest. 1328), bei dem sich Gelehrsamkeit und Mystik zu einer besonderen Armutstheologie mischen.

Dabei ist Eckhart kein im modernen Sinne praktizierender Mystiker; er spricht sogar abfällig über mystische Erfahrungen. Zwar soll sich der

Mensch in Abgeschiedenheit und Gelassenheit von dem Irdischen und allen weltlichen Dingen lösen, aber der Dominikaner Eckhart verlangte nicht harte Askese. Vielmehr wollte er eine Armut des Geistes, nur dann könne sich Gott wirklich in einem selbst zeigen. Dabei sah er etwas im Menschen, das Gott gleich ist. Er nannte es «Seelenfunken» (lat. *scintilla animae*), der von allen Namen und Formen frei ist, «eins und einfaltig» wie Gott ist.[154] Dieser Zustand, die Armut des Geistes, bildet die Basis für die Erfahrung der Göttlichkeit im Menschen.

Für Eckhart ist Jesus Christus, der fleischgewordene ewige Sohn, gleich dem Vater bei personaler Verschiedenheit. Aber seine Auslegung etwa des Johannesprologs besagt noch mehr: Jeder Mensch ist im Tiefsten Gott. Da die Person des Sohnes fleischgeworden ist, da das göttliche Sein im Sohn geschaffen wurde, darf jeder Mensch, im Grunde jedes Geschöpf, auch Sohn genannt werden:

> Denn wenig bedeutet es mir, daß das Wort für die Menschen Fleisch wurde in Christus, jener von mir verschiedenen Person, wenn es nicht auch in mir persönlich (Fleisch annähme), damit auch ich Gottes Sohn wäre. (Eckhart, Die Lateinischen Werke, Bd. III, S. 101f.)

Diesen Gedanken der Identität von Schöpfer und Geschöpf, von der Einheit von Gott und Mensch, verbindet Eckhart mit der Idee, daß der Mensch letztlich Ursache seiner selbst, also Gott sei. Eine radikale These, die ihm viele Anfeindungen gebracht hat, von der er aber nicht abweichen konnte. Für ihn konnte es kein Sein außerhalb des Göttlichen geben – mit der Konsequenz, daß der Mensch entweder dem reinen Sein *(esse purum)* zugehört oder dem reinen Nichts *(purum nihil)*.

In Indien bereitete die These von der Identität zwischen Mensch und Gott weniger Probleme,[155] aber auch dort richtete sich eine devotionale, in mancher Hinsicht ekstatische Gottesanbetung und persönliche -erfahrung gegen den vedischen Opferritualismus und den Anspruch auf Selbsterlösung zu Lebzeiten: die Bhakti-Bewegung (Skt. *bhakti*, «Teilhabe, Hingabe, Liebe»). Sie kam im 7. Jahrhundert in Südindien auf und breitete sich seit dem 12./13. Jahrhundert auch in Nordindien aus. Viele dieser durch charismatische, asketisch lebende Meister gestifteten Bhakti-Gruppierungen lehnten die vedisch-esoterischen Weihen ab und standen dadurch – zumindest dem Anspruch nach – auch unteren Kasten und Frauen offen. Gepflegt wurde eine Gnadenreligiosität, eine vollständige Selbstaufgabe und erotisierende Gottesliebe, eine emotionale, mystische Vereinigung mit dem jeweilig nahezu monotheistisch verehrten Hochgott: vornehmlich Shiva, Vishnu, Rāma und Krishna. Die Gläubigen sehen sich oft als Diener (Skt. *dāsa*), Sklaven oder Kinder des Gottes, die sich stufenweise die Gnade erbitten müssen; auf einer höchsten Stufe soll die *unio mystica* erreicht werden, als deren Ausdruck nicht selten das Bild eines vereinten Liebespaares gewählt wird.

Vishnuitische Lehrer haben daher die Möglichkeit der Selbsterlösung zu Lebzeiten meist abgelehnt. Sie glaubten nicht daran, daß man die negativen Effekte des Körpers durch den Geist alleine völlig beseitigen kann, so daß man wirkliche Befreiung, das heißt oft die echte Erkenntnis Vishnus, nicht lebend erreichen kann. Aber auch die Vishnuiten erkennen an, daß es möglich ist, weiterzuleben, ohne weiteres Karma anzuhäufen. Letztlich, so betonen vishnuitische Asketen aber immer wieder, sei es Sache der Gnade Vishnus, ob man nach dem Tod befreit werde oder nicht. So ist denn auch das Ziel vieler, vielleicht der meisten indischen Asketen, nicht zu Lebzeiten erlöst zu werden, sondern Gottesnähe zu erreichen, Zuflucht zu erlangen und aus den Fesseln des Daseins und der Wiedergeburten errettet zu werden.

Gebete

Den verschiedenen Formen der hinduistischen und buddhistischen Meditation entspricht im Christentum und Islam am ehesten noch das Gebet. Dieses gehört denn auch zu den intensivsten Techniken der Gottesannäherung in theistisch geprägten Asketengruppierungen. Zu den wenigen Dingen, die Asketen besitzen dürfen, gehören Gebetsschnüre oder -ketten: Rosenkränze (lat. *rosarium*), die in einem Kreuz enden, Ketten aus heiligen Samen oder Kernen (Skt. *mālā*) oder islamische Gebetsschnüre mit neunundneunzig Perlen als Zeichen für die schönsten Namen Allahs. Im tibetischen Buddhismus sind Gebetsmühlen gebräuchlich, um eine Achse drehbare, zylinderförmige Behälter, auf oder in denen meist die Gebetsformel (Skt.) *Om mani padme hum* (etwa «Om, du Juwel im Lotus, hum»; *om* und *hum* sind unübersetzbare Anrufungssilben) angebracht ist.

Zu Recht weist der Religionswissenschaftler Gustav Mensching (1901–1978) darauf hin, daß der Buddha in seinen wohl wichtigsten Lebensphasen meditierte, während Jesus betete.[156] Und sein Fachkollege Friedrich Heiler (1892–1967)[157] hat darin deutliche Unterschiede in den Charakteren beider Stifter gesehen: der Buddha war wohl eher still, Jesus rief laut und vernehmlich zu Gott. Der Buddha tastete sich langsam und planmäßig aufsteigend zu einem höheren Bewußtsein vor, Jesus drängte es leidenschaftlich an Gott heran. Buddha versank allmählich in Gemüts- und Geistesruhe, Jesus sehnte sich nach dem Reich Gottes. Der Buddha ruhte in Gleichmut und impersonalem Sein, Jesus suchte das Gespräch mit Gott. Beim Buddha sehen wir ein Absterben aller Regungen, bei Jesus heftige Glücks- und Verzweiflungsgefühle. Der Buddha empfahl für den Erlösungsweg die Abgeschiedenheit und das asketische Verlassen des Hauses, Jesus wollte ebenfalls völlige Umkehr, aber keine asketische Selbstsuche. Dem Buddha kam es auf die Lehre von der Befreiung an, Jesus auf Glauben an Gott.

Die Meditation ist leer, allenfalls auf äußere Objekte, die *materia metandi*, den Körper oder Lehrsätze gerichtet, das Gebet hingegen auf Gott. Die Meditation ist stilles, wortloses Versunkensein, das Gebet oft eine vernehmbare, mitunter laute, wortgebundene Zwie- oder Ansprache. Meditation ist leidenschafts- und emotionslos, das Gebet innbrünstig bis leidenschaftlich. Gewiß, es sind dies idealtypische Gegensätze, und Gegenbeispiele fallen leicht ein: Nicht jedes christliche Gebet ist laut und leidenschaftlich, nicht jede buddhistische Meditation ist wortlos und leer. Bitten (Bittgebet), danken (Dankgebet), loben (Preisgebet), das ist nur möglich, wenn es ein personales Gegenüber gibt. Dieses wird aber im frühen Buddhismus geleugnet. Dennoch gibt es eine gewisse Nähe christlicher Kontemplation und Mystik zur buddhistischen Meditation. Denn auch dabei geht es vorrangig um die Beseitigung von störenden Sinneseindrücken, Leidenschaften und Gedanken, um vorbereitende Entleerungen, um die ruhende Einheit der *unio mystica*.

Beten und Handeln, *ora et* (!) *labora*, gehören im Christentum also eng zusammen. Hinzu kommt, daß das Gebet Wort ist, ein schweigendes, wortloses Gebet kann es nicht geben. Wörter aber verbinden nicht nur Menschen mit Gott, sondern auch Menschen untereinander. Das frühchristliche Gebet ist ganz wesentlich ein Gemeinschaftsgebet. Nicht von ungefähr stehen im Vaterunser die dritte, vierte und fünfte Bitte in der Wir-Form. Die hinduistische und frühbuddhistische Meditation ist eher eine Technik für Einzelne, das Gebet ist tendenziell monachisch. Das Gebet stellt die Betenden mitten in die Welt hinein und führt nicht aus ihr heraus. Der konkrete, weltliche, handelnde und leidende Mensch steht vor Gott und weiß sich von ihm ernst genommen und erhört. Es geht im Gebet darum, Kraft und Mut und Hilfe in der Welt und für die Welt zu gewinnen, und nicht um eine Distanzierung von ihr.

Aber: Obwohl Gott immer schon bei den Betenden ist, verfügen sie nie über ihn. Darum müssen sie um ihn beten beziehungsweise um sein Reich oder um seine Gegenwart. Gott ist immer im Modus des Gegenwärtigen *und* des Zukünftigen, des Anwesenden *und* des Unverfügbaren bei den Betenden. Darum ist Glaube nie ein Besitz, sondern in erster Linie Demut, wie auch die Benediktusregel deutlich sagt:

> Wenn wir mächtigen Menschen etwas unterbreiten wollen, wagen wir es nur in Demut und Ehrfurcht. Um wie viel mehr müssen wir zum Herrn, dem Gott des Weltalls, mit aller Demut und lauterer Hingabe flehen. Wir sollen wissen, daß wir nicht erhört werden, wenn wir viele Worte machen, sondern wenn wir in Lauterkeit des Herzens und mit Tränen der Reue beten. Deshalb sei das Gebet kurz und lauter; nur wenn die göttliche Gnade uns erfaßt und bewegt, soll es länger dauern. In der Gemeinschaft jedoch sei das Gebet auf jeden Fall kurz, und auf das Zeichen des Oberen hin sollen sich alle gemeinsam erheben. (Benediktusregel 20)

Alle christlichen Orden haben denn auch eine besonders intensive und asketische Gebetskultur hervorgebracht. So beginnen einige Orden das Chorgebet zur Mitternachtsstunde oder in frühen Morgenstunden (Vigil, wörtlich «Nachtwache») und setzen es in sogenannten Stundengebeten fort, das heißt öffentlichen, im Namen der Kirche von Mönchen zu bestimmten Tages- und Nachtzeiten verrichteten Gebeten und Gesängen: bei Sonnenaufgang Matutin oder Laudes («Gotteslob»), Prim (Morgengebet), Gebete zur dritten, sechsten und neunten Stunde (die sogenannten Horen: Terz, Sext und Non), Vesper (Abendgebet) und Komplet (Schlußgebet).

Ein weiterer Aspekt des asketischen Gebets ist die Tatsache, daß viele Entsager nicht die traditionellen liturgischen Sprachen verwendeten, sondern sich in den gesprochenen Sprachen an die Gläubigen wandten. Sie haben dadurch wesentlich zu religiösen Reformen beigetragen. Meister Eckhart verzichtete etwa oft auf das Latein und predigte und schrieb auch in Deutsch; zahlreiche Sufis verzichteten auf das koranische Arabisch, die meisten hinduistischen Dichterheiligen und der Buddha auf das Sanskrit. Stattdessen versuchten sie, sich in ihren Regionalsprachen und oft auch mit einfachen Worten verständlich zu machen. Damit bereicherten sie diese Sprachen mit einer eigenen Literatur.

Achtsamkeit: Kontemplation und Meditation

Nachdem der Buddha sich strenger Askese unterworfen und diese als die falsche Methode, zum Ziel der Erlösung zu gelangen, verworfen hatte, ließ er sich, so wollen es die Legenden, in einem Wald bei Uruvela (Nordindien) in vier Versenkungsstufen fallen. Dabei verschwanden zunächst jegliche sinnliche Lust und unheilvolle Regungen, wodurch sich Wohlbefinden einstellte. Dann führte das Aufhören von Nachdenken und Erwägen zu Befriedigung und Freude, zu Geistesruhe und Konzentration. Auf der dritten Stufe stellte sich ein gleichmütiges und achtsames Verweilen im Körper, eine Art physisches Wohlbehagen ein. Schließlich entstand Gleichmut ohne Freud und Leid, in Achtsamkeit und Reinheit.[158] In dieser Nacht erlangte Gotama im Alter von fünfunddreißig Jahren die Erleuchtung, wurde zu einem Buddha, wörtlich «der Erwachte».

Meditation, Versenkung, Kontemplation gehören zu bevorzugten Techniken asketischer Mystik. Ihre psychisch beruhigenden und heilsamen Wirkungen sind unbestritten. Allerdings ist das Objekt der Konzentration in den einzelnen Religionen verschieden. In theistischen Religionen bildet die Versenkung auf Gott oder ein Gottessymbol den Ausgangspunkt. Im Buddhismus und Teilen des Hinduismus ist dies hingegen nicht der Fall. Hier können zum Beispiel ein Klangwort *(mantra)*, das gegenwärtige Tun, ein Gegenstand, bildliche Darstellungen (zum Beispiel *mandala*, *yantra*), Symbole, der Buddha, die Lehre oder wie im Zen-Buddhismus ein paradoxer Sachverhalt (jap. *kōan*) den Mittelpunkt der Meditation bilden. Kanonisch sind etwa Zehn Vergegenwärtigungen (Pāli *anussati*, wörtlich Erinnerung), das heißt Kontemplationen über (1) den Buddha, (2) den Dharma beziehungsweise die Lehre, (3) den Sangha beziehungsweise die Gemeinde, (4) Sittlichkeit, (5) Freigebigkeit, (6) Gottheiten, (7) Tod, (8) den Körper, (9) das Ein- und Ausatmen, (10) Frieden.

Primäres Ziel der meisten Meditationsübungen ist Geistes- und Gemütsruhe. «Meditation» kommt von lat. *meditari*, «(diskursiv) nachdenken», bedeutet aber meist das Ruhen der Gedanken. Das buddhistische System der Meditation umfaßt unter anderem «Erzeugen [von Gemütsruhe *(shamatha)* oder Hellblick (*vipashyanā*)]» (*bhāvanā*), «Versenkung» (Skt. *dhyāna,* chin. *ch'an*, jap. *zenna* oder *zen*), «Betrachtung» *(samāpatti)* und «Sammlung» *(samādhi).*

Wird die spirituelle Praxis intensiv betrieben, setzt sie meist eine ethische Änderung des Lebens oder der Einstellung zum Leben voraus. Dies kann von einer Umstellung der Ernährung bis hin zu einem strengen asketischen Leben reichen. Das Heil stellt sich nur ein, wenn der Geist durch rechte Taten vorbereitet ist:

> Segensreich und fruchtbringend ist Meditation (Skt. *samādhi*), wenn sie von rechtem Verhalten getragen ist, segensreich und fruchtbringend Erkenntnis (*prajñā*), wenn sie auf Meditation beruht, und von solcher Erkenntnis durchdrungen, wird die Seele frei von allem Wahne der Weltlust, des Weltenseins und des Irrtums.[159]

Auch für die Meditationstechniken bildet der Dualismus von Geist und Körper beziehungsweise Materie die Grundlage – ein Dualismus, der als Leid verursachend angesehen wird. So beruht das traditionelle System des Yoga (Skt., wörtlich «Anschirrung», das heißt die Anspannung des Geistes; davon *yogin* beziehungsweise *yogi*, wörtlich «derjenige, der Yoga ausübt; Asket») auf der Philosophie des Sāmkhya, die von einem Dualismus von Geist (Skt. *purusha*) und (Ur-)Materie (*prakriti*) ausgeht.[160] Dabei ist der wandlungslose, ewige, allgegenwärtige Purusha reines geistiges Licht, reines Bewußtsein, sich selbst genügend, aber nicht etwa das Bewußtsein von etwas. Die Prakriti hingegen ist aktive, ungeistige Materie, ewig, allgegenwärtig und unwahrnehmbar fein; sie ist aber auch Denken, Wollen, Fühlen, denn sie umfaßt physische *und* psychische Dinge.

In diesem System haben psychische Eigenschaften also dinglichen Charakter; sie können als feinstoffliche, aber nicht grobmaterielle Substanz anderen Dingen anhaften. Erst wenn sich Prakriti und Purusha verbinden, entsteht – scheinbar! – Körperlichkeit und Individualität, genauer gesagt Individuationen des Purusha, (Skt.) *jīva* und verwirrenderweise ebenfalls *purusha* genannt. Dennoch ist der Purusha nicht vom Bewußtsein der Individualseelen abhängig, auch können die Individualseelen nicht mit ihm vereint werden. Denn dann wäre er abhängig von der Vergänglichkeit der Individuen. Deshalb muß es beides, Purusha und Individualseele, unabhängig und nicht kausal aufeinander bezogen geben, aber sie müssen doch miteinander identisch sein können. Im Sāmkhya kann diese Identität nur nicht-gedanklich, eben mystisch erfahren werden: vom Erlösten, im Tiefschlaf oder in den Dämmerepochen zwischen den vier Weltaltern. Wenn diese Zusammenhänge aber erkannt sind, dann erlöscht auch die unheilvolle Verbindung zwischen Purusha und Prakriti, dann ist Erlösung erreicht.

Nur weil der Mensch dazu neigt, seine eigene (materielle, vergängliche) Seele, also seine Gedanken, Empfindungen und Wahrnehmungen, für den reinen Geist (Purusha) zu halten – die Wesensverwandtschaft verführt ihn dazu –, ist er alternd und sterblich, eben vergänglich. Die Lehren von Upanishaden, Sāmkhya-Yoga, Advaita-Vedānta, Jinismus und Buddhismus besagen aber trotz aller Unterschiede, daß derjenige, der das richtige Bewußtsein hat, sich mit dem unvergänglichen reinen Geist identifizieren und damit von jeder materiellen Kausalbindung befreien kann. Voraussetzung dafür ist eine äußere und innere, moralische und meditative Vorbereitung. *Eine* solche Technik bietet der Yoga, dessen Wurzeln in das 2. Jahrhundert v. Chr. zurückreichen.

Zunächst gilt es, die Aktivitäten des Geistes zu erkennen, die belastend *(klishta)* oder nicht-belastend *(aklishta)* sein können. Belastend sind sie etwa durch Unwissenheit, Egoismus, Abhängigkeit, Abneigung beziehungsweise Haß oder instinkthaftes Beharren. Die Belastung besteht im Erzeugen von Leidhaftigkeit oder von Wiedergeburtsstoff *(karma)*. Die Belastungen können durch Bemühen um Loslösung in einem Prozeß von acht Stufen aufgehoben werden.

Die beiden ersten Stufen betreffen die moralische Vorbereitung: (1) *Yama*, «(äußere) Selbstbeherrschung», durch Praktizieren von Gewaltlosigkeit *(ahimsā)*, Wahrheit *(satya)*, Ehrlichkeit (*asteya*, wörtl.: «Nicht-Stehlen»), Keuschheit *(brahmacarya)* und Besitzlosigkeit (*aparigraha*); (2) *Niyama*, «(innere) Selbstzucht», durch Reinheit (*shauca*), Zufriedenheit *(santosha)*, Askese *(tapas)*, eigenes Studium *(svādhyāya)*, Rezitation der heiligen Silbe *om* und Gottesverehrung *(īshvarapranidhāna)*. Dann folgen drei Stufen der physischen Vorbereitung: (3) *āsana*, «Körperhaltung»: besonders Sitzpositionen (zum Beispiel «Lotossitz», «Löwensitz»); bis zu vierundachtzig Positionen werden gelehrt, vor allem im Hathayoga; (4) *Prānāyāma*, «Atemzügelung»: Regelung des Ein- und Ausatmens sowie der Atemfrequenz; (5) *Pratyāhāra*, «Rückzug (der Sinne)»: Trennung der Sinnesorgane von den Sinnesobjekten. Die drei letzten Stufen bilden die Meditation im engeren Sinne: (6)

Dhāranā, «Festhalten»: Konzentration auf ein Objekt, um die Gedanken zum Stillstand zu bringen; (7) *Dhyāna*, «Versenkung», Meditation: Loslassen der Gedanken; (8) *Samādhi*, «Konzentration», die höchste Stufe der Versenkung: Erlebnis der Nicht-Verschiedenheit von Geist und Materie, dadurch Befreiung der Seele.

Auch die buddhistischen Versenkungen[161] sind durch Körper- und Atemübungen, Konzentrationsübungen sowie intuitive Erkenntnisübungen, die zu einer besonderen Klarsicht führen, gekennzeichnet. Die mönchische Theravāda-Tradition unterscheidet dabei zwei Formen der zahlreichen Meditationsübungen: Erstens Konzentrationsübungen, die der Schulung von Wachsamkeit dienen. Diese Übungen werden im allgemeinen als Training in höherem Denken *(adhicitta)* bezeichnet; sie führen zu innerer Ruhe *(shamatha)*. Zweitens Erkenntnis- und Bewußtseinsübungen, die als Training in höherer Weisheit *(adhiprajñā)* bezeichnet werden und zu einer unterscheidenden Einsicht *(vipashyanā)* in die Vier Edlen Wahrheiten führen. Am Ende steht dann die Loslösung *(vimukti)* beziehungsweise die Erlösung *(nirvāna)*.

Außerdem unterscheiden die Theravādins Stärkegrade der Meditation. Durch vorläufige beziehungsweise vorbereitende Meditationen, bei denen etwa einem Gegenstand volle Aufmerksamkeit geschenkt wird, wird nur eine vorläufige oder angrenzende Konzentration erreicht. Diese ermöglicht zwar die Entwicklung übernatürlicher Kräfte *(siddhi)* wie das Herbeiführen von Göttererscheinungen und die Fähigkeit, sich nach Belieben zu vervielfältigen oder durch Mauern zu gehen, und übernatürlicher Kenntnisse *(abhijñā)* wie das Gedankenlesen, die Erinnerung an frühere Geburten oder das himmlische Auge, nicht aber den Eintritt in die Vier Versenkungsstufen, der nur bei einer vollen Konzentration möglich ist.

Bei den Achtsamkeitsübungen (Skt. *smrityupasthāna*, Pāli *satipatthāna*) wird die Aufmerksamkeit nach und nach auf den Körper, die Empfindungen, den Geist und die Gegebenheiten *(dharma)* gerichtet. Dazu gehören etwa Übungen, bei denen man sich ganz auf einen sichtbaren Gegenstand beziehungsweise dessen Bewußtseinsbild (Pāli *kasina*) konzentriert, bis man einen Reflex bei geschlossenem oder offenem Auge wahrnimmt. Geeignet sind etwa die Elemente, Farben, ein Licht oder ein begrenzter Raum. Ebenfalls der Meditation dienen können auch sogenannte Ekelübungen (Pāli *ashubha*, wörtlich: «nicht schön(e Übungen)»): etwa Meditationen über die Verfallszustände eines Leichnams – vergleichbar einem *Memento mori* –, die zur Befreiung von sexueller Lust führen und für Menschen geeignet sind, die zur Erregung neigen. In das ausgefeilte System verschiedener Meditationsübungen fallen auch Vier Rechte Bemühungen (Skt. *samyakpradhāna*, Pāli *sammappadhāna*), durch die zukünftige unheilsame Gegebenheiten vermieden und vorhandene beseitigt, zukünftig heilsame aber hervorgerufen und gegenwärtige heilsame gefördert werden.

Der Buddha war darauf aus, daß asketische und meditative Übungen nicht schmerzhaft sein und in guter körperlicher Verfassung erfolgen sollen. Selbstgeißelung und -kasteiung hat er als untaugliche Mittel zurückgewiesen. Alle Übungen haben letztlich ein gnostisches Ziel: Aus Erkenntnis ergibt sich Erlösung. Meditation ist für den Buddha nicht eine Technik der Selbstfindung oder des Wohlbefindens, sondern der Selbst-Losigkeit, die spirituelle Verwirklichung des Nicht-Selbst. Aber das Nirvāna ist letztlich unverfügbar, es stellt sich ein; keine Technik kann es erzwingen.

Schweigen und Leere

«Normal» ist es zu reden, miteinander zu reden, ins Gespräch zu kommen. Asketen aber wollen nicht kommunizieren, allenfalls mit Gott, und daher ist Schweigen für sie eine ebenso angemessene wie beliebte Ausdrucksform. Sie schweigen als Selbstprüfung oder um die Gedanken anzuhalten und absolute Leere zu erfahren.[162] Die Vorschriften reichen vom Schweigen zu bestimmten Tageszeiten bis hin zum jahrelangen oder gar lebenslangen Schweigegebot und teilweise auch Kommunikationsverbot, etwa beim Schweigegelübde (Skt. *maunavrata*) hinduistischer Asketen. Dieses Schweigen gilt als härteste aller asketischer Praktiken, und es ist, wenn es jegliches Kommunizieren, also auch Zeichensprache oder das Aufschreiben von Mitteilungen, verbietet, die deutlichste Abkehr von der Gesellschaft, die sich nicht organisieren kann, ohne miteinander zu reden.

Das Wort ist – zeitweilig selbst im Christentum – verdächtig, nicht wirklich der Transzendenz anzugehören. Es hat Anfang und Ende, es wird von sterblichen Menschen gesprochen, es verhallt, kann nur vom hörenden Gegenüber gehört und dazu noch mißverstanden werden.

Das Wort steht in Zeitlichkeit und Räumlichkeit, in Beweglichkeit und Sterblichkeit, nicht aber in Ewigkeit.

Es versteht sich, daß selbst die schweigsamsten Asketen untereinander und mit der Welt in Kontakt treten müssen, wenn sie sich organisieren. So hat es zahlreiche Ausnahmen vom absoluten Schweigegebot gegeben: Zeiten, in denen geredet werden darf, besondere Mönche, etwa die Konversen, denen bei ihrer Arbeit das Reden nicht verwehrt war, oder nonverbale Mitteilungen, zum Beispiel Zeichensprachen oder das Aufschreiben bei den Kartäusern.

Schweigen als asketische Tugend wendet sich zunächst einmal gegen die Geschwätzigkeit, das Gerede der Menschen oder den Bruder Lustig. Das Reden von überflüssigen Dingen lenkt vom einzigen Ziel ab, das sie haben: das Reden mit Gott. Das stille oder laute Gebet ist denn auch selbst bei den typischen «Schweigeorden», den Zisterziensern und besonders den Kartäusern, nicht in Frage gestellt worden, wohl aber das Reden untereinander, das unnütze Gerede. Die Regeln für das Schweigen spiegeln diese Haltung wieder, besonders das sechste Kapitel der Benediktusregel:

> Tun wir, was der Prophet sagt: «Ich sprach, ich will auf meine Wege achten, damit ich mich mit meiner Zunge nicht verfehle. Ich stellte eine Wache vor meinen Mund, ich verstummte, demütigte mich und schwieg sogar vom Guten.» Hier zeigt der Prophet: Man soll der Schweigsamkeit zuliebe bisweilen sogar auf gute Gespräche verzichten. Um so mehr müssen wir wegen der Bestrafung der Sünde von bösen Worten lassen. Mag es sich also um noch so gute, heilige und aufbauende Gespräche handeln, vollkommenen Jüngern werde nur selten das Reden erlaubt wegen der Bedeutsamkeit der Schweigsamkeit. Steht doch geschrieben: «Beim vielen Reden wirst du der Sünde nicht entgehen», und an anderer Stelle: «Tod und Leben stehen in der Macht der Zunge.» Denn Reden und Lehren kommen dem Meister zu, Schweigen und Hören dem Jünger. Muß man den Oberen um etwas bitten, soll es in aller Demut und ehrfürchtiger Unterordnung erbeten werden. Albernheiten aber, müßiges und zum Gelächter reizendes Geschwätz verbannen und verbieten wir für immer und überall. Wir gestatten nicht, daß der Jünger zu solchem Gerede den Mund öffne. (Benediktusregel 6)

Das radikale asketische Schweigen dient aber auch dem Vergessen der dinghaften, immanenten Welt und hilft, den Fluß der Gedanken zu stoppen. Hier geht es nicht um die Verweigerung von Kommunikation, sondern um Technologien der inneren Stille und Konzentration, die besonders im Zen-Buddhismus praktiziert werden. Innere Ruhe stellt sich im regungslosen Sitzen, bei kontrollierter Atmung und im Schweigen ein. Selbst beim Bewegen der geschlossenen Augen entstehen Gedanken, heißt es im Zen.[163] Daher gilt es, alles zum Stillstand zu bringen, alles zu fixieren, indifferent werden zu lassen. Dann entsteht Nichtzweiheit, Differenzlosigkeit und jene Leere (Skt. *shūnyatā*), in der sich Erlösung einstellen kann. Dieser Zustand, das Nirvāna oder Satori, ist selbst nicht aussprechbar.

Die indischen Traditionen des Schweigens reichen bis in die vedischen Zeiten zurück. «Schweiger» (Skt. *muni*) nannte man schon früh die Asketen. Besonders vom Buddha ist überliefert, daß er trotz seiner zahlreichen Predigten geschwiegen hat, wenn es um bloß intellektuelle, nicht der Erlösung dienende Fragen ging.[164] Ein Erleuchteter, sagt er, stimmt weder zu noch lehnt er ab, er diskutiert nicht, sondern hat keinen Standpunkt. Der Buddha beharrte daher nicht auf einer Buchstabentreue seiner Lehre. Das Wort, selbst wenn es vom Buddha stammt, gehört im Buddhismus dem Bedingten, Vergänglichen und damit Leidvollen an. Der Buddha schwieg, weil die Höchste Realität für ihn nicht Worte brauchte, nicht Gottes Wort und nicht der Menschen Wort; wäre sie davon abhängig, könnte sie nicht Höchste Realität sein. Auch das Christentum hat sich bekanntlich in seinen mystischen Richtungen ähnlichen Gedanken geöffnet: «Nein! Laß es dir gesagt sein: völlige Stille, völlige Leere, das ist dein Allerbestes», hat Meister Eckhart gesagt.[165] Nur in dieser Stille kann Gott sein, kann der Mensch Gottes Sohn sein.

Der Buddha wollte aber auch nicht, wie er selbst sagte, etwas in der verschlossenen Hand halten.[166] Er war weder Zyniker noch Nihilist, ihm kam es allein auf die Erlösung an. Der Buddha schwieg nicht deshalb, weil er etwas nicht wußte oder verbergen wollte, weil er den Menschen für unfähig hielt, die Höchste Realität zu erfassen, weil er dieses Erkennen nur für den Spezialisten möglich hielt oder weil er das Jenseits oder das Höchste für nicht mitteilbar hielt. Der Buddha schwieg, weil er meinte, daß diese höchste Wirklichkeit leer (Skt. *shūnya*) sei, weil alles Reden vergänglich ist und daher leidvoll und daher nicht der Erlösung dienlich, weil er daher das lästige, dumme Fragen zum Verstummen und das Leerlaufen der Gedanken zum Ende bringen wollte. Der Buddha konnte und wollte nicht eine Welt in Worte fassen, die nicht von dieser Welt und damit in Worte faßbar ist. Dennoch verwies sein Schweigen auf diese Welt, und so war es wie alles asketische Schweigen ein beredtes Schweigen.

VI. Wozu noch Askese?

Askese als religiöser Dauerhabitus – das heißt als lebenslanger Ausstieg aus Haus, Familie und Besitz, als Zölibat und ein Leben hinter Klostermauern, war und ist nicht das Ziel der Mehrheit der Menschen. Für Einzelne indes bot und bietet sie eine Alternative. Strenge Askese hat im Westen und zunehmend auch in Indien jene Attraktivität verloren, die zeitweise Scharen von Männern und Frauen in die Orden und Asketengemeinschaften trieb. Die Gründe dafür sind vielfältig und alt. Askese ist immer von Kritik begleitet worden. Sie sei Undank gegenüber der Natur, körperfeindlich, gegen die Schöpfung gerichtet. Zügelung der Leidenschaften und Sinne wollte man gerne hinnehmen, aber das Abtöten des Körpers war und ist nicht jedermanns Sache.

Nietzsche hat die Kritik an der Askese in bissigen Worten auf den Punkt gebracht. Er hielt Asketen für egoistisch, nur auf ihr eigenes Heil bedacht und daher unmoralisch, eitel in der Zurschaustellung ihres Glaubens. Er bezeichnete sie als Apologeten des Nichts. Für ihn ist Entsagung ein Selbstwiderspruch: «Leben *gegen* Leben».[167] Er betrachtete Asketen als humorlose «Repräsentanten des Ernstes», Schwache, die neidisch sind auf die Gesunden, getragen von einem tiefen Mißtrauen gegen sich selbst und trotz aller Kasteiung bestimmt von einer Ausschweifung der religiösen Gefühle:

> Ins große gerechnet, so hat sich das asketische Ideal und sein sublim-moralischer Kultus, diese geistreichste, unbedenklichste und gefährlichste Systematisierung aller Mittel der Gefühls-Ausschweifung unter dem Schutz heiliger Absichten, auf eine furchtbare und unvergeßliche Weise in die ganze Geschichte des Menschen eingeschrieben; und leider *nicht nur* in seine Geschichte. (F. Nietzsche, Genealogie der Moral, III.21)

Nietzsches Kritik trifft auch heutige Vorbehalte. Asketen gelten als hohlwangige Miesepeter, die ohne Freude sind, oder, schlimmer noch, auch anderen den Spaß am Leben verderben wollen, Pessimisten, die überall das Ende der Welt oder Gefahren für Leib und Seelenheil sehen, kühle Verächter der Sinnesfreuden und der Sexualität. So stehen sich zwei Weltanschauungen gegenüber, die kaum zueinander passen, obgleich sie jeder, auch der Asket, in sich selbst auszutragen hat: auf der einen Seite Gott, Transzendenz, Jenseitigkeit, Geist und Idealismus, auf der anderen Seite Gesellschaft, der Mensch, Immanenz, Diesseitigkeit, Körper und Natur.

Wer auf Gott, Jenseits oder Geist verzichtet, der braucht keine Askese. Aber aus asketischer Sicht ist sein Verzicht ein Verlust. Für Entsager ist Askese eben nicht Verzicht, sondern Gewinn: Erst diese macht den Menschen zum Menschen, unterscheidet ihn vom triebhaften Tier, gibt ihm Würde und Gottesebenbildlichkeit. Askese macht in ihren Augen unabhängig von den Fesseln des Lebens, befreit von den Trieben, der Sexualität, den Täuschungen des Mammons und den Unzulänglichkeiten des Körpers. Askese führe darüber hinaus – so viele religiöse Aussteiger – zu Seelenfrieden, Zufriedenheit, Glück und Erlösung. Letztlich befreie Askese also von der Sterblichkeit, dem Tod und dem Wiedertod. Eben diesen «Willen zur Wahrheit» hat Nietzsche als «Wille zum Tod» bezeichnet. Etliche Asketen sehen in ihrem Leben eben keinen Eskapismus und auch nicht eine Weltabwendung, sondern die Hinwendung zu anderen Welten, zu einem besseren, höheren, tieferen, erfüllteren und geistigen Sein. Für sie ist Entsagung nicht Einsamkeit und Abgeschiedenheit oder Isolation, sondern Gottesnähe und Gemeinschaft der Seligen. Ihnen geht es nicht um die Abwertung des Körpers, sondern um dessen Zähmung und Beherrschung. Sie sehen sich nicht als Apologeten des Nichts, sondern der Fülle. Sie leben nicht gegen das Leben, sondern für ewiges Leben. Sie betrachten sich nicht als Feinde der Schöpfung, sondern als ihre Erfüller.

Da stehen sich beinahe unvereinbare Haltungen gegenüber. Und die Frage Nietzsches gilt noch immer: Um wieviel besser werde ich dadurch, daß ich leide? Wozu also noch Askese? Ein Grund wäre: wenn schon nicht der Gottesnähe, dann der Natur und der Gesundheit wegen.

In maiorem naturae gloriam: Konsumverzicht und Öko-Askese

Natur ist nicht Gott, und doch scheint es Anzeichen für eine neue Religion zu geben, deren Gott die bloße Natur ist.[168] In ihrem Namen wird eine neue Askese propagiert, die zwar nicht in mönchischen Gewändern daherkommt und Zölibat oder Besitzlosigkeit fordert, die aber auch viel abverlangt: (Konsum-)Verzicht *in maiorem naturae gloriam*. Der Mensch soll sich mit weniger begnügen. Weniger ist mehr, «small is beautiful».[169] Er soll Überfluß vermeiden, weniger Müll produzieren, weniger Auto fahren, weniger reisen, weniger essen, trinken, rauchen.

Unterläßt er diesen Verzicht, wird Schlimmes angedroht: der Kollaps der Ökosysteme und damit der Lebensgrundlagen von Mensch und Tier. Naturkatastrophen gelten als Rache der Natur. Die Rede ist von Umweltsündern und Umweltengeln, von Gesundheitsaposteln, Ökoheuchlern und selbst von Ökofundamentalisten. Naturschutz kommt in die Präambeln der westlichen Verfassungen, macht dort «Gott» seinen Platz streitig. Auch gibt es Versuche, die aus dem Chaos entstandene griechische Göttin Gaia («Erde») als moderne, entpersonalisierte Göttin Natur wiederaufleben zu lassen. Die neuen Asketen verlangen: Die Natur soll unberührt, gewissermaßen «keusch» bleiben. Nicht Gott zuliebe, sondern ihr selbst zuliebe. So ist Natur dem modernen, säkularen Menschen zum Paradies geworden, zum einzigen «Jenseits», das ihm verblieben ist.

Aber der moderne Mensch trägt ein ererbtes Dilemma mit sich: ohne Arbeit keine *certitudo salutis*, keine Heilsgewißheit auf den jenseitigen Garten. Eben diese Arbeit erweist sich jedoch in den Augen der Naturasketen als eine weitgehend sinnlose, entfesselte Triebkraft, kurzfristig für das Wohlergehen der Menschen, langfristig aber für die Zerstörung der Natur. Und so meint er, wenn er von Natur redet, fast immer auch das Ende der Natur, als deren Retter er sich in Szene zu setzen versucht: Rettet den Wald, rettet die Auen, rettet die Wale …

Solche Parolen sind geschrieben gegen Szenarien vom Kollaps der Natur, gegen unerträgliche Höllenvisionen vom Ende der Menschheit, gegen immer neue Berechnungen vom Zusammenbruch des Ökosystems, gegen die drohende Klimakatastrophe oder die latent riskierte atomare Selbstvernichtung. Der Wald stirbt, die Flüsse sind vergiftet, die Luft ist verpestet, der Himmel voller Löcher. Zwar sind wir seit der Offenbarung des Johannes an apokalyptische Visionen und Reden gewöhnt. Doch was in der Moderne fehlt, ist – wie der Literaturwissenschaftler Hartmut Böhme gezeigt hat[170] – das Heilsversprechen für die Zeit danach, eben *apokalypsis*, und sei es auch nur ein esoterisches, mitgeteilt *en pneumati*,[171] also in Ekstase, im Geist oder als Vision, aus einer erwählten Position. Das Erhabene der Vernunft, welches als naturwissenschaftlicher Fortschritts*glaube* das Erbe dieser Heilsversprechen einzunehmen schien, erweist sich zunehmend als wenig tröstend, eher schon als Quelle des Untergangs. Was bleibt, ist die Abwertung der Gegenwart, ohne Aussicht auf Zukunft, ohne Hoffnung, ohne Utopien, belastet mit den Schrecken der jüngeren Vergangenheit oder, fast noch schlimmer, mit der Trauer um den Verlust des durch den Sündenfall verschlossenen Weges zurück in den Garten Eden. Was bleibt, ist die nackte Angst vor dem nahen Weltende, die Angst vor dem wahrhaft apokalyptischen Tod.

So wird die Natur als unerreichbar verklärt und eine religiös verstandene Harmonie der Natur konstruiert, «ökologisches Gleichgewicht» genannt, in der sich der Mensch nur als Zerstörer sehen kann. Gerne redet er dabei von Genesis 1,28 («Macht euch die Erde untertan») oder vom christlichen Sündenfall. «Das Wohlergehen und das Blühen des menschlichen und nichtmenschlichen Lebens auf der Erde hat einen Wert in sich selbst. Dieser Wert ist vom Nutzen für den Menschen unabhängig»[172], lautet ein Grundsatz dieser asketischen Glaubensrichtung, die sich «Tiefenökologie» nennt.

Denn selbst wenn sich die düsteren Prognosen bewahrheiteten, das Schlimmste wäre, was Lévi-Strauss in den *Traurigen Tropen* in den lapidaren Satz gebracht hat: «Die Welt hat ohne den Menschen begonnen und wird ohne ihn enden.» Nur eine anthropozentrische Sicht, deren Hauptinteresse am Umweltschutz ist, die Gattung Mensch überleben zu lassen, läßt dabei Wehmut aufkommen. Der Natur ist es egal, ob die Gattung Mensch da ist oder nicht. Tierschutz ist – im Westen – nur anthropozentrisch begründbar (das Tier als fühlendes Wesen), Artenschutz gar nur theologisch oder eben tiefenökologisch, denn Artenvielfalt oder ökologisches Gleichgewicht kann im Grunde nur unter Berufung auf die vollendete Schöpfung oder wieder mit dem Überlebensinteresse des Menschen gerechtfertigt werden. Es fragt sich ja, für wen das Gleichgewicht gefordert wird. Der Fisch jedenfalls profitiert von der Sintflut (soll Ernst Jünger gesagt haben).

Die Natur selbst zerstört sich nicht, sie verändert sich. Wenn der Mensch im Eigeninteresse in diese Veränderungen eingreift, kann ihm das keiner verbieten, es sei denn, man argumentiert von einer Position der Erwählung her. Wohl aber können die Menschen sich die Form der Eingriffe untereinander streitig machen, und das geschieht ja auch. Dabei wird nicht nur die Natur zerstört, sondern auch der Mensch. Gefordert wird also eine umfassende Schonungsethik für die Natur, durch welche Handlungsfolgen einer ausbeuterischen, zügellosen Wirtschaftsethik abgeschwächt werden. Nun haben vor allem die Asketenkreise der drei Hochreligionen Indiens (Vedismus-Hinduismus, Buddhismus und Jinismus) die wohl radikalste Schonungsethik der Welt entwickelt. Ihren bekanntesten Ausdruck hat sie im *ahimsā*-Gedanken gefunden, das asketische Gebot zur Nichtverletzung von Lebewesen, das durch Mahatma Gandhi eine friedenspolitische Variante im Prinzip der absoluten Gewaltfreiheit bekommen hat.

Auf welchem Naturkonzept die indische Schonungsethik beruht und welche weiteren Handlungsmaximen daraus abgeleitet wurden und werden könnten, ist kaum bekannt. Aber wenn Menschen selbst Pflanzen für leidensfähig halten oder Jaina-Mönche nicht einmal im Wasser plantschen oder Luft fächern – aus Angst, unsichtbare Kleinstlebewesen zu töten –, dann ist das nicht ein Kuriosum der Weltgeschichte und Teil indisch-asketischer Absonderlichkeiten, sondern das Extrem einer (Um-)Welthaltung, von der vielleicht zu lernen ist.

Die Sorge für sich selbst

Die Schriftstellerin Juli Zeh (*Die Stille ist ein Geräusch – Eine Fahrt durch Bosnien*) hat in einem *Spiegel*-Essay eine «neue Bescheidenheit» beschrieben, die sie das Gregor-Prinzip nennt.[173] Gregor war ein Student der Betriebswirtschaft, der als Motiv für sein Studium angab:

> Ich will eine goldene Kreditkarte, mit meinem Namen darauf und einen Porsche 911 mit einer blonden Frau darin. (…) Ein materialistischer Mensch in einer materialistischen Welt, ohne Begeisterung, ohne Ideen, ohne Werte. Wenigstens machte er keinen Hehl aus seinem umfassenden Desinteresse gegenüber Dingen, deren monetärer Gegenwert im Unklaren liegt.

Gregor ist also ein moderner Mensch, keinesfalls ein Asket. Aber nach zwei Prädikatsexamen und einer Stelle bei «Whoever & Whoever Incorporated» merkt auch er, daß alles Wichtige nicht käuflich ist und Verzicht Freiraum verschafft. Gregor liegt damit im Trend: Verzicht auf ein Zuviel an Konsum und Besitz, eine «gesunde» Mischung von Haben und Sein, auch ein wenngleich noch zögerlicher Karriereverzicht, eine «neue Lust an der Askese», die der Soziologe Reimer Gronemeyer beobachtet hat. Das Gregor-Prinzip scheint selbst bei Jungmanagern ausgedient zu haben. Was ist mit Gregor geschehen?

> Wer viel fragt, wird von F. [einer anderen Figur in dem Essay von Juli Zeh] mit einer Theorie bestraft: Es ist ganz einfach: Unsere Gesellschaft fällt sukzessive vom Glauben ab. Der Tod Gottes liegt lang zurück, auch die Trauerzeit ist vorbei. (...) nach der Emeritierung von Religion und Politik verlieren nun die Götzen der Wirtschaft an Sinn stiftender Kraft. Die Abkehr vom Wirtschaftlichen ist die letzte Stufe eines logischen Dreischritts. Wir glauben nicht mehr daran, daß Mars mobil macht, Edeka besser als Aldi ist und in tollen Autos tolle Typen sitzen. Abgesehen von global organisierter Globalisierungsgegnerschaft gibt es eine stille, private und gerade deshalb ernst zu nehmende Verweigerung. Sie speist sich aus der Erkenntnis, daß, wer kein Geld verbraucht, auch keines verdienen muß. Irgendwann muß schließlich zu Ende geführt werden, was die Aufklärung angezettelt hat. Sich mit Ersatzsystemen durchschlagen – das kann jeder.

Gronemeyer spricht von einer «modisch-entleerten Lifestyle-Askese», einer «Lebensform der postindustriellen Eliten»: «Manager regenerieren sich nicht in der Karibik, sondern zwischen Klosterkalk, bei Fastenkuren und in Meditationen versunken.»[174] Askese verkommt zu einem Trend und zu einer Mode.

Der Schriftsteller Burkhard Spinnen sieht Askese hingegen als Vorbereitung auf den Tod und als eine Kunst des Sterbens im Leben, als Konstruktion von Identität und Endlichkeit:

> Es wird einer neuen Askese auch um Identität gehen, aber sie wird die früher angestrebte Gottnähe durch eine Eigen-Konstruktion ersetzen müssen. Das alte Ziel ist heute nicht mehr zu haben, Gott ist dem Rationalismus zum Opfer gefallen. Doch an die Stelle einer persönlichen Erlösungsgeschichte wird vielleicht die Vorstellung von einer gelingenden Individualgeschichte treten. Es wird der neuen Askese darum gehen, das Buch des eigenen Lebens mit Blick auf dessen wichtigste Stelle zu schreiben: auf den Schluß; denn eine gelingende Individualgeschichte ist ganz unbedingt vom Ende her zu denken. Dazu heißt es, ab einem bestimmten Punkt des eigenen Lebens die noch landläufige und vollkommen selbstverständliche Anwartschaft auf eine Unendlichkeit der eigenen Existenz aufzugeben. Das ist bitter und ein größerer Verzicht, als der auf ein Gut oder einen Genuß heute sein könnte.[175]

Askese als kynische Asketik, als gezügelter Gebrauch der Lüste, eine Pflege seiner selbst – das ist noch möglich. Es ist eine Sorge um sich selbst, bei der man von der antiken Asketik und den alten asketischen Technologien lernen kann. «Technik» in diesem Sinne ist nichts anderes als eine gesteuerte, systematische Arbeit an sich selbst. Sie lohnt sich, denn die Ziele dieser neuen Askese sind Ruhe und die Freiheit von den Zwängen der Wohlstandsgesellschaft, diesem Fit-Sein-, Reisen-, Vergnügen-, Essen-, Lieben-, Schenken-, Alles-sauber-halten-*Müssen*. Man verzichtet auf Fernsehen, Konsum, Arbeit, Putzen, Hektik, weil man es sich leisten kann. Man verweigert die Anschaffung und den Gebrauch von Dingen, die weder nützlich noch nötig sind. Man wird langsamer, sparsamer und steigt aus dem Druck der Konventionen aus.

Das ist nicht mehr Askese der Gottesnähe wegen. «Eigentliche», besser: religiös motivierte Askese als vorsätzlicher, lebenslanger Verzicht auf Sexualität, Familie, Haus und Besitz ist im Westen – von Einzelfällen abgesehen – kaum mehr möglich. Wo der Glaube an Gott geschwunden ist, ist es wenig sinnvoll, Weltferne und Gottesnähe anzustreben und dafür den Körper zu kasteien. Peter Sloterdijk schreibt dazu: «Der moderne Westen hat keine Mönche, und die letzten Mönche haben keine Wüste! Die säkulare Zivilisation hat sich so selbstgewiß als Universum der Bedürfnisbefriedigung etabliert, als hätte es nie einen Einbruch der Verzichtenden in die Zivilisation gegeben. Die für sich gesetzte Welt ist so durchdrungen von der Gewißheit, daß alles, was der Fall ist, daß *fuga mundi* und Versuche, den Fall umzukehren, in ihr nur noch als bizarre Ideen auftauchen können.»[176]

Wo aber ist das Mönchtum geblieben? Gibt es tatsächlich keine asketischen Bedürfnisse mehr im Westen? Noch einmal Peter Sloterdijk: «Was machen ‹Mönche› in einer Zeit ohne Klöster?»[177] Die Frage setzt ein asketisches Urbedürfnis[178] oder einen asketischen Archetypen[179] voraus. Beide Annahmen widersprechen den Tatsachen: Weder läßt sich der weltflüchtige Asket überall nachweisen noch ist der innere Mönch (Panikkars) gleichbedeutend mit dem radikalen Ausstieg jener Asketen, die alles Liebgewordene verlassen. Die Welt, die sich selbst nicht transzendiert, die auf nachtodliches Leben und Jenseits verzichtet, die den Tod leugnet, Sterblichkeit verdrängt, kann nicht verlassen werden. Sie ist oder sie ist nicht, und aller Ausstieg bleibt immanent. Die neue Innerlichkeit, Esoterik genannt, ist keine Askese im traditionellen Sinn, wo es fast immer und vor allem um die Bewältigung von Tod und Sterblichkeit ging. Seinsvergessenheit, Abtauchen ins Innere, Flucht aus der Gesellschaft, Leben auf dem Lande, Nichts-wie-weg-

Mentalität, der touristisch-automobile Nomadismus – diese Formen des Ausstiegs sind keine weltflüchtige Askese, wie sie einst daherkam. Eine solche Lebensform existiert für den modernen westlichen Menschen nur noch als exotische Projektion. Sie bildet die Kehrseite der Welt des Wohlstands und Überflusses. Der Asket ist der heimliche Traum der Menschen, die sich wünschen, wissen zu können, was sie fliehen sollen.

Heutige Askese kann allenfalls ein Ausstieg aus jener Form von Arbeitsaskese sein, die das Leben im modernen Westen weitgehend bestimmt. Das hatte schon Max Weber erkannt, der trotz seines Postulats der Werturteilsfreiheit die verhängnisvolle Konsequenz dieser Verquickung von Tat und Entsagung nicht zu unterdrücken vermochte:

> Der Puritaner wollte Berufsmensch sein – wir müssen es sein. Denn indem die Askese aus den Mönchszellen heraus in das Berufsleben übertragen wurde und die innerweltliche Sittlichkeit zu beherrschen begann, half sie an ihrem Teile mit daran, jenen mächtigen Kosmos der modernen an die technischen und ökonomischen Voraussetzungen mechanisch-maschineller Produktion gebundenen Wirtschaftsordnung zu erbauen, die heute den Lebensstil aller Einzelnen, die in dieses Triebwerk hineingeboren werden – nicht nur der direkt ökonomisch Erwerbstätigen –, mit überwältigendem Zwange bestimmt und vielleicht bestimmen wird, bis der letzte Zentner fossilen Brennstoffs verglüht ist. (M. Weber, Protestantische Ethik, S. 203)

Zwei Seiten zuvor hat Weber geradezu apokalyptische Andeutungen gemacht, die schon allein deshalb bemerkenswert sind, da er von sich und anderen gefordert hatte, sich der Werturteile in der Wissenschaft zu enthalten:

> Niemand weiß noch, wer künftig in jenem Gehäuse [des Kapitalismus] wohnen wird und ob am Ende dieser ungeheuren Entwicklung ganz neue Prophetien oder eine mächtige Wiedergeburt alter Gedanken und Ideen stehen werden, oder aber – wenn keines von beiden – mechanisierte Versteinerung, mit einer Art Sich-wichtig-nehmen verbrämt. Dann allerdings könnte für die «letzten Menschen» dieser Kulturentwicklung das Wort zur Wahrheit werden: Fachmenschen ohne Geist, Genußmenschen ohne Herz: dies Nichts bildet sich ein, eine nie vorher erreichte Stufe des Menschentums erstiegen zu haben. (M. Weber, Protestantische Ethik, S. 201)

In der Tat, der Kapitalismus, diese Mischung von Rationalität, Technologie, Strebsamkeit, Ordnung und einer Philosophie oder Religion des

«Immer mehr», beruht allein auf einer Versagung von arbeitsfreien Werten. Auch Hannah Arendt hatte vor einer *Vita activa* gewarnt, die das Leben auf Arbeit und Konsum reduziert:

> «Was uns bevorsteht, ist die Aussicht auf eine Arbeitsgesellschaft, der die Arbeit ausgegangen ist, also die einzige Tätigkeit, auf die sie sich noch versteht. Was könnte verhängnisvoller sein.»[180]

Heutzutage gerinnt also (im Westen) neue Askese meist zur Asketik, zur Sorge um sich selbst. Und das ist auch gut so. Denn Anlaß zur Sorge gibt es genug. Freilich ist eine Sorge, die es mit sich selbst gut meint,[181] nicht eine «ängstliche Sorge», eine passive, erlittene Bangigkeit, sondern eine «kluge Sorge», Besonnenheit, die sich «auf das äußere Selbst und seine leibliche Verfassung (richtet)».[182] Eine solche Sorge überwindet «Sorglosigkeit und Nachlässigkeit (...), kurz: die Gleichgültigkeit des Selbst gegen sich», wird zu einer Arbeit an sich und seiner Zukunft, zu einer Umkehr der unachtsamen Haltung des «Sorge dich nicht – lebe», hin zu: «Sorge dich um dich, denn du stirbst». Dies wäre eine neue Achtsamkeit für sich und andere, eine Bewußtheit, die die äußerste Sorge, das Denken an die Sterblichkeit, nicht verdrängt, sondern zum Mittelpunkt der Fürsorge für sich selbst macht. Nur in der Einübung des Sterbenkönnens, nicht aber in der Verdrängung des Todes wird das Leben letztlich sorgenfrei. Die Maxime der Stoa: «Übe dich täglich darin, mit Gleichmut das Leben verlassen zu können,»[183] bedeutet dann nicht Weltflucht, sondern Gelassenheit.

Vielleicht wird dann ein – wie Nietzsche sagt – «heiterer Asketismus eines vergöttlichten und flügge gewordenen Tiers, das über dem Leben mehr schweift als ruht,» verwirklicht – ein Asketismus, den er so beschreibt:

> Freiheit von Zwang, Störung, Lärm, von Geschäften, Pflichten, Sorgen; Helligkeit im Kopf, Tanz, Sprung und Flug der Gedanken; eine gute Luft, dünn, klar, frei, trocken, wie die Luft auf Höhen ist, bei der alles animalische Sein geistiger wird und Flügel bekommt; Ruhe in allen Souterrains; alle Hunde hübsch an die Kette gelegt; kein Gebell von Feindschaft und zotteliger Rankune; keine Nagewürmer verletzten Ehrgeizes; bescheidne und untertänige Eingeweide, fleißig wie Mühlwerke, aber fern; das Herz fremd, jenseits, zukünftig, posthum. (F. Nietzsche, Genealogie der Moral, III.8)

Hans Magnus Enzensberger[184] hat solche Gedanken aufgegriffen und einen neuen Luxus ausgemacht, der Verzicht auf Überfluß ist. «Der

Überfluß tritt in ein neues Stadium ein, indem er sich negiert. (...) Minimalismus und Verzicht könnten sich als ebenso selten, aufwendig und begehrt erweisen wie einst die ostentative Verschwendung.» Stattdessen strebt der «Luxus der Zukunft» nach «dem Notwendigen, von dem zu befürchten ist, daß es nur noch den Wenigsten zu Gebote stehen wird: Das, worauf es ankommt, hat kein Duty Free Shop zu bieten»: Für Enzensberger sind die neuen Luxusgüter Zeit, Aufmerksamkeit, Raum, Ruhe, eine gesunde Umwelt und Sicherheit.

Ein Ausstieg aus dem kapitalistischen Hamsterrad mag in der Tat dazu verhelfen, daß es sich ein wenig langsamer dreht und in der so entstandenen Muße neue Antworten auf alte Fragen gefunden werden können, die auch die Entsager aller Kulturen und Religionen immer wieder gestellt haben: Wozu leben, lieben, arbeiten? Dabei gilt die schlichte Formel der Einfachheit: weniger ist mehr. Weniger arbeiten, konsumieren, reisen, essen, schenken, sich kleiden bedeutet mehr Zeit, Ruhe und Raum. Aber ein Ausstieg sollte nicht sein, um *mehr* (Zeit, Ruhe und Raum) zu *haben*, sondern um sich – in guter asketischer Tradition – bewußt zu werden, daß Leben nicht der unbegrenzten Verfügbarkeit des Menschen ausgesetzt ist. Das Leben einfach leben und verlassen zu können, ist eine Kunst. Im selbstgewählten Verzicht liegt ein Stück dieser Demut und Dankbarkeit gegenüber dem Leben.

Oder besteht die Lösung darin, solche Fragen nicht mehr zu stellen? Will das asketische Ideal die Unfähigkeit kaschieren, mit dem *horror vacui*, der Sinnleere des modernen Menschen, fertig werden zu können? Der Mensch, sagt ebenfalls Nietzsche, «braucht ein Ziel – und eher will er noch *das Nichts* wollen als *nicht* wollen. – Versteht man mich? ... Hat man mich verstanden? ... ‹Schlechterdings nicht! mein Herr!› »[185]

Anhang

1. Kleine Geschichte der großen asketischen Religionen

Viele Religionen haben asketische Züge. Wird der Begriff «Askese» aber wie in dem vorliegenden Buch eng verstanden, das heißt als vorsätzliche, jahre- oder lebenslange Einübung und Praxis von Keuschheit, Armut und Besitzlosigkeit, dann müssen vor allem vier Religionen als asketische bezeichnet werden: der Hinduismus mit der vedischen Religion, der Jinismus, der Buddhismus mit dem tibetischen Buddhismus und Zen sowie das Christentum. Andere große Kulturen wie die assyrische, altägyptische, klassisch-griechische, römische, zoroastrische oder konfuzianische standen der strengen Askese insgesamt eher skeptisch bis ablehnend gegenüber. Einen Sonderfall bildet das Judentum, das zwar viele asketische Observanzen (Fasten, Diätetik, Vigilien, Waschungen, Gebetszeiten, Bußen etc.) kennt, im Ganzen wegen des Schöpfungsauftrags aber nicht wirklich als eine asketische Religion im oben angegebenen Sinne bezeichnet werden kann. Das rabbinische Judentum lehnt jedenfalls Ehelosigkeit und Weltflucht oder auch die strenge Mortifikation des Körpers ab. Ähnliches gilt für den Islam, der allerdings nicht nur unter seinen Fakiren, Derwischen und Sufis bemerkenswerte Askesetraditionen entwickelt hat.[186]

Trotz aller Bedenken gegen vereinfachende Klassifikation von Religionen hat vor allem der Soziologe, Volkswirtschaftler und Wirtschaftshistoriker Max Weber (1864–1920) eine nach wie vor anregende Typologie asketischer Religionen entwickelt, die der Heidelberger Soziologe Wolfgang Schluchter verfeinert hat.[187] Ausgangspunkt dieser Typologie sind die Beziehungen zwischen Gott, Mensch und Welt. Danach gibt es weltbejahende und -verneinende Kulturreligionen. Konfuzianismus und Taoismus sowie vielleicht der Islam gehören eher zu den weltbejahenden, politischen Religionen, die zu einer Weltanpassung führen. Hingegen zählen Christentum, Hinduismus, Buddhismus, antikes Judentum sowie Teile des Islam in der Terminologie Max Webers eher zu den weltverneinenden oder Erlösungsreligionen. Askese findet sich Weber zufolge bei den fundamentalen Haltungen zur Welt in verschiedenen Formen: als Weltüberwindung (okzidentales Christentum, besonders das Mönchtum), Weltflucht (Hinduismus und Buddhismus), Weltbeherrschung (protestantische Ethik) und Schickung in die Welt (antikes Judentum, Urchristentum, orientalisches Christentum und teilweise Islam).

Jede der großen in diesem Sinne asketischen Religionen hat verschiedene Ausprägungen, innerreligiöse Auseinandersetzungen und historische sowie regionale Entwicklungen aufzubieten, die erst den Reiz der Askesepraxis ausmachen, und doch haben die asketischen Religionen insgesamt eine besondere Färbung: Der Hinduismus steht stark im Zeichen der «Selbstvergottung» des Einzelnen und der Erlösung zu Lebzeiten; den Jinismus, die vielleicht «asketischste» Religion aller Zeiten, kennzeichnen durch und durch ethische Entsagungsformen; der Buddhismus ist von Anfang an ein Mittelweg zwischen Askese und Meditation, im Grunde nur aus auf die Auflösung des Selbst; das (späte) Christentum ist durch das benediktinische Gebot *ora et labora* («Bete und arbeite!») geprägt. Der nachfolgende historische Abriß der Askesetraditionen dieser Religionen versteht sich als Versuch, diese besonderen Entwicklungen im Kontrast und in aller Kürze herauszuarbeiten. Dabei lassen sich Überzeichnungen und Vereinfachungen nicht vermeiden.

Hinduismus: Selbstvergottung und Erlösung zu Lebzeiten

Indien gilt seit dem Altertum als Land der Askese schlechthin. Tatsächlich sind wohl nirgends so viele Entsager im täglichen Leben sichtbar wie zwischen Himalaya und Sri Lanka. Es heißt, daß zwischen einem und fünf Prozent der Bevölkerung ein asketisches Leben führen. Hinzu kommt: Jeder Bettler ist ein Asket, aber nicht jeder ist es freiwillig. Die Armut des Landes zwingt Mittellose zu einem entsagungsvollen Leben, dem sie sich gerne entziehen würden. So mischen sich in Indien die «echten» und die «falschen» Entsager zu einer unüberschaubaren Schar von Aussteigern.

Dennoch gab es in Indien Askese nicht von Anfang an. Für das alte, vedische Indien läßt sie sich im strengen Sinn kaum nachweisen. Die Menschen in jener Zeit (ca. 1750–850 v. Chr.) hielten nichts von sohnlosen Entsagern. Erst seit der spätvedischen Zeit (von etwa 850 v. Chr. an) fanden asketische Heilige großen Zulauf. Buddha Śākyamuni war unter ihnen, ebenso sein Zeitgenosse Mahāvīra, der Begründer des Jinismus. Wie kam es zu so einem tiefgreifenden Wandel in der Geschichte Südasiens? Zwei Erklärungen stehen sich gegenüber.[188]

Eine gängige These, vertreten unter anderem von dem französischen Sozialanthropologen Louis Dumont und dem Indologen und Askeseforscher Patrick Olivelle, besagt: Die Askese entwickelte sich innerhalb von brahmanischen Kreisen als Protest gegen die brahmanischen Priester, ihre Schriften, vornehmlich die Sammlungen des geheim gehüteten Veda (wörtlich «das Wissen»), und ihr Opferritual, besonders das Hausfeuer. Das altindische Opfer als einziger Heilsweg war zu elitär, aufwendig und teuer geworden. Eine aufkommende selbstbewußte Schicht der Aristokratie, der auch der Buddha entstammte, suchte nach anderen Heilswegen. Diese Bewegung richtete sich gegen den brahmanischen Ritualismus, wurde aber durchaus von Asketen gestützt, die ihrer Herkunft nach Brahmanen waren. Bei der Erlösungssuche trat die Meditation an die Stelle des Rituals.

Für andere Indologen, darunter Jan Heesterman, ist Askese eine konsequente Weiterentwicklung des vedischen Opfers, das schon darauf ausgerichtet war, durch ausgeklügelte Ritualtechniken «Unsterblichkeit» für den Opferveranstalter zu erzeugen. Die Verinnerlichung des Opfers im Opfernden war somit vorgegeben. Indem die Asketen das ewige Opfer und die Opfernden in sich vereinten, wurde ihr Selbst (Skt. *ātman*) «alterslos» und «todlos», wie es in den opfermystischen Upanishad-Texten mehrfach heißt. Wiedergeburt und Himmel sind für normale Menschen, Unsterblichkeit und Erlösung sind für uns, sagten sich die Asketen. Das Leben im Haus mit dem Hausfeuer, mit Frau, Kindern und Vorvätern, konnte nicht mehr ihr Leben sein; sie wollten ihr inneres Feuer in der Wildnis entzünden. Das Opfer wurde zum Selbstopfer.

Hieraus entwickelten sich zwei Formen von Asketen: einerseits «Wald(ein)siedler» (Skt. *vānaprastha*), die das Hausfeuer unterhalten, opfern und vedische Riten vollziehen, ein Obdach haben, den Veda studieren, verheiratet sind und von ihrer Familie versorgt werden; andererseits Wanderasketen (*parivrājaka, samnyāsin, bhikshu*), die bettelnd umherziehen, den Veda oder zumindest das vedische Ritual ablehnen, kein Hausfeuer unterhalten und die Dörfer meiden.

Beide Formen von Askese, die vedische und die nicht- oder anti-vedische, galten in frühen asketischen Texten als nahezu gleichwertig. Während sich aber der erste Typus zusätzlich zum vedischen Ritual kasteit, verinnerlicht der zweite Typus das Opferfeuer. Er wirft alles weg: Besitz, Familie, den Veda und damit auch das äußere Feuer, zu dem er in grundsätzlicher Opposition steht. Denn die Berechtigung zum Entzünden des sakralen Feuers wird im Hinduismus durch die Initiation, die Zweite Geburt, erworben, bei der der Hindu eine heilige Schnur erhält. Der Asket muß genau diese Berechtigung und alles, was mit dem Opfer zu tun hat, aufgeben: Feuerutensilien, Kochgeschirr, vedische Sprüche (Mantras). Viele Asketen schneiden noch heute bei ihrer Asketenweihe die heilige Schnur durch. Konsequent wurde auch das Opferfeuer aufgegeben, indem die Nahrungsaufnahme selbst zu einem Feuerritual erklärt wurde: Da der Asket selbst das Feuer bildet – *tapas* ist der gängige Ausdruck sowohl für Hitze und Feuer als auch für Askese –, ist seine Nahrung das Opfer- und Brennmaterial, das durch seine innere Hitze verbrannt wird. Diese Form wird also als eine Art von Selbstmord verstanden, während für den Wald(ein)siedler die Selbsttötung ausdrücklich verboten war.

Vermutlich hat auch eine alte Sitte der Exilierung von Alten (oder deren freiwilliger Auszug) die Entwicklung von Askese begünstigt.[189] Aus dem Auszug der Alten aus dem Haus wurde ein asketisches Herumziehen – unabhängig vom Lebensalter. Später dann, in einer Lehre von vier Lebensaltersstufen, hat man versucht, Askese dem Alter zuzuordnen, und die unreife, jugendliche Askese mehr und mehr verurteilt. Erfolglos, denn nach wie vor sind die Sekten voll von jungen Männern. Und viele Sektenstifter, darunter etwa Shankara (zwischen 650 und 800) oder Nimbārka (12. Jahrhundert), waren von Jugend an Asketen, so daß noch heute ihre Nachfolger, die Äbte in den Klöstern, bereits als Jugendliche eingesetzt werden. In der klassischen Lehre vom richtigen Askesealter aber werden aus zunächst gleichwertigen Lebensformen nachgeordnete, altersbezogene Lebensstufen: auf das Stadium des keuschen (Veda-)Studenten (*brahmacārin*) folgen Haus- und Familienvater (*grihastha*), asketischer Wald(ein)siedler (*vānaprastha*) und zurückgezogener Asket (*samnyāsin, parivrājaka*). Die Pflichten für diese Lebensstufen sind etwa im Arthashāstra des Kautilya festgehalten, einem Staatslehrbuch, das in seinem Kern aus dem 3. Jahrhundert v. Chr. stammt:

> Für den Hausvater (*grihastha*): leben nach dem eigenen (das heißt für seinen Clan gültigen) Dharma, Heirat mit Seinesgleichen, die aber nicht den gleichen Urahnen (*rishi*) haben, Annäherung an die Frau in ihrer fruchtbaren Zeit, Ver-

> ehrung von Göttern, Ahnen und Gästen, Geben an Abhängige, und essen, was (dann) übrig bleibt.
> Für den zölibatären Schüler (*brahmacārin*): eigenständiges Studium (des Veda), Unterhalt des heiligen Feuers, rituelle Bäder, Einhaltung des Gelübdes, nur von Almosen zu leben, bis zum Lebensende beim Lehrer oder bei dessen Abwesenheit dem Sohn des Lehrers oder mit Mitschülern wohnen.
> Für den Waldeinsiedler (*vānaprastha*): Zölibat, auf dem Boden die Schlafstätte, das Haar in langen Flechten (und) mit Antilopenfell (bekleidet), Unterhalt des Agnihotra-Feuers, rituelle Bäder, Verehrung von Götter, Ahnen und Gästen, leben von Produkten des Waldes.
> Für den Wanderasketen (*parivrājaka*): Zügelung der Sinne, Abstand halten vom tätigen Leben, Besitzlosigkeit, Aufgabe alles Anhaftens an weltliche Bindungen, Einhaltung des Gelübdes, nur von Almosen zu leben, nicht an einem Ort und (nur) im Wald leben, und die für (die Erlangung) des Absoluten (*brahman*) wesentliche Reinheit (einhalten). (Arthashāstra 1.3.9–12)

Schließlich förderten umwälzende sozio-ökonomische Faktoren die Verbreitung von Askese. Die einwandernden indo-arischen Stämme ließen sich in der oberen Gangesebene nieder, erwirtschafteten einen geringen Getreideüberschuß, gründeten Städte und Staaten, schufen einen interregionalen Handel mit gesicherten Verkehrswegen. So entstand in den Städten eine wohlhabende Mittelschicht und eine neue religiöse Elite, in der zum ersten Mal individuelle Heilswege eine Chance hatten. Möglicherweise haben aber auch ein großes Bevölkerungswachstum oder ökologische Katastrophen wie Hungersnöte oder Epidemien eine lebensflüchtige Lebenseinstellung begünstigt. Tatsächlich fällt auf, daß die Askese in den Städten entstand, die sie freilich immer wieder floh. Nur dort ließ sich ein vereinzeltes Leben, bei dem man auf Unterstützung angewiesen war, führen. Nur dort konnte man erfolgreich betteln. In den Dörfern war der ökonomische und familiäre Druck vermutlich so groß, daß ein asketischer Sonderweg kaum geduldet werden konnte.

Geistesgeschichtlich haben zwei neue Lehren ein radikales Umdenken bewirkt: (1) Zeit ist Tod. Was immer entsteht, selbst Glück oder Liebe, vergeht und ist daher letztlich Leid. Erlösung ist jenseits dieser Vorstellungen zu suchen, jenseits sogar des Paradieses und der Götter, die auch nur der Welt der vergänglichen Erscheinungen angehören. (2) Aktivität bedeutet Wiederkehr und damit neues Leid. Diese Lehre von der Seelenwanderung und der Tatvergeltung (*karma*) bedingte eine negative, aber nicht pessimistische Bewertung von Handeln. Was immer getan wird, sei es vom Menschen oder der Natur, sei es gut oder böse, muß nach diesen Lehren im Saldo wieder neues Leid erzeugen. Daher kann allein die quietistische Taten- und Teilnahmslosigkeit (Skt. *vairāgya*) oder die Meditation auf den Stillstand heilsfördernd sein. Nur die völlige, auch gedankliche Loslösung (*moksha*) von Leid und Freude befreit von der Ansammlung von «Tatstoff», aus dem sich neues Leben und die Wiedergeburt entwickeln.

Askese war also im alten Indien – vereinfachend gesagt – drei Orten zugeordnet: dem Haus (mit Opfer und Feuer), dem Wald (in der Nähe des Hauses und der Städte) und der Wildnis. Die «Hausaskese» ist eine zeitweilige, vorübergehende Entsagungsform, etwa als Teil der Schülerschaft; ihre Praxis ist primär rituelle Reinigung, Geistesschulung oder spirituelle Anschirrung; sie führt (später) unter anderem zum Yoga als Mittel der Suche nach psycho-physischer Harmonie. Die «Waldaskese» ist strenge körperliche Kasteiung; ihr Ziel ist unter anderem (magische) Macht und der Besitz besonderer spiritueller Kräfte (Skt. *siddhi*); sie ist mit dem Sanskritwort *tapas*, «Hitze», verbunden. Die «Wildnisaskese» ist ein systematischer und radikaler Rückzug vom Leben. Sie ist (Skt.) *samnyāsa*,» vollständiges Wegwerfen». Sie will Erlösung von der Wiedergeburt.

Mit der Zeit durchdrangen sich diese Grundformen der Askese: Der radikale Wanderasket wurde häuslich und seßhaft, indem er monastische Zentren gründete und teilweise sogar die Kritik am Veda zurücknahm; der (brahmanische) Hausasket «verwilderte» durch einen mehr und mehr akzeptierten Rückzug in Wald und Wildnis. In der Praxis vermischten sich zudem Askeseformen und Heilsziele. Spirituelle, magische und ethische Formen von Askese bildeten sich heraus. Körpertechniken, Meditationen, Magie und Ritual wurden zur Beherrschung des Körpers, zur Erreichung des Seelenfriedens und für die Selbsterlösung wechselweise oder sich ergänzend eingesetzt.

Hinzu kamen etwa seit dem 8. Jahrhundert zwei Neuerungen, die wesentlich zum Bild der modernen indischen Askese beitrugen: Der Sektenführer (Guru) und eine besonders devotionale Form von Frömmigkeit, die Bhakti. Der in die Askese einweisende Guru ist nicht mehr nur spiritueller Meister, sondern auch eine Art Abt, dem die Organisation der Klöster obliegt. Askese wurde Sektenwesen und Mönchtum, das verwaltet werden mußte. Die seit etwa dem 7. Jahrhundert aufkommende Bhakti-Devotionalität räumte einem inständig verehrten Hochgott wieder so viel Macht ein, daß es seiner Gnade überlassen blieb, ob einem Asketen Erlösung zuteil wurde oder nicht. Die alten Samnyāsa-Asketen und auch die buddhistischen Mönche hingegen beharrten weiterhin auf dem Prinzip der Selbsterlösung.

Seit dem 10./11. Jahrhundert häuften sich die in Sekten oder Gefolgschaften (Skt. *pantha, samgha, sampradāya*) organisierten Asketengruppen, die sich durch Stifter, Lehren und äußerlich unter anderem durch auf die Stirn gemalte Sektenzeichen unterscheiden. Die beiden bekanntesten und größten Gruppierungen sind die Dashanāmīs und die Rāmānandīs.

Die shivaitischen Dashanāmīs, die meist orangefarbene Gewänder tragen, berufen sich auf Shankara als Stifter, der im 7. oder 8. Jahrhundert einen absoluten Monismus beziehungsweise Non-Dualismus, die Advaita-Vedānta-Lehre, predigte. Danach ist die Welt nur Illusion (*māyā*), das höchste Wesen (*brahman*) ohne Eigenschaften und Erlösung allein durch Erkenntnis (*jñāna*) zu erreichen. Shankara soll bei seinen Reisen durch ganz Indien zehn Schulen gegründet haben, deren Mitglieder bei ihrer Initiation einen zusätzlichen Namen erhielten, zum Beispiel Giri, Sarasvati, Tīrtha oder Bharati. Daher ihr Name: «Dashanāmī» bedeutet «die mit den zehn Namen». Außerdem soll Shankara auch vier über ganz Indien verteilte monastische Zentren (*matha*) gegründet haben, deren Vorsteher beziehungsweise Äbte Shankarācārya heißen. Allerdings ist die Verbindung der Dashanāmīs zu Shankara erst seit dem 15./16. Jahrhundert nachweisbar, in den frühen Shankara-Hagiographien findet sich davon noch nichts. Die Dashanāmīs haben sich mehr und mehr als Vertreter der hinduistischen Orthodoxie erwiesen. Sie verteidigen zum Beispiel meist die Lehre von den Lebensstufen (*varnāshrama-dharma*), das Verbot, Kühe zu schlachten, oder das Kastensystem, und ihre Führer suchen die Nähe zu «rechten» politischen Hindu-Organisationen.

Die vishnuitischen Asketen unterscheiden sich von den shivaitischen äußerlich vor allem dadurch, daß sie ihre Sektenzeichen nicht horizontal (Skt. *tripundra*), sondern vertikal (*ūrdhvapundra*) auf die Stirn malen. In ihren Lehren weisen sie Shankaras Doktrin zurück und lehren statt dessen, daß das höchste Wesen (*brahman*) als Gott (*īshvara*) erscheint und daß Erlösung zu Lebzeiten nicht möglich ist, sondern nur durch eine mystische Vereinigung mit Gott angestrebt werden kann.

Erlösung ist also vor allem ein Gnadenakt des Gottes, nicht aber nur eine Frage der rechten Erkenntnis. Aus diesem Grund legen vishnuitische Asketen die Heilige Schnur meist nicht ab.

Die Sektentradition der Vishnuiten kennt vier Richtungen (*sampradāya*) mit geringfügig abweichenden Lehren, jedoch sind die einzelnen Sekten mehr unter den Namen ihrer Stifter bekannt. Die Rāmānandīs (auch Bairāgīs genannt) machen den zahlenmäßig höchsten Anteil unter den vishnuitischen Asketen aus, wie sie überhaupt die größte Gruppe indischer Sādhus bilden. Ihr Gründer Rāmānanda soll im 15. Jahrhundert, eventuell auch früher, in Benares gelebt haben; auch soll er Lehrer des Mystikers Kabīr gewesen sein, doch ist die Rāmānandī-Sekte wohl erst im 18. Jahrhundert entstanden. Die Rāmānandīs, die vieles mit den Dandīs und Nāgās gemeinsam haben, etwa die straffe Organisation in Akhārās und Zweigstellen, unterteilen sich in umherwandernde, bewaffnete und in Herbergen verweilende Asketen mit abweichenden Initiationsformen und Praktiken. Sie nehmen Mitglieder aller Kasten auf, doch sitzen etwa Asketen aus den niedrigen Shūdra-Kasten bei Festen in einer getrennten Reihe.

Seit dem 18. Jahrhundert betätigten sich hinduistische Sekten auch als Wirtschaftsunternehmen sowie in sozialen und politischen Bewegungen, besonders zum Zwecke der Herrschaftslegitimation oder -sicherung lokaler Fürsten. Dabei kamen verschiedene Faktoren zusammen, die die Klöster zum Teil beträchtliches Kapital anhäufen ließen. So konnten die Sekten Wettbewerbsvorteile nutzen, als sie durch weite, von Wegzöllen befreite Wanderungen auf dem südasiatischen Subkontinent ihre regionalen Einflußsphären ausdehnten und sich durch paramilitärische Unterorganisationen die Handelswege zu sichern verstanden.[190] Auch standen ihnen durch Patronage nicht zu unterschätzende Pachteinnahmen aus Landbesitz zu. Hinzu kamen Schenkungen und Spenden, besonders wenn die Sekten auch Rechte an Tempeleinnahmen und Wallfahrtsorten hatten. Da die Sukzession der Orden nicht wie beim Hindu-Erbrecht zu Diversifizierungen und Parzellierungen führte, konnte das Kapital im gemeinschaftlichen Besitz bleiben. Weitere Gewinne erzielten sie durch Unterricht, Predigt, Mieteinnahmen, Nießbrauch von Läden und anderes mehr. Mitunter gab es sogar ein monastisches Unternehmertum. So waren die Gosains in Benares zeitweise die größten Immobilienbesitzer, auch war der Seidenhandel ganz in ihrer Hand.[191] Andere Sekten taten sich als Geldverleiher hervor.

Dennoch führte die Kapitalanhäufung nur selten zur Konsumption der Besitztümer durch die Asketen selbst. Diese blieben dem Armuts- und Keuschheitsideal verpflichtet.

Buddhismus: Selbstauflösung und Seelenruhe

Am Anfang war der Buddhismus mehr eine mönchische Bewegung als eine Religion.[192] Denn im frühen Theravāda-Buddhismus gab es große Unsicherheiten hinsichtlich des Status des buddhistischen Laien: «Dieses Ideal der Heiligkeit [der zum Nirvāna führenden Verbindung von Sittlichkeit, Meditation, Weisheit], das vom Shākyamuni und seinen Schülern klar umrissen wurde, konnte von den Mönchen nur in Einsamkeit oder hinter Klostermauern verwirklicht werden; für Laien, die in der Welt mit ihren Sorgen lebten, blieb es letztlich unerreichbar.»[193] Aber selbst in der Entwicklung des Buddhismus von einer Gemeinschaft eines Meisters mit seiner Gefolgschaft zu einer Mönchsgemeinschaft mit Laienanhängern und zu einer Weltreligion stellte sich immer wieder die grundlegende Frage nach der Gestaltung des Verhältnisses zwischen Orden und Laien.

Offenbar war der Buddha unsicher, ob er über seine Nachfolge und damit die Sukzessionsfrage samt einer Ordensgründung überhaupt entscheiden soll. Als Ānanda, sein treuer Anhänger, ihn in dieser Frage um Rat bat, soll er gesagt haben:

> Welche auch immer, jetzt oder nach meinem Hinscheiden, als solche verweilen, die sich selbst zur Leuchte, sich selbst zur Zuflucht dienen und keine andere Zuflucht besitzen, welche die Lehre als Leuchte, die Lehre als Schutz und keinen anderen Schutz haben, diese meine Mönche werden darum im Hinblick auf dies an der Spitze stehen; sie, die Mönche, die Unterweisung begehren. (Dīghanikāya II 101,1–4)

Der Tradition nach geht die Stiftung des Ordens auf den Buddha selbst zurück. Immerhin hatte er selbst in Sarnath bei Benares seine ersten fünf Schüler ordiniert. Dabei war das Mönchswesen, wie der Buddha es vorsah, relativ neu, auch wenn weltflüchtige Askese als Lebensform zu Buddhas Zeiten längst verbreitet war. Dies gilt nicht nur für asketische Fort- und Auswirkungen der vedisch-brahmanischen Religionen, sondern auch für andere vom Veda abweichende Gruppierungen wie etwa den Jainismus (auch Jinismus genannt), die wohl radikalste asketische, kulturell einflußreiche und noch heute lebendige Religion Indiens.

Schon in den ältesten (buddhistischen) Quellen über den Jinismus wird von besonders strengen Askeseformen berichtet. Ihr Stifter, Vardhamāna Mahāvīra (Skt. «großer Held»), war ein Zeitgenosse des Buddha (5.–4. Jahrhundert v. Chr.) und entstammte einem Adelsgeschlecht in Vaishāli im heutigen Bundesstaat Bihar. Der Legende nach soll Mahāvīra wie der Buddha mit fast 30 Jahren Frau und Kind verlassen haben, um als Entsager in Selbstkasteiung Erlösung zu suchen. Als er dieses Ziel nach zwölf Jahren erreicht hatte, erhielt er die Ehrbezeichnung Jina («Sieger»), wonach sich die Anhänger «Jainas» (wörtlich: «zum Jina gehörig») nennen. Im Alter von 72 Jahren soll er sich zu Tode gefastet haben. Zuvor ist er vor allem durch das nördliche Indien gewandert und hat seine Lehren verbreitet.

Mahāvīra verkündete allerdings keine ganz neue Lehre, sondern faßte asketische Ideen jener Zeit zu einem System zusammen. Er beanspruchte wie seine mythischen 23 Vorgänger, die sogenannten Tīrthankaras (wörtlich «Furtbereiter»), gekommen zu sein, um den Lebewesen den Weg zur Erlösung zu predigen. Der Jinismus hatte daher wie der Buddhismus von vornherein eine ethische Komponente, war und ist aber weniger missionarisch als Hinduismus und Buddhismus. Ausgangspunkt der jinistischen Lehren ist wie in Hinduismus, Buddhismus und Christentum ein starker Dualismus, da sich auch für den Jina in der Welt das Geistige und die ungeistige Materie gegenüberstehen. Das Geistige besteht aus einer unendlichen Zahl von Einzelseelen (Skt. *jīva*), die aber nur dann wahre Erkenntnis, Kraft und Wonne besitzen, wenn sie die Erlösung erlangt haben. Nicht erlöste Seelen sind wie im Hinduismus und Buddhismus in den leidvoll gedachten Kreislauf der Geburten verstrickt. Ziel des Erlösungsuchenden ist es, die Seelen zu befreien, indem er sie vom Karma, einer Art negativem Tatstoff, reinigt. Denn nach der Vorstellung der Jainas geht durch jede Betätigung in die Seele eine feine Materie, eben das Karma, ein, das die Seele an den Geburtenkreislauf bindet. Um Erlösung zu erreichen, gilt es vor allem zu verhindern, daß neuer Tatstoff angesammelt wird. Zugleich muß auch bereits angesammeltes Karma vernichtet werden. Dies kann nur in strenger Askese erreicht werden.

Der Kern der jinistischen Askese besteht in fünf Großen Gelübden: (1) nicht zu töten oder Lebewesen zu schädigen (Skt. *ahimsā*): jinistische

Mönche fächern mitunter den Boden, auf dem sie gehen, oder seihen ihr Trinkwasser durch ein Tuch, um selbst Kleinstlebewesen zu schonen, (2) nicht zu lügen, (3) nicht Ungegebenes zu nehmen, (4) keusch zu leben und (5) an nichts anzuhaften und keinen überflüssigen Besitz zu haben. In der asketischen Praxis haben vor allem zwei angeblich von Mahāvīra selbst eingeführte Neuerungen Aufsehen erregt: die Observanz des Nacktgehens – während die Shvetāmbara-Mönche weiße Gewänder tragen, haben die Digambaras (wörtlich: «die Luftgekleideten») die Tradition des Nacktgehens bewahrt – und das Fasten bis zum Tode.

Der Buddha hatte solche strengen Formen der Askese abgelehnt. Zwar hatte er an sich selbst sechs Jahre die strengsten Kasteiungen bis zur völligen Abmagerung erprobt, um Erlösung zu erlangen, sie dann aber verworfen, um einen «Mittleren Weg» zu verkünden. Er fragte sich:

> Welche Asketen (Pāli *samana*) und Brahmanen je schmerzhafte, brennende, schneidende Gefühle empfunden haben – höher und weiter [als ich] können sie nicht gehen. Und doch gelangte ich mit dieser harten Askese nicht zum höchsten von einem Menschen erreichbaren Ziel, zur wahrlich edlen Wissenserkenntnis. Müßte es nicht einen anderen Weg zur Erleuchtung geben? (Majjhimanikāya 36)

Er fand die Antwort im sogenannten Mittleren Weg und in einer Askeseform, die den Kontakt zur Laienschaft und Bevölkerung nicht abreißen lassen durfte. Neu im asketischen Umfeld des frühen Buddhismus war aber auch, daß Frauen und Niedrigkastige zum Orden zugelassen waren und Rücktritt und Austritt aus dem Orden jederzeit möglich waren, ebenso wie ein Wiedereintritt. Wohl schon der Buddha selbst, zumindest aber die erste Mönchsgeneration, hat sieben zum Gedeihen des Samgha, des Ordens, führende Bedingungen gestellt, die die vergleichsweise moderate Stellung innerhalb der Asketenbewegungen jener Zeit unterstreichen. Jede dieser Vorschriften führt zu besonderen Prinzipien, die die buddhistischen Ordensgemeinschaften nach wie vor bestimmen. Danach gibt es für den Samgha keinen Niedergang: solange (1) es regelmäßige Zusammenkünfte der Mönche und Nonnen gibt (Versammlungsprinzip): Mönche und Nonnen waren gehalten, sich alle vierzehn Tage zu treffen; (2) es dabei Eintracht gibt (Konsensprinzip): trotz gewisser Hierarchien gab es eine demokratische Basis für die Mönche; (3) keine Neuerung eingeführt, noch Geltendes aufgehoben wird, sondern die Mönche nach den Regeln der Disziplin leben (Bewahrungsprinzip);

(4) die Mönche die Altmönche und Ordensväter achten (Anciennitätsprinzip): in den Ordensversammlungen präsidierte jeweils der Älteste; (5) sie nicht der zur Wiedergeburt führenden Gier unterliegen (u. a. Armutsprinzip); (6) sie Waldbehausungen bevorzugen (Exklusionsprinzip); und (7) solange sie es schätzen, daß gleichgesinnte Mitmönche von weit her kommen und die hier bereits lebenden Mönche sich wohlfühlen (Brüderschaftsprinzip).

Aus diesen Prinzipien ist ersichtlich, daß der buddhistische Orden zwar einen radikalen Weg einschlägt, nicht aber alle Bande zur Gesellschaft abreißen läßt. Der Mönch sollte nicht außerhalb der Gesellschaft stehen. Dazu gehört auch, daß nicht jeder als Mönch zugelassen war. Ausgeschlossen waren zum Beispiel Soldaten im aktiven Dienst, Verbrecher, Gebrandmarkte, Verschuldete, Sklaven, Eunuchen, Hermaphroditen, Lahme, Blinde, körperlich Behinderte, Zwergwüchsige, Taube, Altersschwache oder Kranke, die etwa an Lepra, Tuberkulose oder Epilepsie litten. Im traditionellen Verfahren der Ordination wird ein Novize gefragt, ob er zu diesen Kategorien gehört. Der Orden sollte keine Sozial- und Krankenstation sein, er sollte nicht die Randständigen der Gesellschaft aufnehmen, denn er war auf das Wohlwollen der Gesellschaft angewiesen. Aber es blieb im damaligen Umfeld ungewöhnlich, daß auch Kastenlose und Frauen aufgenommen werden konnten.

Der Buddha richtete sich kaum gegen bestehende Herrschaftsstrukturen der Gesellschaft, aber er verlangte doch einen radikalen Bruch mit der Familie, auch wenn niemand ohne Zustimmung der Eltern aufgenommen werden durfte und Frauen die Zustimmung ihres Mannes benötigten. Der Buddha ließ auch kaum Kinderasketen zu. Zwar war das Mindestalter für die Aufnahme als Novize sieben bis acht Jahre, doch mußte man 15 Jahre sein (gerechnet vom Zeitpunkt der Zeugung), um die Niedere Weihe, und 20 Jahre, um die Vollordination erhalten zu können.

Vor allem zwei Prinzipien führten dazu, daß der Kontakt zwischen Mönchen und Laien aufrechterhalten blieb: das Predigtgebot und das Bettelgebot. Das Predigtgebot führt die Mönche dazu, andere zu bekehren und die Lehre des Buddha zu verbreiten. Der Buddhismus ist daher eine missionierende Religion. Der Buddha hatte gelehrt, eine Einladung zu einer Predigt nie zurückzuweisen:

> Geht, ihr Mönche, und reist umher zum Segen und Glück der Menschen, aus Mitleid mit der Welt, für das Verdienst, Segen und das Glück von Göttern und

> Menschen. Nicht zwei von Euch sollen denselben Weg nehmen. Lehrt den Dhamma, ihr Mönche, (...) und verkündet das reine, heilige Leben. Es gibt Lebewesen, die von Natur aus wenig Leidenschaft (*kāma*) haben und die (dennoch) begierig sind, die Lehre zu hören; sie werden sie verstehen. (Vinayapitaka I 20,37–21,8)

Eine solche offene Haltung war ziemlich ungewöhnlich. Schließlich schloß die vedisch-brahmanische Religion andere Mitmenschen eher aus: Man mußte in sie hineingeboren werden, um am Heil teilhaben zu können. Demzufolge predigten die Brahmanen nicht. Und auch die Jaina-Mönche schwiegen eher, als daß sie andere zu bekehren suchten.

Das Bettelgebot und das damit verbundene Arbeitsverbot verhinderten, daß die Klöster wie etwa im christlichen Mittelalter autark werden konnten und sich abkapselten. Sie behielten ihre Funktionstüchtigkeit nur so lange, wie sie mit dem Volk verbunden waren. Die Beziehungen zwischen Laien und Mönchen beruhten daher auf Gegenseitigkeit, wie der Buddha selbst gesagt haben soll:

> Großen Nutzen, ihr Mönche, bringen Euch die Brahmanen und Bürger, die Euch zur Seite stehen mit dem, was ihr bedürft: Mönchsgewänder, Speise, Lager und Sitz, Arzneien, wenn ihr krank seid. Und wiederum bringt ihr, ihr Mönche, den Brahmanen und Bürgern großen Nutzen, wenn ihr ihnen die Lehre predigt. (Ittivuttaka Nr. 107)[194]

Der Samgha gab den Laien die Lehre, die Laienschaft gab den Mönchen Unterstützung, das heißt Gaben. Generosität war durchaus gefordert. Schließlich ist in den Texten die Rede davon, daß der Buddha mit 250 oder 500 Mönchen in ein Dorf kam.

Predigt- und Bettelgebot bewirkten, daß die Mönche auch auf politische Unterstützung angewiesen waren. Hilfreich dabei war, daß Soldaten nicht Mönche werden durften, somit keine Wehrkraftzersetzung durch eine anwachsende Mönchsgemeinschaft drohte. Auch daß Diebe, Schuldner oder Sklaven nicht Mönche werden konnten, stimmte die Machthaber sicher günstig. Immerhin ließen sie zu, daß der Samgha seine eigene Gerichtsbarkeit behielt.

Welchen Nutzen hatte aber die Laienschaft, wenn die Mönche ihnen im wesentlichen nur den Ausstieg aus ihrem bisherigen Leben predigten? Über diese Frage gibt es eine intensive Diskussion.[195] Max Weber[196] meinte, daß der Buddhismus eigentlich eine Erlösungslehre für den religiösen Virtuosen gewesen sei, aus dem aber wie im Protestantismus keine wirtschaftlichen Antriebe entstehen konnten. Er hat den Buddhismus vor Kaiser Ashoka (ca. 268 bis 236/232 v. Chr.) im wesentlichen als Weltverneinung elitärer Gruppen gesehen. Für ihn hatten die frühen Mönche kein großes Interesse an den Laien, waren apolitisch und sogar antipolitisch. Auch behauptet Weber, daß der Buddha selbst keinen Mönchsorden gestiftet habe und die einzige Struktur des frühen Buddhismus die Anciennität und die Lehrer-Schüler-Bindung gewesen sei. Vor allem war er aber der Ansicht, daß der frühe Buddhismus keinen universalen Anspruch erhoben habe: Warum soll sich ein Mönch um das Seelenheil anderer kümmern? Demzufolge sei die produktivste Leistung des Buddhismus die spätere Gründung von Mönchsorden gewesen. Und schließlich meinte Weber, daß der Buddhismus eigentlich gegen Arbeit eingestellt gewesen sei, so daß es keine Bewährung im Leben gegeben habe, woraus eine positive Laienethik mit einer religiösen Prämie auf ein bestimmtes ökonomisches Verhalten und einer rationalen Wirtschaftsethik hätte entstehen können; stattdessen habe es nur eine Ethik des Nichthandelns gegeben: «Das Wissen um die eigene und endgültige Erlösung (wird) nicht durch Bewährung in irgendwelchem – innerweltlichen oder außerweltlichen – Handeln, in ‹Werken› welcher Art immer, sondern im Gegenteil in einer aktivitätsfremden Zuständigkeit gesucht.»[197]

Dem Buddhismusforscher Stanley Tambiah[198] zufolge rückt Weber fälschlich den Sondertyp des *paccekabuddha* (Skt. *pratyekabuddha*, vermutlich «der für sich Erwachte») in den Mittelpunkt, einen solitären Asketen, der seinen eigenen Weg geht und die Lehre nicht weitergibt. Tambiah wendet zu Recht ein, daß der sich ganz zurückziehende Einzelasket immer eine Seltenheit war und von westlichen Wissenschaftlern übertrieben wichtig genommen werde, zumal große Unsicherheiten über sein Vorkommen und seine Verbreitung bestünden. Auch weist Tambiah Webers Ansicht zurück, es habe keine Diesseitigkeit im frühen Buddhismus und daraus resultierende wirtschaftliche Antriebe gegeben. Stattdessen macht er auf eine Reihe von Faktoren aufmerksam, die Weber nicht genügend gewürdigt hat. So haben Modelle der Stammesföderation (statt der hierarchischen Königreiche) demokratische Strukturen im Mönchswesen begünstigt. So hatte die antibrahmanische Haltung große Sympathie bei der aufsteigenden Schicht der Händler und Kaufleute, Höflinge, Kleinbürger, Großbauern und schriftkundigen Beamten bewirkt, denen der Buddhismus zu Ansehen und Identität verholfen hat. So hat es bereits im frühen Buddhismus viele sozialpolitische Ansätze gegeben: Mitleid, Hilfe für Arme und Kranke, Predigten gegen eine Verschwendung des Reichtums.

Hinzu kommt, daß der Buddha hemmende Reinheitsschranken beseitigt hat, die in der vedisch-brahmanischen Religion ganz oben stehen. Von all diesen Regeln des sozialen Kontakts, der Speisege- und verbote, der Heiratsregeln oder der Berufsbeschränkungen ist beim Buddha oder im Pālikanon wenig zu spüren. Im Prinzip hat der Buddha eine egalitäre, kastenlose und klassenlose Gesellschaftstheorie favorisiert (wenn es ihm überhaupt auf eine Verbesserung der Gesellschaft ankam) – mit ein Grund für seine heutige Attraktivität im Westen.

Im allgemeinen nimmt man an, daß sich der Buddhismus nach Buddhas Tod in zwei grundlegende Richtungen «gespalten» hat: Hīnayāna beziehungsweise Theravāda und Mahāyāna. Diese Einschätzung ist richtig und falsch. Richtig, weil sich tatsächlich eine neue Form des Buddhismus herausgebildet hat. Falsch, weil es schon zu Lebzeiten des Buddha verschiedene Richtungen gab, weil von Spaltung des Buddhismus keine Rede sein kann (die Rede von Sekten ist daher irreführend) und weil es nicht nur Mahāyāna und Theravāda, sondern zahlreiche Richtungen gab und gibt. Der Tradition nach soll es am Ende des 3. Jahrhunderts v. Chr. achtzehn Schulen (Skt. *vāda*) gegeben haben, tatsächlich gab es an die vierzig Schulen.

Vereinfachend gesagt verlief die Entwicklung folgendermaßen: Im 5. Jahrhundert formierte sich die Urgemeinde, die freilich auch schon Schulrichtungen aufwies. Spätestens seit dem 2. Konzil (383 v. Chr.) trennte sich die Gemeinde in Sthaviravāda und Mahāsanghika. Die wesentlichen Schulen des Theravāda sind Puggalavāda, Sarvāstivāda und Sautrāntika. Der Mahāsanghika entwickelte sich im Lokottaravāda weiter. Lehren und Ideen all dieser Schulen flossen seit der Zeitenwende in den Mahāyāna im engeren Sinne ein, der zunächst eine stark philosophische Ausrichtung hatte. Dies gilt besonders für die Schulen beziehungsweise Richtungen von Prajñāpāramitā, Madhyamaka und Yogācāra beziehungsweise Vijñānavāda. Im Mahāyāna entwickelte sich etwa seit dem 7. Jahrhundert n. Chr. der sogenannte tantrische Buddhismus, unter anderem Tantrayāna oder Vajrayāna genannt. Hauptrichtungen des ostasiatischen Buddhismus sind besonders im chinesischen und japanischen Amidismus sowie Zen zu sehen.

Aber schon zu Buddhas Zeiten gab es offenbar verschiedene Schulen. Jedenfalls sind verschiedene Stellen im Pālikanon wohl so aufzufassen. Im Cullavagga (VII) ist zum Beispiel eine abweichende Position zum Vegetarismus festgehalten. Devadatta, ein Vetter des Buddha, befürwortete strenge Lebensformen für Mönche: Man solle nur in gespendeten Lumpen herumlaufen und sich nur vegetarisch ernähren. Bekanntlich lehnte Buddha diese Position ab: Er verbot nur, eigens für einen selbst getötete Lebewesen zu essen. Devadatta willigte aber nicht – wie sonst in solchen Dialogen üblich – in Buddhas Standpunkt ein, sondern bildete eine eigene, extrem asketische Gruppierung. Auch zeigt sich bei einer Reihe von Buddhas Schülern ein eigenständiges Denken, besonders bei Shāriputra oder Kātyāyana, die beide in erkenntnistheoretischer Hinsicht über Buddhas Lehren (im Beisein Buddhas!) hinausgingen.

Freilich haben sich Schüler nicht vom Buddha getrennt. Dafür gab es weder einen Grund noch eine institutionelle Möglichkeit. Buddhistische Schulenbildung hat wenig mit abweichenden Lehrmeinungen, also mit «Heterodoxie», zu tun. Es ist keine für alle verbindliche Autorität oder Instanz da, von der man abweichen könnte. Buddhistische Schulenbildung beruht auf abweichenden Ordensregeln, auf dem *Prātimoksha*, also auf einem Disput über Formfragen der Mönchszucht. Dabei ist und blieb unsicher, ob diese Ordensregeln auf den Buddha selbst zurückgehen.

Halten Mönche getrennt voneinander die Beichtfeier ab, bilden sie bereits einen eigenen Sangha. Da verwundert es nicht, wenn sich schnell eigenständige Entwicklungen herausbilden. Der Grund für einen eigenen Sangha liegt jedoch nicht in erster Linie in den Lehren, sondern in der territorial bedingten Notwendigkeit, alle 14 Tage innerhalb einer Ordensgrenze (Skt. *sīmā*) zu einer Beichtfeier zusammenzukommen. So gesehen gab es durchaus einen gewissen Zwang zur Gemeindebildung. Eine buddhistische Gemeinde ist nur dort, wo ein Sangha ist, aber ein Sangha ist nur dort, wo er durch eine *sīmā* beziehungsweise territoriale Ordensgrenzen bestimmt ist, denn ohne solche Grenzen sind Rechtshandlungen und damit auch Ordinationen ungültig.

Der Typ des solitären Asketen, der als Einzelner auf Erlösungssuche geht, geriet jedenfalls schnell in Mißkredit, und schon Ashoka drohte in seinen Inschriften mit «Exkommunikation», wenn die Beichtfeiern nicht gemeinsam abgehalten würden. Allerdings war die Gemeinschaft eine lose: Es gab keine festen Sprengel, keine Residenzpflicht, keine lebenslange Ordensbindung, keine klerikal-hierarchischen Strukturen, keine unbedingte Autorität des Abtes (außer durch Anciennität), keine spirituelle Sukzession.[199]

Es ist aber ein bekanntes Phänomen in der Religionsgeschiche, daß sich religiöse Richtungen nicht nur in verwalteten religiösen Institutionen herausbilden. Denn nicht die «Sekte» kommt zuerst, sondern eine religiöse Idee, die sich zu einer Sekte entwickeln kann, aber nicht muß. So ist denn auch der «Mahāyāna keine Sekte, sondern eine religiöse Strömung, die die Mönche unabhängig von ihrer Sektenzugehörigkeit erfaßte».[200] Hier tut sich eine grundsätzliche Frage für Asketen auf: Wieviel Gemeinschaft braucht der Einzelne für seinen Heilsweg, und wieviel Absonderung läßt die Gemeinschaft für diesen Zweck zu? Auch im frühen, noch deutlicher im späteren Buddhismus läßt sich diese Spannung zeigen: Einerseits gibt es einen ethisch begründeten universalistischen, missionarischen Anspruch, andererseits einen individuellen und mit dem Arbeitsleben nur eingeschränkt verträglichen, asketischen Erlösungsweg.

Zwar war der Buddhismus von Anfang an als bloße Mönchsreligion angelegt, fest steht aber auch, daß der Buddha für sich selbst die Leitung eines Ordens ablehnte und offenbar zuließ, daß Laien direkt das Nirvāna erreichten.[201] So waren im Grunde für den Buddhismus zwei Heilswege geöffnet: der mönchische «Nashornweg», bei dem sich der Einzelne (*pratyekabuddha*) gegen alles abschirmt, und der ethische «Mitleidsweg», bei dem der Nächste gesucht wird, um ihm zu helfen. Beide Wege oder – in Max Webers Worten – Virtuosenideale können sich auf Stifterworte berufen, beide Wege sind – dies hatte Weber falsch beurteilt[202] – etwa gleich alt. Der «Streit» lag also schon früh in der Luft, Spaltungen waren die notwendige Folge einer im Grundsatz unentschiedenen und vielleicht unentscheidbaren Frage, ob der Buddhismus eher eine Heilslehre für wenige oder eher eine Religion für alle ist.

Der Überlieferung zufolge haben sich bald nach Buddhas Tod zwei Flügel gebildet, die mit zwei herausragenden Persönlichkeiten des frühen Buddhismus verbunden sind: Ānanda, der sogenannte Lieblingsschüler und enge Vertraute des Buddha, und Mahākāshyapa, dem die Leitung des ersten Ordens zufiel. Ānanda selbst hatte Worte des Buddha zur Ordensgründung erbeten. Er hielt sie für sakrosankt: Nur die Lehre ist die Richtlinie. Nicht aber hatte der Buddha, wie von Ānanda erbeten, einen Nachfolger bestimmt. Demgegenüber beanspruchte Mahākāshyapa die Führungsrolle der weltflüchtigen Mönche. Im Grunde ging also der Streit wieder um die Frage, wieviel Weltflucht nötig und möglich sei. Ānanda hatte dabei unter den Mönchen eine schlechte Position: Er soll bei Buddhas Tod geweint haben. Dies gefährdete seine geistliche Autorität, zeigte er doch dadurch menschliche Regungen, die er als Mönch eigentlich überwunden haben sollte. Auf der anderen Seite gewann er Sympathien unter den Laienanhängern und – nicht zu unterschätzen – den Frauen; immerhin hatte Ānanda dem Buddha auch die Frauenordination abgerungen. Mahākāshyapa aber stand für den Rückzug, Disziplin und asketisches Mönchstum, das den Pragmatismus Ānandas ablehnte.

Öffnung oder Rückzug, Gemeinschaft oder Individualismus – diese allgemeine Spannung asketischer Religionen zeigt sich also seit den Tagen des frühen Buddhismus. Zwar hat sich die Position Kāshyapas weitgehend durchgesetzt – die Stellung der nichtordinierten Buddhisten ist bis heute eigentümlich ungeklärt –, dennoch konnte aus lebensweltlichen und dogmatischen Gründen eine völlige Abspaltung der Mönche nicht erfolgen. So lebte der alte Streit in der Geschichte des Buddhismus immer wieder auf, und er führte zu zahlreichen Richtungsbildungen, darunter der zwischen Sthaviravāda und Mahāyāna.

Auf dem 3. Konzil in Pataliputra (um 383 v. Chr.) soll der Mönch Mahādeva den Typ des weltflüchtigen Mönchs angegriffen haben, indem er behauptete, daß ein Arhat gar nicht trieb- und gefühllos sei, wie von den Mönchen unterstellt werde. Ein Arhat könne zum Beispiel sexuelle Träume und nächtlichen Samenerguß haben, er könne an der Richtigkeit seines Weges zweifeln, und sein Erlösungsstreben werde durch Belehrungen gefördert. Diese Behauptungen lösten natürlich eine heftige Kontroverse aus, war doch die Übermenschlichkeit des Arhat in Frage gestellt. Mahādeva hatte aber Argumente, denen sich auch viele Mönche nicht entziehen konnten. So vermochten sie nicht zu leugnen, daß der Geist (in der Meditation) zwar willig ist, das Fleisch (im Traum) aber nicht. Weil eine absolute Sicherheit der buddhistischen Grundthese der Bedingtheit allen Seins widersprochen hätte, konnten sie den Zweifel des Mönchs nicht angreifen.

Diejenigen, die Mahādevas Position für richtig hielten, nannten sich Mahāsanghika («große Versammlung»), da sie sich in der Mehrheit sahen. Diejenigen, die Kāshyapas Position bezogen, nannten sich Sthaviravāda (Pāli *theravāda*, «Lehre der Älteren»); ihre Lehren sind im

Pālikanon enthalten. Die Theravādins, die Anhänger des Theravāda, verstehen sich – schon ihr Name bringt das zum Ausdruck – als legitime Nachfolger der Urgemeinde. Doch hat sich besonders die Scholastik (Abhidharma) von den ursprünglichen Lehren entfernt, indem sie vor allem die Lehre von den Daseinsfaktoren (Skandhas beziehungsweise Dharmas) verfeinert hat. Dharmas sind «Träger» aller Dinge und Wesen, einschließlich des Menschen. Sie bilden sich auf Zeit neu und lassen den falschen Eindruck von etwas Festem entstehen, obwohl alles immer nur im Werden ist. Zwar sind die Dharmas in gewissem Sinne als Elemente zu verstehen, aber auch sie unterliegen den drei Merkmalen alles Bedingten: Sie sind unbeständig (Skt. *anitya*), leidhaft (*duhkha*) und nichtichhaft (*anātman*). Nur das Nirvāna ist von diesen drei Merkmalen, ja jedem Merkmal, frei.

Von diesen Grundansichten der Urgemeinde wichen bestimmte Schulen ab. So behaupteten die Puggalavādins, die von Vātsiputra Anfang des 3. Jahrhunderts v. Chr. gegründet sein sollen, daß es im Kreislauf von Vergehen und Wiederkehr doch einen festen Kern gebe: die Person (Pāli *puggala, Skt. pudgala*), die das Karma im Diesseits, aber auch im Jenseits, sogar noch im Parinirvāna, erblicke beziehungsweise erfahre. Das Einzelne des Menschen ist nach den Puggalavādins unbeständig, leidvoll und nichtichhaft, aber das Ganze, das sich einer Zerlegung entzieht, bleibt als handelndes, erlebendes, erleidendes Subjekt selbst im Nirvāna. Mit dieser Lehre setzten sich die Puggalavādins in deutlichen Kontrast zur Nicht-Selbst-Lehre und wurden dafür heftig kritisiert.

Der Unterschied hatte folgenreiche Auswirkungen auch auf die Askeseformen und läßt sich besonders am Nirvāna demonstrieren. Für die Theravādins waren Aussagen über das Nirvāna entweder gar nicht (Stichwort: Schweigen des Buddha) oder nur widersprüchlich möglich. Es ist einfach nur das «Erlöschen». Indem die Sarvāstivādins den Dharmas Existenz (Skt. *sarvam asti*, «Alles ist») zusprachen, mußte dem Nirvāna eine unbedingte, fast ewige Existenz im Unterschied zur bedingten Existenz zukommen. Damit war das Nirvāna beinahe als ein jenseits des Menschen gelegener Bereich ausgewiesen, eine Art Himmel, zu dem man gelangt. Aber auch für die bedingten Dharmas nahmen die Sarvāstivādins eine langlebige Existenz an, die Vergangenheit, Gegenwart und Zukunft betrifft. Sie kehrten damit die Theorie der Puggalavādins um: Nicht die Ganzheit überdauert (diese ist vielmehr eine Illusion), sondern die Teile haben zumindest ein höheres Maß an Realität.

Diese «Philosophien» hatten Auswirkungen auf die buddhistischen Lehren – in dreifacher Hinsicht:

1. Himmel statt Nirvāna: Die Vorstellung von einer jenseitigen Welt führte zu einer Art buddhistischer Kosmographie, zur Rede von einer überirdischen Sphäre, von Himmeln und Zwischenbereichen und zur Konzeption einer Transzendenz: Das Nirvāna wird der Erreichbarkeit entzogen, und es kommt eine Art Paradies, das Buddhaland, auf.
2. Vom Buddha zum Gott: Dadurch daß der Buddha offensichtlich diesen beiden Bereichen angehörte, kam die Vorstellung von einer Mehrstufigkeit der Weiterentwicklung auf: Der Arhat oder ein Buddha blieb Mensch, aber sein Geist oder Wissen gehörte bereits der jenseitigen Welt an. Letztlich entwickelte sich hieraus die Drei-Körper-Lehre der Buddhas. Danach hat ein Buddha einen «Dharma-Leib» (*dharmakāya*): einen eigenschaftslosen, unstofflichen Leib des Absoluten, auch als Buddhaprinzip oder Urbuddha gedacht; einen «Genuß-Leib» (*sambhogakāya*): einen überirdisch-feinstofflichen, «himmlischen» Leib der überweltlichen Buddhaerscheinungen; und einen «Leib der grobstofflichen Manifestationen» (*nirmānakāya*): einen irdisch-materiellen sichtbaren Leib der in der Welt auftretenden Buddhagestalten und in der Welt der sinnlichen Begierden.
3. Von der Versenkung zum Ritual: Der überweltliche Buddha wurde zu einem Objekt der meditativen und rituellen Verehrung: Dabei wurde zum Beispiel das Rezitieren von Formeln (*dhāranī*) als Hilfsmittel teilweise anerkannt, aber auch Blumen oder Weihrauch waren zulässige Mittel der Verehrung.
4. Von der Heilssuche zur Ethik: Verdienstübertragung wurde ausgebaut und in das Konzept eines umfassenden Mitleids (*karunā*) einbezogen.

Diese vier Neuentwicklungen gingen in einem langen Prozeß als charakteristische Merkmale in den Mahāyāna-Buddhismus ein, nämlich in die Lehren von der Transzendenz, Mehrkörperlichkeit, Ritualisierung beziehungsweise Deifizierung des Buddha und vom Bodhisattva-Ideal, wonach der Mönch auf die Erlösung verzichtet, um auch anderen zum Nirvāna zu verhelfen. Die große Frage blieb: War der Buddha ein Mensch, ein Mensch mit besonderem Charisma, aber eben doch ein Mensch, oder war er ein Übermensch? Hier trat früh eine Schule auf den Plan, deren Name wieder ihre Lehre ausdrückt: die Lokottaravādins, die nämlich von Buddha als übermenschlichem Wesen (*lokottara*) redeten. Für sie bestand der Buddha aus absolut reinem Geist und Körper. Man sah ihn über die Welt herrschen, sprach ihm unendliche Macht zu, behauptete, er verweile dort in ewiger Versenkung (*samādhi*), habe nur durch Verwandlung einen Körper (*nirmānakāya*) angenommen, um auf die Welt zu kommen und den Menschen die Lehre zu verkünden. Der Buddha war endgültig zum Heiland geworden, abgehoben von den anderen, entrückt in ein jenseitiges Reich. Zugleich bot er sich als Objekt der Verehrung an. Der Mahāyāna-Buddhismus kündigte sich bereits in diesen Lehren an.

Diese Lehren mußten sich auch auf die buddhistische Askese auswirken: Das alte Ideal von einer Gemeinschaft der Mönche, die alle auf Erlösung aus sind, hatte sich geändert. Die Mönche strebten nicht mehr unbedingt eine unmittelbare Erlösung an, und das Heil konnte auch durch die Verehrung des Buddha erlangt werden. In den Klöstern wurde nicht mehr nur meditiert, sondern auch gebetet, und es wurden Rituale durchgeführt. Und der Mönch war nicht mehr überwiegend für sein eigenes Heil, sondern auch für das Heil der Mitwesen verantwortlich.

In gewisser Hinsicht stehen sich im Theravāda und Mahāyāna zwei Mönchsideale gegenüber:[203] Für den Theravāda ist der Buddha Mensch und Lehrer; für den Mahāyāna ist der Buddha auch eine Projektion des Absoluten; sein irdischer Leib ist ein Scheinleib (= leer), und es gibt ihn nur als nicht wahrnehmbaren Körper (*nirmānakāya*). Im Theravāda erscheint in jedem Weltzeitalter mindestens ein «menschlicher» Buddha zur Verkündung der Lehre; im Mahāyāna gibt es zu allen Zeiten unendlich viele Buddhas, und jeder trägt die Buddhaschaft in sich. Im Theravāda kann Erlösung nur durch eigene Kraft erreicht werden, im Mahāyāna-Buddhismus kann sie durch Fremde gefördert werden. Im Theravāda gibt es nur einen Erlösungsweg: den Achtpfad, im Mahāyāna gibt es mehrere Erlösungswege: den Weisheits-, den Bodhisattva-, den Glaubens- oder den Ritualweg. Im Theravāda ist im Prinzip Erlösung nur für den Mönch möglich, im Diesseits erreichbar und höchstes unmittelbares Ziel; im Mahāyāna ist Erlösung auch für Laien, aber erst im zukünftigen Leben, erreichbar und ein der Bodhisattvastufe nachgeordnetes Ziel. Im Theravāda muß Erlösung spirituell erarbeitet werden, im Mahāyāna ist Erlösung von Anbeginn wesenhaft gegeben, sie muß aber erlebnishaft realisiert werden. In der Welthaltung herrscht im Theravāda

Weltüberwindung, Vernunft und «Ich»-bezogenheit vor, im Mahāyāna Welterleben, Weisheit, Gefühl und eine ethische «Du»-Bezogenheit.

Dennoch sind die Gemeinsamkeiten zwischen den einzelnen Richtungen und Schulen größer als die Unterschiede. Selbst die Konzile, auf denen die Differenzen teilweise heftig ausgetragen wurden, haben nicht zu einer Spaltung des Ordens geführt. Die Toleranz und vor allem die Autonomie der einzelnen Ordensgemeinschaften ließ die Möglichkeit einer unwiderruflichen Abspaltung gar nicht zu. Im Gegenteil: Bis in das 3. Jahrhundert n. Chr. lebten Mönche unterschiedlicher Richtungen offenbar in Klöstern zusammen, in Nālanda sogar bis in das 13. Jahrhundert.

Sie alle einten bestimmte Grundlehren, etwa daß das Dasein leidhaft und vergänglich ist, daß alles Entstandene im Daseinsfluß liegt, daß Wiedergeburt ohne Seelenwanderung ist, da die Person ohne Selbst ist, daß dazu Sinnesanhaftungen und Gier in der Zuflucht im Sangha und mit dem Glauben an die Vier Edlen Wahrheiten, den Buddha, seine Lehre sowie Nächstenliebe und Ethik besiegt werden müssen und dann das Selbst völlig erlischt, Seelenruhe gefunden ist.

Christentum: Gebet und Arbeit – Askese für die Welt[204]

Kennzeichnend für das Alte Testament ist ein positives Weltverhältnis: Die Welt ist Gottes Schöpfung. Die Ehe ist ein Pflichtgebot. Geschlechtliche Enthaltsamkeit und Fasten gibt es fast nur bei besonderen Gelegenheiten, etwa vor der Ausübung von kultischen Handlungen und an besonderen Tagen, zum Beispiel am Versöhnungstag oder im Frühjudentum an den zwei wöchentlichen Fastentagen. Diese Gebote gelten für das ganze Volk; eine asketische religiöse Elite gibt es im Alten Testament kaum. Ein bibelhebräisches Wort für «Askese» gibt es nicht.

Im frühen Judentum gibt es asketische Strömungen nur am Rand: Hier sind etwa die ehelos und abgeschieden in der Wüste am Toten Meer in einer klösterlichen Gemeinschaft lebenden Qumran-Essener zu nennen; ihre Askese hat in einem stark gesteigerten priesterlichen Reinheitsideal seinen Grund. Ähnlich mag es bei der von Philo erwähnten Gemeinschaft der «Therapeuten» gewesen sein, die wir aber nicht genau kennen. Philo selber, ein gebildeter alexandrinischer Philosoph und Bibelausleger, verbindet eine hellenistisch, vor allem platonisch geprägte Ablehnung des Leibes mit einer mystischen Frömmigkeit. Anders ist es beim Endzeitprediger Johannes dem Täufer, der in der Wüste am Jordan wirkte und zu dessen Schülerkreis Jesus von Nazareth eine Zeitlang gehört haben dürfte: Seine Askese war von der Ankündigung des nahen Weltgerichts geprägt, das nur noch die Möglichkeit zu radikaler Buße offen ließ.

Auch im Neuen Testament ist Askese peripher. Jesus selber war kein Asket, im Gegenteil: Nach seiner Rückkehr aus der Wüste war er verschrien für sein weltzugewandtes Leben:

> Es kam Johannes der Täufer und aß nicht und trank nicht,
> da sagen die Leute: Er hat einen Dämon!
> Es kam der Menschensohn und aß und trank,
> da sagen sie: Siehe, ein Fresser und Weintrinker, ein Freund der Zöllner und Sünder!
> (Matthäus 11,19)

Dennoch konnten sich asketische Bewegungen späterer Jahrhunderte auch auf Jesus berufen: Jesus hatte seine Familie verlassen (vgl. Markus 3,31–35), war unverheiratet, übte keinen Beruf aus und war anscheinend ohne festen Wohnsitz. Er zog als Exorzist und Krankenheiler durch das Land Israel und verkündigte das nahe herbeigekommene «Gottesreich», also das Weltende, das Gericht und die damit verbundene neue, gerechte Welt Gottes. Er forderte einzelne Männer und wahrscheinlich auch Frauen auf, sich ihm anzuschließen, auf ihren Besitz und Beruf zu verzichten, seine Lebensform zu teilen und wie er das Gottesreich zu verkündigen (Markus 1,16–18; Lukas 9,57–62). Das ist der Sinn der sogenannten «Nachfolge». Der Ruf in die Nachfolge galt nicht allen, sondern nur wenigen, denn er war mit dem konkreten Auftrag zur Verkündigung des Gottesreichs verbunden. Aus dem Kreis der Nachfolger Jesu entstand die Bewegung der sogenannten urchristlichen Wanderradikalen, welche nach dem Tod Jesu sein Werk fortsetzten.

Die Verkündigung des Gottesreichs beinhaltete die Hoffnung auf eine neue, gerechte Welt. In dieser Hoffnung wurzelt die Kritik Jesu und seiner Anhänger am Reichtum, dem «ungerechten Mammon» (z. B. Matthäus 6,24; Markus 10,25), an der herrschenden Elite und an den Machthabern dieser Welt überhaupt (z. B. Markus 10,31.42–45). Mit Askese ist Jesu Protest gegen Reichtum und Macht und seine Zuwendung zu den Armen und Disqualifizierten nicht zu verwechseln.

Auch im frühen Christentum blieb Askese ein Randphänomen. Paulus lebte ehelos und hielt Ehelosigkeit für eine ausgezeichnete christliche Lebensform (1. Brief an die Korinther 7,32–37); aber er lehnte Ehe und ehelichen Sexualverkehr nicht ab. Seine Sicht war stark durch seine Erwartung des nahen Weltendes bestimmt. Was er als Sünde ablehnte, war Geschlechtsverkehr außerhalb der Ehe (z. B. 1 Kor 6,15–19). Die nachpaulinischen Briefe an die Kolosser und an die Epheser vertreten in ihren «Haustafeln» eine christliche Ehe- und Familienethik. Die ebenfalls nachpaulinischen Pastoralbriefe lehnen asketische Tendenzen, zum Beispiel das Ehe- und Speiseverbot, ausdrücklich ab, «denn alles von Gott Geschaffene ist gut» (1. Brief an Timotheus 4,3f); sie haben sich vermutlich bereits mit gnostischen Gegnern auseinanderzusetzen.

Grundsätzlich dasselbe gilt für den kirchlichen Hauptstrom des Christentums im 2. und 3. Jahrhundert, auch wenn nun asketische Tendenzen deutlich zunehmen: Vor allem Ehelosigkeit und geschlechtliche Enthaltsamkeit wurde in weiten Kreisen zum Ideal: Wichtig dafür wurde das – in seiner Echtheit fragliche – Jesuswort vom Eunuchen «um des Himmelreichs willen» (Matthäus 19,12), das vermutlich von der Ehelosigkeit spricht und in der Alten Kirche eine reiche Wirkungsgeschichte hatte. In Syrien gab es Wanderasketen, die «Jungfräulichen», die das Leben der urchristlichen Wanderradikalen fortsetzten und Gemeinden und einzelne Gläubige besuchten. Die Frömmigkeit vieler apokryphen Apostelgeschichten, zum Beispiel der Thomasakten, ist stark asketisch geprägt. Die Marcioniten, d. h. die Anhänger des radikalen Paulusschülers Marcion, der in Rom Mitte des 2. Jahrhunderts eine Gegenkirche gründete, haben nicht geheiratet: Der Grund ihrer radikalen Leibfeindlichkeit lag in ihrer Ablehnung des biblischen Schöpfergotts.

Der Hauptgrund für die Zunahme asketischer Tendenzen lag darin, daß das Christentum zunehmend von seiner hellenistischen Umwelt geprägt wurde. Hier waren leibfeindliche Tendenzen verbreitet. Zu nennen sind hier die Einflüsse platonischer Tradition, besonders im Neuplatonismus, aber auch die Wirksamkeit kynischer Philosophen und die uns nicht so genau bekannten Bewegungen des Neupythagoräismus und der Orphik. Verdichtet haben sich leib- und weltfeindliche Tendenzen in der Gnosis, einer weitverbreiteten, in verschiedenen Religionen auftauchenden Strömung. Die sogenannten «Gnostiker» verstanden die Welt und den Leib als Werke eines bösen Gottes; sich selber verstanden sie als göttlichen Funken, als «Pneuma» (= Geist), der in der Materie gefangen ist und durch die erlösende Erkenntnis (= Gnosis) zu seinem göttlichen Ursprung zurückgeführt wird. Viele Christen im 2. Jahrhundert, gerade gebildete, wohlhabende Christen in den Städten, dachten «gnostisch»; sie lebten in strenger Askese, weil sie sich von der verderblichen Materie geschieden wußten. Auch der Perser Mani (216–277), der im 3. Jahrhundert eine neue, asketische Religion, den Manichäismus, gründete, ist stark von christlich-gnostischen Traditionen geprägt.

Im 3. Jahrhundert tritt neben die traditionelle christliche Askese, die weithin in den Familien und Gemeinden gepflegt wurde, eine neue Form der Askese, die sogenannte Wüstenaskese. Der Beginn des christlichen Mönchtums liegt in der ägyptischen Wüste. Galt dieser Ort in der altägyptischen Religion als die Stätte der Dämonen, des Geheimnisvollen und Unheimlichen, auch des Gottes Seth, der Verkörperung des Bösen, so wurde er nun zum Ort der Bewährung christlichen Glaubens. Doch auch in der frühen Wüstenaskese ging es zunächst noch um einen individuellen Heilsweg, die Abkehr von Bischof und Frau, wie der Mönch Johannes Cassianus (um 360 bis 430–435) sagte. Die Eremiten in der Wüste traten durch kontinuierliches Beten, Meditation und Gottesdienst hervor. Einige lebten offenbar wie Wilde, nackt und Gras essend. Einen Orden bildeten sie noch nicht.

Dieser entstand im östlichen Christentum erst mit dem griechischen Kirchenlehrer und Bischof Athanasios (um 295–373), unter dem sich die Eremiten zusammenschlossen: der Beginn des Koinobitentums. Es entwickelte sich dann bald zu einem streng geordneten gemeinsamen Leben von Mönchen, besonders unter Pachomios, einem ägyptischen Mönch (um 287–347), der um 320 in Tabennesi (am Nil) ein Kloster gründete, dessen Regeln die Grundlage des frühen Mönchtums bildeten. Das Einsiedlerleben war für viele doch zu schwer und gefährlich geworden, die brüderliche Gemeinschaft wurde immer mehr zum Vorbild. Das Koinobitentum sah unter anderem einen abgeschlossenen Wohnraum, eine einheitliche Lebensform (zum Beispiel in bezug auf Kleidung, Nahrung, Arbeit und Gottesdienst) sowie einen Klosteroberen mit Gehorsamsbindung für die Mönche vor. Die Gemeinschaft der Mönche sollte asketischen Übereifer dämpfen. Der Erfolg war groß: Das Kloster von Pachomios soll bei dessen Tod bereits um sechstausend Mönche gehabt haben.

Im frühen Koinobitentum gab es auch eine Arbeitsverpflichtung, also eine Güterbeschaffung durch die Mönche und wirtschaftliches

Wachstum der Klöster, welches in einer Spannung zum Armutsgebot der Mönche stand: Für den einzelnen Mönch gab es im Unterschied zu den Eremiten keinen Spielraum mehr, das Kloster aber konnte Besitz («Eigentum Christi») haben. In der Spätantike verband sich Askese darüber hinaus mit dem Studium. Es entstanden neue Klostertypen wie etwa das Basilikakloster, eine monastische Gemeinde im Dienste eines Gotteshauses, oder die Klerikerklöster mit Priester und Mönchsdienst, die von den Bischöfen gefördert wurden. Auch bestand die Möglichkeit der Befreiung von Sklaverei, wenn man Klöstern beitrat.

Im 5. Jahrhundert gelangte das Mönchswesen bereits nach Irland. Das heimatlose Wandern für Christus (peregrinatio propter Christum) wurde zu einem wichtigen Element des Mönchtums und der Mission. Für die Ausbreitung und Internationalisierung des christlichen Mönchtums im 4./5. Jahrhundert gab es verschiedene Gründe: die Bejahung des asketisch-monastischen Ideals durch die Aristokratie, die enge Verbindung zwischen Bischof und Kloster, den Beweis des christlichen Bekenntnisses in einem heidnischen Umfeld. Ein wahrer Christ konnte sich nur hinter Klostermauern behaupten.

Einen Aufschwung des Mönchtums erlebte das Christentum im 6. Jahrhundert, vor allem durch den Einsiedler Benedikt von Nursia (480–547). Er hatte sich in der Mitte des 6. Jahrhunderts zunächst im östlich von Rom gelegenen Subiaco und später mit Mitbrüdern auf dem Monte Cassino niedergelassen. Die von ihm aufgestellten Regeln, die Regula Magistri, sollten zum Ideal der katholischen Askese schlechthin werden. Benedikt selber wollte wohl nicht diese Breitenwirkung, er war eher ein Suchender und nicht ein auf Wirkung bedachter Reformer. Er verpflichtete die Mitmönche auf eine geregelte Gemeinschaft, bewahrte dabei aber Augenmaß. Dazu gehörte zum Beispiel die Ortsbeständigkeit (*stabilitas loci*), die lebenslange Bindung der Mönche an ein Kloster, der tugendhafte Wandel in den Lebensformen und die Gehorsamsverpflichtung. Und es gehörten dazu ein geregelter Ablauf des Tages mit viel Gebet, aber auch mit Arbeit, die vornehmlich in der Fürsorge für die Armen und der Erwirtschaftung von Erträgen für das Kloster bestand. Die Formel *ora et labora*, «bete und arbeite», verdanken wir dem Geiste nach Benedikt, auch wenn die Formulierung erst im Spätmittelalter aufgekommen ist. Die Klöster waren erfolgreich, weil sie geistige Ausstrahlung hatten, aber auch wirtschaftlich leistungsfähig waren. Sie erhielten zahlreiche Schenkungen, mit denen die Stifter sich bestimmte Rechte an den Klöstern sicherten. Die Mönche waren verpflichtet, für das Heil der Seele des Stifters zu beten. Die Stifter selbst konnten im Alter in die Klöster eintreten, sie hatten ein Gastrecht und erhielten Gebetshilfe.

Seit dem 8./9. Jahrhundert wurde das Mönchtum klerikalisiert, indem die Unvereinbarkeit von Priester und Mönch weitgehend aufgehoben wurde. Der Klerus selbst neigte zu monastischen Lebensformen, und dazu gehörten in erster Linie Enthaltsamkeit, Armut und das gemeinsame Leben. Aus Laiengemeinschaften wurden Priestergemeinschaften. Teilweise wurden die Regeln des Benedikt auch für die Kleriker übernommen, aber es kamen auch private Messen der Priestermönche und Nebenaltäre hinzu. Als Kanoniker galten in Gemeinschaft lebende Kleriker, die Mitglied eines Dom- oder Stiftskapitels oder eines Ordens regulierter Chorherren waren. Die Aufgaben der Mönche waren die tägliche geistige Lesung (*lectio divina*), das Seelengebet, Dienst am Heiligtum, vornehmlich an den Reliquien und Gedächtnisstätten. Es entstanden Großklöster, besonders auf dem freien Land. Vorbild hierfür war der Plan des 810 gegründeten Klosters St. Gallen. Bald wurden auch Schulen an die Klöster angegliedert, die Großklöster erhielten zum Teil umfangreiche Bibliotheken. Königklöster, in denen die Äbte Vertrauensmänner des Königs, etwa Karls des Großen, waren, bildeten wichtige Stützpunkte der Reichsorganisation. Hinzu kamen Mission, Kolonisation und zahlreiche Werkstätten in den Klöstern.

Im 10. Jahrhundert ging eine monastische Reform von dem 910 gegründeten burgundischen Kloster Cluny aus. Herzog Wilhelm von Aquitanien hatte dort eine Benediktinerabtei einrichten lassen, die er von jeglichem Laieneinfluß befreite. Außerdem legte er die Pflichten für die Mönche umfassend fest, die unter anderem die feierliche Ausweitung der Liturgie und das Gebet für die Welt betrafen. Die Mönche sollten für ihn, seinen Lehnsherrn, seine Familie und alle rechtgläubigen Christen beten. Auch sollten sie Barmherzigkeit gegenüber allen Armen, Bedürftigen und Pilgern zeigen. Die Cluniazenser führten Totenbücher mit den Namen der verstorbenen Stifter und Mönche und speisten Arme an deren Namenstagen, zeitweilig mehrere hundert Bedürftige. Solche Totengedächtnisse und Armenspeisungen führten bisweilen zum wirtschaftlichen Ruin der Klöster, aber die Caritas und die prächtige Liturgie blieben die Markenzeichen dieser expandierenden und bis zum 12. Jahrhundert dominierenden Mönchsgemeinschaft, deren Verwaltung zunehmend schwieriger wurde. Seit dem 10. Jahrhundert entstanden auch Klosterverbände. Die Klöster waren fortan dem Rechtsanspruch des Papstes unterstellt, nicht etwa dem Adel oder dem Bischof, und es gab einen Abt für mehrere Klöster. Dadurch wuchs die Abhängigkeit zwischen den Klöstern.

Im 11./12. Jahrhundert lebten das eremitische Ideal wie überhaupt eine breite Sehnsucht nach einer Ablösung von der vergänglichen Welt und eine tiefe Sorge um das eigene Heil wieder auf. Die Exklusivität und Pracht der Großklöster, der materielle Reichtum, die Machtfülle der Äbte wurden mehr und mehr kritisiert. Manche Klöster waren zu Großbetrieben herangewachsen. Gefordert wurde von überall auftretenden neuen Gruppen, besonders den Kartäusern, Zisterziensern, Prämonstratensern und Augustinerchorherren, eine neue Bescheidenheit, eine Rückbesinnung auf die Wüstenväter. «Die Paradoxie aller rationalen Askese: daß sie den Reichtum, den sie ablehnte, selbst schuf, hat dabei dem Mönchtum aller Zeiten in gleicher Art das Bein gestellt», sagt Max Weber[205] und erfaßt damit die für asketische Gruppierungen typische Spannung zwischen Ablehnung und Anhäufung von Reichtum.

So gab es etwa in den Zisterzienserorden eine Abkehr vom Brauchtum Benedikts und der cluniazensischen Klöster. 1098 verließ Robert, der Abt des Klosters Molesme (in der Diözese Langres), mit zwanzig Brüdern seine Abtei. In dem kleinen Ort Cîteaux (Cistercium) in Burgund gründete er ein «Neues Kloster», das *novum monasterium*. Ein Jahrhundert später gab es nicht zuletzt durch das Wirken von Bernhard von Clairvaux (1090–1153) bereits über eintausendfünfhundert Zisterzienserklöster in ganz Europa. Die Nonnen und Mönche dieses Ordens forderten Armut, Weltabgeschiedenheit und Arbeit. Sie verbanden geistliche mit praktischer Tätigkeit, vor allem in der Landwirtschaft. Ihre Klöster errichteten sie in Wäldern und entlegenen Gegenden, wo sie das Land rodeten und urbar machten.

Unter dem gewandten und diplomatischen Abt Bernhard von Clairvaux, der selbst von sich sagte, daß er noch den mönchischen Habit trage, aber das Leben eines Mönches längst abgelegt habe, breitete sich der Zisterzienserorden schnell aus. In vielen Klöstern verband sich die Askese, die Absage an die Welt, mit mystischer Christusfrömmigkeit. Aber es gab auch kirchliche und politische Aufgaben, etwa die Beteiligung am Zweiten Kreuzzug oder die eigene Bewirtschaftung der Klöster, die zu Reichtum und wiederum zur Abkehr von asketischen Idealen führte.

Im 12. Jahrhundert kamen die Armutsbewegungen und Mendikanten (von lat. *mendicare*, «betteln») auf. Die Armutsbewegung war eine weit verbreitete Laienbewegung mit verschiedenen Ausprägungen (Humiliaten, Waldenser, Katharer etc.). Ihr Schicksal war unterschiedlich: Teils wurden sie von der Kirche verfolgt, teils wurden sie in die Kirche integriert. Sie verstanden wie alle christlichen Asketen das Aussendungswort Jesu wörtlich:

> Wenn ihr aber hingeht, so predigt: «Das Reich der Himmel ist genaht.» Heilet Kranke, wecket Tote auf, machet Aussätzige rein, treibet Dämonen aus! Umsonst habt ihr es empfangen, umsonst gebet es! Verschaffet euch nicht Gold noch Silber noch Kupfer in eure Gürtel, keine Tasche auf den Weg, auch nicht zwei Röcke, auch nicht Schuhe noch Stab; denn der Arbeiter ist seiner Speise wert. Wo ihr aber in eine Stadt oder in ein Dorf kommt, erkundigt euch, wer darin würdig sei, und bleibet dort, bis ihr weiterzieht. (Matthäus 10,7–11)

Für die Integration der Armutsbewegung in die Kirche waren vor allem die sogenannten Bettelorden wichtig (seit dem frühen 13. Jahrhundert). Dominikus (1170–1221), der Gründer des Prediger- oder Dominikaner-Ordens, wollte keinen Personalverband und keine Ortsbindung, sondern eine Wanderschaft in die sozialen Problemgebiete der mittelalterlichen Städte, hin zu den Armen und Entrechteten. Franziskus von Assisi (1181–1226) befürwortete ebenfalls Armut, brüderliche Gemeinschaft und Bußpredigt in Wort und Tat. Die Bettelorden wollten lose Personalverbände sein, Mission betreiben, Gehorsam gegenüber dem Papst praktizieren und einfordern. Sie wollten ein einfaches Leben in der Nachfolge Christi innerhalb der Kirche mit Buße, tätiger Nächstenliebe und inbrünstiger Predigt.

Vor allem die Quaestio Franciscana (auch *quaestio de paupertate*), die Armutsfrage, kam (wieder) auf und führte schon kurz nach Franziskus' Tod zu Streit darüber, wieviel Eigentum ein Mönch oder das Kloster haben darf. Die «Spiritualen» folgten strikt Franziskus und der von ihm vorgelebten kompromißlosen Armut, die gemäßigtere Mehrheit ließ den Gebrauch, nicht aber den persönlichen Besitz von Dingen zu, die für Lebensunterhalt, Kleidung, Kult und Studium gebraucht wurden. Zu Beginn des 14. Jahrhunderts eskalierte der Konflikt. Papst Innozenz IV. übertrug mit der Bulle Ordinem Vestrum alles Eigentum dem apostolischen Stuhl. Daraus entstand ein Streit, weil nun Armut bloß eine juristische Fiktion war. Die Frage kam auf: Hatte Christus

Eigentum oder nicht? Papst Johannes XXII. erklärte 1323 die franziskanische Armutsauffassung für «irrig und häretisch»; ihre Anhänger wurden als Ketzer verfolgt. Die Klöster aber gerieten mehr und mehr zu reichen Großkonventen mit geschäftlichem Gebaren.

Im Spätmittelalter drängte die allmähliche Herausbildung von Nationen die Orden teilweise in nationale Grenzen und schwächte sie. Hinzu kam die Pest, die Orientierungslosigkeit und mangelnde Disziplin auch in den monastischen Personalverbänden verursachte. Die Abteien gerieten oft in die Hände von Laien oder Klerikern, die keine Mönche waren. Der Verzicht auf die Strenge des Klosterlebens sowie die Erlaubnis von geringem Privateigentum führten zu einer Umwandlung vieler Klöster in freie Stifte. Auch die Verinnerlichung des religiösen Lebens, die besonders von den Fraterherren propagierte devotio moderna, die Selbstkontrolle und Nächstenliebe, meditative Bibellesung und mystische Versenkungen forderte, wirkte sich auf das Klosterleben aus. An die Stelle der scholastischen Predigten traten Volkspredigten in den Landessprachen. Die Frömmigkeit der *devotio moderna* wurde durch populäre Andachtsbücher, deren wichtigstes die dem Thomas von Kempen (1380–1471) zugeschriebene «Imitatio Christi» (Von der Nachfolge Christi) ist, ungeheuer verbreitet. Schon bald wurden Bücher zum wichtigsten Träger asketischen Gedankenguts.

In der Reformation kulminierte die Kritik an den selbstherrlichen Klöstern. Luther wollte das Heil allein aus Glauben, die evangelische Freiheit stellte er über die Bindung an Orden, das persönliche Gewissen über Gelübde. Es kam zum Niedergang des katholischen Ordenswesens. Klöster wurden in Schulen umgewandelt. Heinrich VIII. (1509–1547) löste alle achthundert Klöster in England auf. Die Zahl der Ordensmitglieder verminderte sich um etwa die Hälfte. Es entstanden Personalverbände wie die Jesuiten, bei denen Predigt, Studium und Unterricht, Caritas und Gehorsam gegenüber dem Papst im Vordergrund stehen, die aber kein eigenes Ordenskleid und kein gemeinsames Chorgebet haben. Ihre Domäne war und ist die Seelsorge, die Mission sowie Schule und Universitäten.

Es wuchs die Kritik am Mönchtum und an den Klöstern. Die Aufklärung forderte den Beweis der Nützlichkeit der Klöster und des Mönchslebens. Askese mußte sich auch hinter den Klostermauern durch Arbeit legitimieren. Das Mönchtum widersprach der Vernunft, den Menschenrechten und der Natur. Mönchsleben wurde als Müßiggang angesehen. Stattdessen wurde ein Staatskirchentum gefordert, der Altar unter den Schutz des Thrones gestellt. In der Französischen Revolution fand die aufklärerische Kritik an klösterlicher Askese ihren Höhepunkt. Zwischen 1803 und 1806 wurden alle Klöster vernichtet oder aufgelöst.

Östliche und christliche Askese im Vergleich

Im Vergleich zwischen den Askeseformen in Hinduismus und Buddhismus einerseits und Christentum andererseits springen Gemeinsamkeiten ins Auge. Sie wurden in den vorausgegangenen Kapiteln jeweils angesprochen. Aber es gilt auch Unterschiede festzuhalten. So ist der Stifter des Christentums selbst kein Asket im strengen Sinne gewesen, auch wenn er keusch und entsagungsvoll gelebt hat. Buddha hingegen und die meisten sogenannten Sektenführer des Hinduismus waren erklärtermaßen Asketen. So gibt es im Hinduismus und weiten Teilen des Mahāyāna-Buddhismus Askese mit «magischem» Charakter. Da gilt es, eher die Welt zu «bezwingen», denn auf Gott zu vertrauen. Man will durchaus auch diesseitige Macht, nicht ein besserer, sondern ein mächtiger Mensch werden.

Im Hinduismus findet sich nur in Ansätzen eine ethische Askese. Der Caritas-Gedanke, der für das Christentum nach den Anfeindungen gegenüber der anachoretischen Askese so dominant wurde, findet sich allenfalls im Buddhismus. Den Beweis ihrer Nützlichkeit mußten indische Asketen nicht erbringen, wohl aber christliche Orden in der Aufklärung und in der Französischen Revolution. In weiten Teilen der hinduistischen, vor allem vishnuitisch-krishnaitischen Askese finden wir wie im Christentum Gottesdemut und das völlige Aufgeben des Willens zugunsten eines göttlichen Schöpfungsplanes. Ferner sind im Hinduismus kaum Frauenorden zu verzeichnen, während für Buddhismus und Christentum diese Beschränkung nicht gilt.

Ein wesentlicher Unterschied zwischen östlicher und christlicher Askese besteht hinsichtlich der Heilsgewißheit,[206] der *certitudo salutis,* die etwa im shivaitischen Hinduismus und im Buddhismus eher privat und selbstbewiesen, also nicht wie im Christentum von Gott gegeben und durch die Gemeinde oder das Kloster bestätigt ist. Zwar versteht sich der hinduistische Asket oft als Gefäß Gottes, der christliche aber als Werkzeug Gottes. Im Christentum geht es oft um gottgefälliges Handeln, die Erfüllung eines göttlichen Planes und Bewährung dabei. In der indischen Askese fehlt dieser Aspekt weitgehend. Im großen und ganzen hatte Max Weber schon Recht, als er die innerweltliche Askese des Christentums der außerweltlichen Askese Indiens gegenüberstellte, wenngleich die Schlußfolgerungen, die er daraus hinsichtlich der kapitalistischen Entwicklung zog, kaum zu halten sind.

In Indien gab es kaum antimönchische Bewegungen. Eine systematische Vernichtung oder Auflösung der Klöster läßt sich für Indien nicht nachweisen. Allenfalls die Zerstörung der buddhistischen Klöster durch den Islam zeigt hier gewisse Parallelen zur Säkularisierung in Europa. Aber der Islam richtete sich nicht prinzipiell gegen Askese und Klöster, sondern gegen den falschen Glauben.

In Indien gab es schon früh asketische Personalverbände, etwa als Bettelgemeinschaften, im Christentum erst im Hochmittelalter. Diese indischen Gruppierungen hatten aber nicht eine zentrale Gehorsamsbindung wie die katholischen Orden. Auch kannten sie keine oder nur geringe Arbeitsverpflichtungen. Ein Mönchtum in der Welt konnte sich kaum herausbilden, wenngleich indische Asketengruppen durchaus Reichtümer anhäuften, den Handel kontrollierten oder sich militärisch organisierten. In jedem Fall gab es in Indien nicht eine so lang anhaltende und grundsätzlich geführte Diskussion der Armutsfrage. In Indien gab es auch nicht wie in Europa Reichsklöster, die als Machtbasis für die Reichsorganisation dienten, obgleich einzelne Asketengruppen durchaus von Herrschern für ihre politische Machtsicherung instrumentalisiert wurden, etwa in den Auseinandersetzungen mit islamischen Truppen oder zur Sicherung von Handelswegen.

Die für den Hinduismus und in Maßen auch den Buddhismus grundsätzliche Spannung zwischen Priester und Asket läßt sich im Christentum nur in Ansätzen und am Rande finden. Der Streit zwischen Kanoniker und Mönch im 11. und 12. Jahrhundert wurde im Grunde nur literarisch geführt.

Schließlich kennt der Hinduismus keine Mission, daher wurden hinduistische Asketen auch nicht zur Religionsverbreitung oder wie beim Christentum in Religionskriegen oder Kreuzzügen eingesetzt, wenngleich auch in Indien Entsager ihren Glauben militant verteidigt haben.

2. Verzeichnis asketischer Gemeinschaften

Hinduistische Sekten und Asketengruppen

Aghorī «Die Nicht-Schrecklichen», d. h. die Shiva als Nicht-Furchterregenden verehren; shivaitisch-tantrische Gruppierung. Merkmale: beschmiert mit der Asche von Leichnamen, keine Heilige Schnur, schwarze Gewänder oder nackt, lange Haare, Kette aus Rudrāksha-Nüssen oder menschlichen Wirbelknochen, Bettelschale aus einem Menschenschädel. Aghorīs zeigen ihre Verachtung gegenüber der Welt, indem sie z. B. Kot, selten auch Leichen essen, sich bevorzugt an Verbrennungsplätzen aufhalten und auch Rauschmittel (Haschisch, Alkohol) zu sich nehmen.

Dandī, Dandin «Stockhalter»; größte Untergruppe der shivaitischen → Dashanāmīs, in der die drei Linien Tīrtha, Āshrama und Sarasvatī zusammengefaßt sind. Merkmale: kurze Haare, orangefarbene Kleidung, Wanderstock oder Dreizack (zum Teil mit Heiliger Schnur in angebundenem Sack). Dandīs setzen sich fast ausnahmslos aus hochkastigen Mitgliedern (*dvija*, «Zweimalgeborene»), vornehmlich sogar aus gebildeten Brahmanen zusammen und nehmen keine Frauen auf.

Dashanāmī «Zehn Namen habend»; Sammelbegriff für zehn shivaitische Traditionslinien, die jeweils eigene Namen (Giri, Parvata, Sāgara, Vana, Āranya, Purī, Bhāratī, Sarasvatī, Tīrtha und Āshrama), Ordenssitze (vor allem in Badrināth, Purī, Shringerī und Dvārakā), Lehrtraditionen und Klosterlehrer (Shankarācārya) haben. Merkmale: keine Heilige Schnur, Bettelschale (*kamandalu*) aus Holz oder Kalebasse. Die Dashanāmīs berufen sich auf Shankara (zw. 650 und 800 n. Chr.) und seine Philosophie des Advaitavedānta. Siehe auch Dandī.

Gaudīya (auch Caitanyas) vishnuitisch-krishnaitische Gruppierung, die von dem bengalischen Mystiker Caitanya (1486–1533) begründet wurde. Merkmale: zangenförmiges, auf die Nase heruntergezogenes Stirnzeichen mit oder ohne Punkt, Tulasī-Kette mit drei Strängen, weiße, auch orangene Gewänder. Gaudīyas verehren in devotionaler Form Krishna und seine Gespielin Rādhā.

Gosain Shivaitische Gruppierung; Bezeichnung für überwiegend militante Dashanāmī-Asketen in Nordindien.

Kabīrpanthī «Die dem Weg Kabīrs folgen»; synkretistische Gruppierung, die stark von der vishnuitischen Bhakti-Bewegung und dem Sufismus beeinflußt wurde. Die Anhänger berufen sich auf den Dichterheiligen Kabīr (16. Jh.), der sich gegen jede Kastenbeschränkung wandte und die Hindu-Götter ebenso wie Allah verehrte. Merkmale: Stirnmal mit zwei senkrechten Strichen und einem Punkt in der Mitte, pyramidenförmiger weißer Hut, Tulasī-Kette.

Kānphata (auch Gorakhnāthi, Nātha oder Yogī) «Die mit dem gespaltenen Ohr»; shivaitisch-tantrische Gruppierung, deren Entstehung eventuell auf Gorakhnāth (10./11. Jh.) zurückgeht. Kānphatas betreiben eine okkult-esoterische Yogapraxis. Merkmale: Schnur mit Ring und Pfeife oder Rudrāksha-Nuß, Ohrringe aus Holz, Glas oder Horn, Turban und gelbe oder weiße Gewänder, oft lange Haare.

Lingāyat (auch Vīrakta oder Vīrashaivas) «Lingaträger»; shivaitische Gruppierung, die von Basava (12. Jh.) begründet bzw. reformiert wurde. Die Lingāyats, die Kastenbeschränkungen ablehnen, unterteilen sich in Laien und sogenannte Jangama-Priester, von denen aber nur eine kleine Gruppierung, die Vīraktas, als Asketen bezeichnet werden können. Merkmale (der Vīraktas): safranfarbene Roben, kahlköpfig oder langes Haar, Kopfwedel, keine Heilige Schnur, kleines Linga in einem Tuch oder einem silbernen Kästchen am Körper, Tätowierungen.

Nāgā «Die Nackten»; 1. im 16. Jh. vor allem in Auseinandersetzung mit moslemischen Fakiren aufgekommene Untergruppe der → Dashanāmīs mit martialisch-militanten Traditionen. Shivaitische Nāgās treten besonders bei großen Asketentreffen, den Kumbhamelās, auf. Ihre streng organisierten Herbergen (Hindī *akhārā*) sind auch Trainingsstätten für gymnastische Übungen. Die Orden sind teilweise sehr wohlhabend, da sie viel Land besitzen und Vermögen aus früherem Handel mit Seide und anderen Waren erworben haben. Merkmale: lange Haare, bei Festen nackt, aschebeschmiert und mit Speer und

Schild bewaffnet. 2. Militante Untergruppe der → Rāmānandīs. Merkmale: lange Haare, bei Festen nur mit Lendenschurz bekleidet (Tyāgī: aus Baumwolle, Mahātyāgī: aus Eisenplatte), aschebeschmiert.

Nimbārkī (auch Nimāvats genannt): «Anhänger des Nimbārka»; vishnuitisch-krishnaitische Gruppierung, die sich auf den südindischen Stifter Nimbārka (12. Jh.) beruft und eine Gottesliebe zu Krishna-Rādhā predigt. Merkmale: zangenförmiges Stirnzeichen mit schwarzem Punkt in der Mitte, *tulasī*-Kette mit zwei Strängen, weiße Gewänder.

Paramahamsa «Höchstganter»; shivaitische Untergruppe der → Dashanāmīs (alle Gruppen außer den Dandīs). Merkmale: kurze Haare, orange- oder ockerfarbene Gewänder, Holzsandalen, geschorenes Haar. Die Paramahamsas gelten als die spirituell fortschrittlichsten Asketen; sie nehmen vereinzelt auch Frauen auf.

Rāmānandī (auch Bairāgī) «Deren Wonne Rāma ist» oder «Anhänger Rāmānandas»; zahlenmäßig die größte Gruppe der vishnuitischen Asketen. Die Rāmānandīs berufen sich auf Rāmānanda (ca. 1360–1470), angeblich Lehrer Kabīrs, haben sich als Sekte aber wohl erst im 18. Jh. formiert. Sie unterteilen sich in umherwandernde (*khalsā*), militante (*akhārāmalla, nāgā, tyāgī, mahātyāgī*) Asketen einerseits und in straff organisierten Herbergen oder Klöstern verweilende (*sthānadhārī*) Asketen mit abweichenden Initiationsformen und Praktiken andererseits. Sie nehmen Mitglieder aller Kasten auf, doch sitzen Asketen aus den niedrigen Shūdra-Kasten bei Festen in einer getrennten Reihe. Im Unterschied zu den → Dashanāmī-Nāgās gehen die Nāgās der Rāmānandīs, die sich in zeitweilig in Herbergen wohnende Tyāgī und stets umherziehende Mahātyāgī unterteilen, niemals ganz nackt. Merkmale: dreizackförmiges Stirnzeichen, heilige Schnur, Eisenkette um Hüfte, langes Haar, Bettelschale aus Kalebasse.

Udāsī «Die Zurückgezogenen», zölibatärer Sikh-Orden. Die Sekte soll von Nānak (1469–1539), dem Stifter der Sikh-Religion, gegründet worden sein, doch sollen sich die Udāsīs unter Nānaks Sohn Shrīcandra von den Sikhs abgespalten haben. Die Udāsīs verfügen über eine gute Organisation ihrer monastischen Zentren. Merkmale: Tripundra, schwarze oder lachsfarbene Gewänder, mitunter glattrasiert, langes Haar, vereinzelt Kopfbedeckung mit Pfauenfedern.

Buddhistische Schulen und Orden

I. Indische Traditionen

1.1 Theravāda auch Sthaviravāda, Hīnayāna, Südlicher Buddhismus; «Kleines Fahrzeug», abwertende Bezeichnung von Mahāyāna-Buddhisten für den frühen Buddhismus. Der Tradition nach entstand diese Hauptrichtung zur Zeit des 2. Konzils in Vaishālī im 4. Jh. v. Chr.. Sie legte die Ordensregeln streng aus und vertrat die Lehre, daß der Arha(n)t-Mönch vollkommen ist. Die Theravādins teilen sich in die Puggalavādins (Personalisten) und die Vibhajyavādins (Analytiker), von denen sich wiederum die Sarvāstivādins («Lehre, daß alles existiert») abspalteten. Die Theravādins sind die Anhänger der einzigen bis heute überdauernden Schule des Hīnayāna, weshalb «Hīnayāna» fälschlicherweise oft synonym mit «Theravāda» verwendet wird. Ihr Kanon, der Pāli-Kanon, ist vollständig erhalten. Theravādins findet man heute in erster Linie in Kampuchea, Laos, Myanmar, Sri Lanka und Thailand.

Vātsīputrīya «Anhänger des Vātsiputra»; Schule des Hīnayāna, die von Vātsiputra Anfang des 3. Jh. v. Chr. gegründet worden sein soll. Die Vātsiputrīyas halten daran fest, daß sich eine Person (Pāli *puggala*) jeweils neu inkarniert und daß es im Kreislauf von Vergehen und Wiederkehr doch einen festen Kern gebe: die Person, die das Karma im Diesseits, aber auch im Jenseits, sogar noch im Parinirvāna, erblicke bzw. erfahre. Das Einzelne des Menschen ist unbeständig, leidvoll und nichtichhaft, aber das Ganze, das sich einer Zerlegung entzieht, bleibt als handelndes, erlebendes, erleidendes Subjekt selbst im Nirvāna. Mit dieser Lehre setzten sich die Puggalavādins in deutlichen Kontrast zur Nicht-Ich-Lehre und wurden daher heftig kritisiert.

Sarvāstivāda (auch Mūlasarvāstivāda), «Lehre, daß alles ist (*sarvam asti*)»; im 3. Jh. v. Chr. aufgekommene philosophische Schule des Hīnayāna, nach der alle Faktoren des Daseins stets – d. h. in Zukunft, Gegenwart und Vergangenheit – existent sind. Die erlebbare Gegenwart ist der flüchtige Moment, in dem eine Anzahl von Daseinsfaktoren aufgrund kausaler Bedingungen aus ihrer zukünftigen Seinsweise in ihre gegenwärtige Seinsweise übergehen, um gleich darauf in ihre vergangene Seinsweise überzuwechseln. Die *dharmas* (Daseinsfaktoren) sind nicht ephemer, sondern langlebig. Die Sarvāstivādins verneinen die Existenz einer Seele.

Sautrāntika «Anhänger des Sūtra-Endes»; im 2. Jh. n. Chr. entstandene Schule des Hīnayāna, die den Abhidharma-Teil des Kanons ablehnt und nur den Vinaya- und Sūtra-Teil als autoritativ akzeptiert. Sie entwickelte die Idee eines immer vorhandenen feinen Bewußtseinsstroms als ein Kontinuum zwischen den Wiedergeburten. Die Sarvāstivādins und Mūlasarvāstivādins, «Radikale Sarvāstivādins», machen ein subtiles Bewußtsein zur Grundlage ihrer Lehre vom überindividuellen Bewußtsein: das Dasein ist nur Bewußtsein.

Mahāsanghika «Große Gemeinde»: siehe Mahāyāna

Lokottaravādin «Die von Überweltlichen (*lokkottara*) [Buddhas] reden»; Schule des Mahāsanghika, die die Buddhas transzendiert und der «Vergöttlichung» des Buddha Vorschub leistete: der irdische Leib der Buddhas ist ein Verwandlungskörper, dessen wahre Natur aber die Lehre (*dharma*) bildet; diese Position führte zu einer doketischen Buddhologie und der Lehre von der Schein- bzw. Mehrleiblichkeit des Buddha (*trikāya*).

1.2 **Mahāyāna** (auch nördlicher Buddhismus, Bodhisattvayāna) «Großes Fahrzeug», Selbstbezeichnung einer buddhistischen Schulrichtung, die ca. im 1. Jh. v. Chr. aufkam. In Abgrenzung zum Hīnayāna bezieht sich der Name auf die von den Anhängern des Mahāyāna beanspruchte größere Popularität und Zahl. Seit dem 2. Jh. n. Chr. standen in Mahāyāna-Texten oft nicht mehr der historische Buddha, sondern transzendente Buddhas (Skt. *dhyānibuddha*) im Mittelpunkt. Kurz darauf enwickelten sich die wichtigsten Schulen des Mahāyāna: Mādhyamika und Yogācāra. Von Indien aus verbreitete sich das Mahāyāna nach Tibet, Korea, Vietnam, in die Mongolei und nach China und Japan, wo es sich eigenständig entwickelte. Die Lehren des Mahāyāna bauen hauptsächlich auf den Hīnayāna-Schulen der Mahāsanghikas und den Sarvāstivādins auf. Eine besondere Rolle spielt das Bodhisattva-Ideal: Mitgefühl für alle Wesen (*karunā*) wird zur wichtigsten Triebfeder des nach Buddhaschaft Strebenden, der so lange die eigene Erlösung zurückstellt, bis alle Wesen befreit sind. Das Ideal löst damit in seiner Bedeutung den *ar(a)hant*-Heiligen ab, der sich in erster Linie durch Sittlichkeit und Weisheit auszeichnet. In der Lehre wurde die Dreikörperlehre (*trikāya*) ausgebaut, die zu einer gottgleichen Verehrung der Bodhisattvas und des Buddha führte. Anstelle des Nicht-Selbst-Ideals wird die Bedeutung der Leere (*shūnyatā*) als alldurchwirkend betont. Weltenkreislauf (*samsāra*) und Nirvāna sind somit nicht mehr unterscheidbar, was jedoch nur mit Hilfe vollkommener Weisheit (*prajñā*) erkannt werden kann. Um alle Wesen zu dieser Erkenntnis und damit auch zu der eigenen inhärenten Buddhanatur zu führen, werden «Geschickte Mittel» angewandt: Buddhas und Bodhisattvas erscheinen als Helfer zur Erlösung.

Mādhyamaka «Mittlerer Weg»; neben dem Yogācāra wichtigste philosophische Schule des Mahāyāna, begründet von Nāgārjuna (2./3. Jh.); auch Shūnyatāvāda (Skt., «Lehre von der Leerheit») genannt. Der Name der Schule bezieht sich auf eine mittlere Haltung gegenüber den Erscheinungen der Welt, da sie weder ihre Existenz noch ihre Nicht-Existenz anerkennt. Stattdessen führt der Mādhyamaka sie auf sich gegenseitig bedingende Phänomene zurück, die als vorübergehende Phänomene keine (dauerhafte) Existenz besitzen. Da somit der Erscheinungswelt nur eine relative Wahrheit zukommt, entsteht eine Hierarchie der Wahrheiten. Durch die Erkenntnis der höchsten Wahrheit, nämlich ihrer Leerheit, kann die Erscheinungswelt überwunden werden. Die Schule war in Tibet besonders bei den → Gelugpa einflußreich.

Yogācāra (auch Vijñānavāda), «Wandel im Yoga»; neben dem Mādhyamika wichtigste Schule des Mahāyāna-Buddhismus, begründet im 4. Jh. von Maitreyanātha, der möglicherweise mit dem zweiten bedeutenden Lehrer, Asanga, identisch ist, und dessen Bruder Vasubandhu. Der Yogācāra beschäftigt sich besonders mit erkenntnistheoretischen Problemen und vertritt eine idealistische Position. Ein reines Speicherbewußtsein (Skt. *ālayavijnāna*), aus dem aufgrund der Wirkung früherer Handlungen (*karma*) alle geistigen Phänomene hervorgehen, liegt hinter allem menschlichen Bewußtsein. Das Bewußtsein (*vijñāna*) allein ist real, nicht jedoch die Bewußtseinsobjekte und das erkennende Subjekt. Yogapraktiken helfen bei der Erlangung dieser Erkenntnis, da sich dabei der Geist auf sich selbst richtet und feststellt, daß er die einzige Quelle der wahrnehmbaren Wirklichkeit ist.

1.3 Vajrayāna (auch Tantrayāna) «Diamant-Fahrzeug»; nach Hīnayāna und Mahāyāna die dritte große Schulrichtung des Buddhismus, deren älteste Schriften im 7. Jh. entstanden. Zum Vajrayāna zählen im allgemeinen der Tibetische Buddhismus und der nepalische Newar-Buddhismus. Vajra (tib. *dorje*) steht für die klare, unzerstörbare Buddhanatur, den leeren Raum, die absolute Leerheit und Erleuchtung. Die Schule hat in Indien nicht überlebt, ist aber besonders in Tibet und Nepal bedeutend. Rituale, Visualisierung, Yoga-Techniken, die z. T. auch von den Yogācāras angewandt werden, Mantras (magisch wirksame Silben und Sprüche), Mudrās (bestimmte Handhaltungen) und Mandalas (symbolhafte bildliche Darstellungen von Göttern und dem Kosmos) dienen als Hilfsmittel, um den Bewußtseinszustand zu ändern und zum «Vollendeten» (*siddha*) zu werden. Dem Schüler (*sādhaka*) ist es so beispielsweise möglich, sich selbst bei der Meditation als die visualisierte Gottheit (*sādhana*) zu empfinden und diese und damit auch sich selbst als leer zu erfahren, womit die Realisation der Gleichheit von Relativem und Absolutem, deren Essenz die Leere (*shūnyatā*) ist, erreicht wird. Im Newar-Buddhismus gibt es auch ein erbliches Mönchtum und ein buddhistisches Kasten- sowie Priesterwesen.

2. Tibetische Traditionen

Nyingmapa Eine der vier Hauptschulen des tibetischen Buddhismus. Der Name der Schule (von tib. *rnying-ma-pa* = die Alten) bezieht sich auf die erste Ausbreitung des Buddhismus in Tibet (8. Jh.), auf die die Anhänger ihre Tradition zurückführen und insbesondere mit Padmasambhava in Verbindung bringen, der sie gegründet haben soll. Sie ist daher auch wesentlich von der indischen Siddha-Tradition beeinflußt. In der Praxis steht sie der Bon-Religion nahe. Ihr Kanon weicht von dem anderer Schulen ab. Das bekannteste Werk ist das sog. «Tibetische Totenbuch", als wichtigster Text gilt aber der «Herztropfen» (*snying-thig*), das ist ein Terma-Text aus dem 12. Jh., in dem die Lehren zum Dzogchen («Große Vollkommenheit») enthalten sind, dem wichtigsten Meditationssystem der Nyingma-pa, in dem die plötzliche statt der schrittweisen Erleuchtung gelehrt wird.

Sakyapa Eine der vier Hauptschulen des tibetischen Buddhismus, die von Drogmi (tib. *'brog mi*, 992–1072) begründet wurde. Der Name (tib. *sa-skya* = «fahle Erde») stammt von dem Hauptkloster der Schule, das 1073 von Konchog Gyalpo (dKon-mchog-rgyal-po) gegründet wurde. Dessen Sohn Kunga Nyingpo systematisierte die Sakya-pa-Lehren und lehrte die Möglichkeit der Erleuchtung in einem einzigen Leben. Sakya Pandita Gyaltsen (Sakya Pandita Kun-dga'-rgyal-mtshan, 1182–1251) nahm Beziehungen zum mongolischen Hof (ab 1244) auf, die dazu führten, daß die Sakyapa über ein Jahrhundert die politische Vormachtstellung in Tibet innehatte.

Kagyüpa «Mündliche Überlieferung» oder «Wortüberlieferung», eine der vier Hauptschulen des tibetischen Buddhismus, deren Name sich auf die mündliche Form der Überlieferung bezieht. Die Kagyüpa sind stark von der indischen Siddha-Tradition beeinflußt, deren Lehren durch Marpa (1012–97), den «großen Übersetzer», nach Tibet gelangten. Seine Hauptlehrer waren die Siddhas Tilopa (929–1009) und Nāropa (956–1040). Die «sechs Lehren Nāropas» sind von zentraler Bedeutung für die Schule. Die bis dahin mündlich übermittelten Lehren wurden von Gampopa (1079–1153) systematisiert. Von den zahlreichen Lehrtraditionen, die sich abspalteten, gilt die der Karmapa als die bedeutendste. Eine weitere (Drugpa) bildet die heute vorherrschende Tradition in Bhutan.

Gelugpa «Schule der Tugend», ca. 14. Jh., eine der vier Hauptschulen des tibetischen Buddhismus. Gegen die zunehmende Verweltlichung und Lockerung des Mönchtums richtete sich die von Tsong-Khapa (1357–1419) gegründete Reformbewegung, die wegen der Kopfbedeckung der Mönche auch «Gelbmützen» oder gelbe Schule genannt wird. Diese Schule führte den Zölibat und ein strenges Curriculum sowie ritualisierte Debatten für die Mönche ein. Die einflußreiche Gelugpa führte auch zur Errichtung eines Priesterstaates in Tibet, an dessen Spitze der Dalai-Lama als politisches und geistliches Oberhaupt steht.

3. Ostasiatische Traditionen

Zen (chin. *ch'an*) ab 12. Jh. in China entstandene, dann vor allem in Japan verbreitete Schule, nach der Erkenntnis durch Meditation und Koan möglich ist und u. a. durch Paradoxe ausgelöst wird. Hauptschulen: Rinzai und Sōtō.

Rinzai Eine der beiden Hauptschulen des japanischen Zen-Buddhismus. Von dem 867 verstorbenen chinesischen Meister Lin-chi I-hsüan (= jap. Rinzai) gegründet und durch Yōsai (1141–1215, Eisai) nach Japan eingeführt, wurde aber erst dreißig Jahre nach seinem Tod zu einer eigenständigen japanischen Schule. Im Mittelpunkt der Praxis stehen Streitgespräche zwischen Lehrer und Schüler über rätselhafte Fragen (*kōan*), Sitzmeditation (*zazen*) und Bogenschießen oder Schwertkämpfe.

Sōtō Eine der beiden Hauptschulen des japanischen Zen-Buddhismus, von Dōgen Shenzi (1200–1253) aus China nach Japan eingeführt. Die Hauptunterschiede der beiden japanischen Zen-Traditionen bestehen weniger in der Lehre als in der Praxis. Liegt das Hauptgewicht im Rinzai in der Beschäftigung mit den Kōans, so wird im Sōtō der Schwerpunkt auf die stille Meditation (*zazen*) gelegt, welche richtig ausgeführt nicht die Erleuchtung zum Ziel hat, sondern bereits Erleuchtung ist: Weg und Ziel sind eins.

Katholische Orden

Augustiner-Chorherren Im 11. Jh. entstandener Zusammenschluß der Domherren, die in klösterlicher Gemeinschaft lebten.

Augustinereremiten Katholischer Bettelorden, im 13. Jh. gegründet, dessen Ursprünge aber bis ins 5. Jh. reichen. Die Mönche tragen schwarzes Habit mit Ledergürtel und einen großen Schulterkragen mit Kapuze.

Benediktiner (lat. Ordo Sancti Benedicti) Katholischer Mönchsorden, der die Regel des Benedikt von Nursia (480–547) befolgt. Die Mönche tragen schwarze Tunika, schwarzes Skapulier mit Kapuze und schwarzer Flocke. Zu den wichtigsten Regeln gehören: lebenslange Bindung an ein Heimatkloster (*stabilitas loci*), Abkehr vom weltlichen

Leben, Streben nach Vollkommenheit und Gehorsam gegenüber dem Abt.

Dominikaner (lat. Ordo Fratrum Praedicatorum) Katholischer Bettelorden, 1215 von Dominikus in Toulouse gegründet. Die Mönche tragen eine weiße Tunika mit weißem Skapulier und Kapuze sowie einen schwarzen Mantel. Seit 1232 wurde dem Orden die Leitung der Inquisition übertragen. Bedeutende Gelehrte und Prediger sind aus dem Orden hervorgegangen, darunter Albertus Magnus, Thomas von Aquin und Meister Eckhart. Dominikus selbst begründete einen weiblichen Ordenszweig der Dominikanerinnen mit weißem Gewand, schwarzem Mantel und Schleier.

Franziskaner (lat. Ordo Fratrum Minorum) Katholischer Bettelorden, 1209 gegründet von Franziskus von Assisi; die Mönche tragen in der Regel rotbraunen Habit mit langer Kapuze, weißem Strick und braunem Umhang, oft auch Sandalen. Im 13. Jh. entstanden drei Richtungen: die auf wörtlicher Regelbefolgung bestehenden Spiritualen, die eine Anpassung an die alten Orden anstrebenden Konventualen (auch Minoriten genannt) und die Reformaten, eine mittlere Richtung. Ende des 14. Jh. entstand die Reformbewegung der Observanten, aus der Anfang des 16. Jh. die Reformgruppe der Kapuziner hervorging. Heute teilt sich die katholische Franziskaner-Gemeinschaft in drei Orden auf: den Orden der Minderen Brüder, die Konventualen und die Kapuziner. Hinzu kommen ein Nonnenorden (Zweiter Orden), der von der heiligen Klara von Assisi im 13. Jh. gegründet und nach ihr «Klarissen» genannt wurde, sowie ein Dritter Orden mit Tertiaren und einem Regulierten Dritten Orden.

Fraterherren (auch Brüder vom gemeinsamen Leben) Vor 1400 entstandene, aus der Fömmigkeitsbewegung, der Devotio moderna, hervorgegangene Bruderschaft, die zwar gemeinsam in eigenen Brüderhäusern lebte, aber kein förmliches Ordensgelübde ablegte. Die Ordensmitglieder tragen schwarze Kappen.

Jesuiten (auch Gesellschaft Jesu, lat. Societas Jesu) Katholischer Regularklerikerorden (Regulare); 1534 von Ignatius von Loyola (1491–1556) gegründet und streng hierarchisch geführt, mit einem Schwerpunkt in Erziehung und Bildung. Im 16./17. Jh. in Europa einflußreicher Orden, wichtigster Träger der katholischen Reform und der

Mission in Übersee. Die Mitgliedschaft besteht aus vier Formen: Novizen, Scholastiker, Koadjutoren und Professen. Geistliche Koadjutoren und Professen, die eine bis zu 17 Jahre dauernde Ausbildung durchlaufen, sind Priester, aber nur die Professen, der Kern des Ordens, befolgen Zölibat und Armutsgelübde. Die Jesuiten leben nicht in geschlossenen Klöstern, sondern in offenen Kollegien; sie tragen keine Ordenskleidung.

Johanniter Ältester geistlicher Ritterorden; um 1080 von Kaufleuten zur Betreuung von Pilgern und Kranken in Jerusalem gegründet; der Orden übernahm im 12. Jh. auch den bewaffneten Schutz der Pilger in Palästina und entwickelte sich damit zum geistlichen Ritterorden im eigentlichen Sinn. 1522/23 Verlegung nach Malta (daher «Malteser», seit 1834 mit Sitz in Rom). Nach der Reformation bestand nur der evangelische Zweig unter dem Namen Johanniterorden mit dem Schwerpunkt der Krankenpflege weiter.

Kapuziner Siehe Franziskaner.

Karmeliter (lat. Ordo Fratrum Beatae Mariae Virginis de Monte Carmelo) Katholischer Bettelorden, hervorgegangen aus einer im 12. Jh. gegründeten Einsiedlerkolonie auf dem Karmel (Nordisrael); streng asketisch und kontemplativ ausgerichtet. Die Mönche tragen meist eine schwarze oder braune Tunika, weißes Skapulier und einen weißen Mantel, auch mit einem Stern auf der Brust; sie laufen nicht selten unbeschuht.

Kartäuser (lat. Ordo Cartusiensis) Katholischer Eremitenorden; 1084 bei Grenoble (in der Chartreuse, lat. Cartusia) durch Bruno von Köln gegründet. Kartäuser leben zurückgezogen in strenger Askese: kleine Einzelhäuser für die Mönche, Schweigegebot, täglich etwa acht Stunden Chorgesang. Die Mönche tragen weiße Gewänder und Skapulier mit Kapuze.

Klarissen Siehe Franziskaner.

Malteser Siehe Johanniter.

Prämonstratenser (lat. Ordo Praemonstratensis) Katholischer Reformorden von Kanonikern; 1120 von Norbert von Xanten in Prémontré bei Laon gegründet, einflußreich bei der Ostmisson; der Orden befolgt die Augustinusregeln, Armut, Zurückgezogenheit, Wanderapostolat und Seelsorge. Die Mönche tragen eine weiße Tunika, Zingulum und Skapulier.

Ursulinen (auch Ursulinerinnen, lat. Ordo Sanctae Ursulae) Katholischer Frauenorden, 1535 begründet von Angela Merici in Brescia. Der Schwerpunkt des Ordens liegt in der Erziehungs- und Bildungsarbeit, vor allem von Mädchen.

Zisterzienser (lat. Ordo Cisterciensis) Benediktinischer Reformorden, im 11. Jh. entstanden; benannt nach dem 1098 durch Robert von Molesme (um 1027–1111) gegründeten Kloster Cîteaux; der Orden breitete sich vor allem durch den Einfluß von Bernhard von Clairvaux stark aus. Verbindung von geistlichem Leben und praktischer Arbeit, besonders in der Landwirtschaft. Die Mönche tragen weiße Tunika mit schwarzem Gürtel sowie schwarzes Skapulier mit Kapuze und weißer Flocke. Einen Zweig der Zisterzienser bilden ursprünglich die in ihrer Askese strengen Trappisten, auch wenn sie sich 1892 formal von diesem Orden gelöst haben.

Anmerkungen

1 F. Nietzsche, *Genealogie der Moral*, III.8.
2 N. Söderblom, *Der lebendige Gott* (München 1942), S. 22.
3 Vgl. hierzu A. Michaels, «Heilige oder Freaks», in: K. Gernig (Hrsg.), *Fremde Körper* (Berlin 2001), S. 316–355.
4 R. Gronemeyer, *Die neue Lust an der Askese* (Berlin 1998), S. 90.
5 Vgl. P. Olivelle, «Deconstruction of the Body in Indian Asceticism», in: V. L. Wimbush und R. Valantasis (Hrsg.), *Asceticism* (Oxford 1995), S. 188–210.
6 Vgl. M. Douglas, *Reinheit und Gefährdung* (Berlin 1985).
7 M. Foucault, «Der Kampf um die Keuschheit», in: Ph. Ariès u. a., *Die Masken des Begehrens und die Metamorphosen der Sinnlichkeit* (Frankfurt a. M. 1992), S. 25–39.
8 Epiktet, *Gespräche*, III, 22, 47, S. 134.
9 G. Widengren, «Harlekintracht und Mönchskutte», *Orientalia Suecana* 2/1 (1953), S. 41–111; J. W. Frembgen, *Reise zu Gott* (München 2000), S. 131ff.
10 Vgl. P. Olivelle, *Saṃnyāsa-Upaniṣads* (Oxford 1992), S. 97.
11 J. W. Frembgen, *Reise zu Gott*, S. 138.
12 Vgl. H.-P. Duerr, *Der Mythos vom Zivilisationsprozeß*, Bd. 1: *Nacktheit und Scham* (Frankfurt a. M. 1994).
13 Bezeichnung für 24 (legendäre) Wegbereiter der Lehren des Jinismus.
14 Zitiert nach P. Jaini, *Gender and Salvation* (Berkeley 1991), S. 35.
15 P. Olivelle, *Saṃnyāsa-Upaniṣads*, S. 238–40.
16 Vgl. E. R. Leach, «Magical Hair», *Journal of the Royal Anthropological Institute*, Bd. 88 (1958), S. 147–164; P. Olivelle, «Hair and Society», in: A. Hiltebeitel/B. Miller (Hrsg.), *Hair: Its Power and Meaning in Asian Cultures* (New York 1998).
17 J.W. Frembgen, *Reise zu Gott*, S. 131.
18 *Padmapurāṇa* 5.19.21–23.
19 Matthäus 4, 2–3, Lukas 4,1–2.
20 P. Olivelle, «From Feast to Fast: Food and the Indian Ascetic», in: J. Leslie (Hrsg.), *Rules and Remedies in Classical Indian Law* (Leiden 1991), S. 17–36.
21 Vgl. Tab. 15 bei A. Michaels, *Der Hinduismus* (München 1998), S. 202.

22 S. Settar, *Pursuing Death* (Dharwad 1990).
23 P. Dundas, *The Jains* (London 1992), S. 156.
24 Zwei metrische Einschiebsel.
25 In der Übersetzung von W. Schubring, *Die Jainas* (Tübingen 1927), S. 24 ff.
26 Vgl. hierzu A. Wezler, *Die wahren «Speiseresteesser»* (Mainz 1978).
27 P. Brown, *Die Keuschheit der Engel* (München 1994); Ch. von Braun, «Weibliches Fasten und christliche Traditionen», *Paragrana*, Bd. 8 (1999), S. 11–25.
28 J. Frembgen, *Reise zu Gott*, S. 159f.
29 Vgl. A. Michaels, «Träumen wir oder sind wir Geträumte? Zur Heilsbedeutung des Tiefschlafs in Indien», in: B. Schnepel (Hrsg.), *Hundert Jahre «Die Traumdeutung»* (Köln 2001), S. 217–231.
30 Weitere Belege bei P. Olivelle, «Deconstruction of the Body in Indian Asceticism», in: V. L. Wimbush/R. Valantasis (Hrsg.), *Asceticism* (Oxford 1995), S. 190.
31 J. Körner, «Die Lust an der Askese», *Paragrana*, Bd. 8 (1999), S. 77–88.
32 Vgl. Ariel Glucklich, *Sacred Pain: Hurting the Body for the Sake of the Soul* (New York 2001).
33 L. M. Danforth, *Firewalking and Religious Healing* (Princeton 1989).
34 M. Foucault, «Der Kampf um die Keuschheit», S. 27 (unter Berufung auf Johannes Cassianus, *De institutis coenobiorum*).
35 E. Durkheim, *Die elementaren Formen des religiösen Lebens* (Frankfurt a. M. 1994), S. 428.
36 F. Nietzsche, *Genealogie der Moral*, III.13.
37 Musonius Rufus, *Reliquiae* XIV, zitiert nach M. Foucault, *Die Sorge um sich* (Frankfurt a. M. 1989), S. 197–200.
38 P. Brown, *Die Keuschheit der Engel*, S. 104.
39 Vgl. für einen groben Überblick E. Abbott, *A History of Celibacy* (Cambridge 2001).
40 P. Brown, *Die Keuschheit der Engel*, S. 52.
41 Dazu U. Ranke-Heinemann, *Eunuchen für das Himmelsreich* (Neuaufl. München 2003).
42 Johannes Cassianus, *Institutiones*, zitiert nach M. Foucault, «Der Kampf um die Keuschheit», S. 30–31.
43 J. Dalarun, *Erotik und Enthaltsamkeit* (Frankfurt a. M. 1987), S. 35.
44 J. Dalarun, *Erotik und Enthaltsamkeit*, S. 73.
45 Vgl. E. Leach, *Kultur und Kommunikation* (Frankfurt a. M. 1978), S. 93.
46 1. Brief an die Thessaloniker 4,3.
47 Vgl. *Aitareyabrāhmaṇa* 7.13.
48 *Śatapathabrāhmaṇa* 12.4.3.1.
49 In der Übersetzung von P. Thieme, *Upanischaden* (Stuttgart 1966), S. 26 f.

50 Übersetzung weitgehend nach J. F. Sprockhoff, «Prajāpati's Offenbarung für Āruṇi», *Asiatische Studien*, Bd. 59 (1995), S. 491–500. Auf die Wiedergabe der zahlreichen detailgetreuen Fußnoten dieser hervorragend eingeleiteten und kommentierten Übersetzung muß hier verzichtet werden. Vgl. auch P. Olivelle, *Saṃnyāsa-Upaniṣads*, 115ff.

51 Siehe etwa H. W. Schumann, *Der historische Buddha* (München 1992), S. 60.

52 D. Miller/D. Wertz, *Hindu Monastic Life* (Montreal 1976), S. 54 (meine Übersetzung).

53 *Mahābhārata* 1.36.8–38.36 und 1.45.20–64.12; vgl. P. Hacker, «‹Topos› und *chrêsis*», in: ders., *Kleine Schriften* (Wiesbaden 1978), S. 338–345; A. Wezler, Śamīka und Śṛṅgin», *Wiener Zeitschrift für die Kunde Südasiens*, Bd. 23 (1979), S. 29–60; M. Shee: *Tapas und tapasvin in den erzählenden Partien des Mahābhārata* (Diss. Hamburg 1986).

54 *Mahābhārata* 1.41.1–44.22 und 1.13.9–44; vgl. U. Schneider, «Die Geschichte von den beiden Jaratkāru», *Wiener Zeitschrift für die Kunde Süd- und Ostasiens*, Bd. 3 (1959), S. 1–11, und M. Shee, *Tapas und tapasvin*, S. 31–73.

55 P. Brown, *Die Keuschheit der Engel*, S. 82.

56 *Mahābhārata* 3.94.1–97.27.

57 Vgl. P. Thieme, «Agastya und Lopamudrā», *Zeitschrift der Deutschen Morgenländischen Gesellschaft*, Bd. 113 (1963), S. 69–79.

58 Zitiert nach O. Gigon (Übers.), *Von der Überwindung der Furcht* (Düsseldorf 1986), S. 104.

59 P. Brown, *Die Keuschheit der Engel*, S. 24.

60 K. Rüping, «Zur Askese in indischen Religionen», *Zeitschrift für Missionswissenschaft*, Bd. 2 (1979), S. 81–98.

61 Hierzu ausführlich W. D. O'Flaherty, *Asceticism and Eroticism in the Mythology of Śiva* (London 1973).

62 Für eine kurze, intelligente Reflexion über das Thema Arbeit, der ich manche hilfreiche Einsicht verdanke, siehe A. Braig/U. Renz, *Die Kunst, weniger zu arbeiten* (Frankfurt a. M. 2003).

63 A. Braig/U. Renz, *Die Kunst, weniger zu arbeiten*, S. 43.

64 Vgl. J. W. Frembgen, *Reise zu Gott*, S. 132.

65 Zitiert nach R. Gramlich, *Die schiitischen Derwischorden* (Wiesbaden 1976), Bd. 2, S. 432.

66 Matthäus 6,28f.

67 2. Brief an die Thessaloniker 3,10.

68 Predigt am 27.6.1532, in: *Weimarer Ausgabe*, Bd. 29, S. 442.

69 Zitiert nach M. Weber, «Die protestantische Ethik und der Geist des Kapitalismus», S. 176.

70 M. Weber, «Vorbemerkung zu den Gesammelten Aufsätzen zur Religionssoziologie», (1920–21).
71 Ebd., S. 4.
72 Ebd., S. 12.
73 M. Weber, «Die protestantische Ethik und der Geist des Kapitalismus» (1905).
74 Ebd., S. 163.
75 Vgl. etwa die Sammelbände von C. Seyfarth und W. M. Sprondel (Hrsg.), *Seminar: Religion und gesellschaftliche Entwicklung* (Frankfurt a. M. 1973), sowie H. Lehmann und K. F. Ledford (Hrsg.), *Weber's Protestant Ethic* (Cambridge 1993). Grundlegend auch W. Schluchter, *Religion und Lebensführung* (Frankfurt a. M. 1988).
76 M. Weber, «Vorbemerkung zu den Gesammelten Aufsätzen zur Religionssoziologie», (1920–21), S. 12f.
77 M. Weber, «Die Wirtschaftsethik der Weltreligionen» (1916–17).
78 M. Weber, «Die Wirtschaftsethik der Weltreligionen II: Hinduismus und Buddhismus» (1916–1917).
79 G. Abramowski, *Das Geschichtsbild Max Webers* (Stuttgart 1966), S. 67.
80 M. Weber, «Hinduismus und Buddhismus», S. 370.
81 Vgl. N. Luhmann/P. Fuchs, *Reden und Schweigen* (Frankfurt a. M. 1989, Kap. 2: «Die Weltflucht der Mönche»).
82 Ebd., S. 29.
83 J. W. Frembgen, *Reise zu Gott*, S. 20.
84 Vgl. H. Feld, *Franziskus von Assisi* (Darmstadt 1994).
85 In: O. Karrer (Hrsg.), *Franz von Assisi* (Zürich 1975), S. 304f.
86 M. Weber, «Die protestantische Ethik und der Geist des Kapitalismus», S. 177.
87 Zur doktrinären Begründung von Gabenspende und Verdiensterwerb vgl. etwa O. Freiberger, *Der Orden in der Lehre*, Kap. 4.
88 R. Gombrich, *Theravāda Buddhism* (London 1988), S. 96f.
89 *Theragāthā* 1054–1056.
90 Vgl. Giovanni von Ceprano, *Drei Gefährten Legende*, in: O. Karrer (Hrsg.), *Franz von Assisi* (Zürich 1945), S. 47f.
91 Vgl. hierzu ausführlich mit Nachweisen A. Michaels, «Gift and Return Gift», *Numen*, Bd. 44 (1997), S. 243–269, auf dem das Folgende auszugsweise beruht.
92 M. Mauss, *Die Gabe*, S. 13.
93 So etwa Aristoteles, *Politeia* I.8–11.
94 Siehe hierzu vor allem Jacques Le Goff, *Kaufmann und Bankiers im Mittelalter* (Frankfurt a. M. 1993).
95 J. Parry, «The *Gift*, the Indian Gift and the ‹Indian Gift›», *Man* (N.S.) 21 (1986), S. 453–473.

96 M. Mauss, *Die Gabe*, S. 114.
97 P. Bourdieu, *Entwurf einer Theorie der Praxis* (Frankfurt a. M. 1979), S. 22.
98 J. Starobinski, *Gute Gaben, schlimme Gaben* (Frankfurt a. M. 1994), S. 74.
99 J. Heesterman: «Brahmin, Ritual, and Renouncer», in: ders., *The Inner Conflict of Tradition* (Chicago 1985), S. 43.
100 J. Starobinski, *Gute Gaben, Schlimme Gaben*, S. 18.
101 Eckhart, zitiert nach A. Haas, *Mystik als Aussage* (Frankfurt a. M. 1996), S. 141.
102 Zitiert nach J. Bronkhorst, «Asceticism, religion, and biological evolution», S. 380.
103 Das Folgende nimmt auszugsweise A. Michaels, «Haus und Hauslosigkeit im Hinduismus» (in: *Religionen unterwegs*, Bd. 8.2/2002, S. 4–8), auf.
104 Vgl. auch M. A. Williams, *The Immoveable Race* (Leiden 1985), und J. Bronkhorst, «Asceticism, religion, and biological evolution», *Method and Theory in the Study of Religion*, Bd. 13 (2001), S. 374–418.
105 V. Turner, «The centre out there: Pilgrim's Goal», *History of Religions*, Bd. 12 (1973), S. 191–230.
106 Vgl. J. Stevens, *Marathon Monks of Mount Hiei* (Boston 1988).
107 Vgl. hierzu besonders J. F. Sprockhoff, «Religiöse Lebensformen und Gestaltung der Lebensräume», *Numen*, Bd. 9 (1964), S. 85–146, hier S. 136 ff.
108 *Mahāvagga*, zitiert nach H. Oldenberg, *Reden des Buddha* (Freiburg 1993), S. 322 f.
109 L. Dumont: «World Renunciation in Indian Religions», *Contributions to Indian Sociology*, Bd. 4 (1960), S. 33–62.
110 *Visuddhimagga* XVIII.28, *Majjhimanikāya* I.190.
111 Vgl. R. Gombrich, *Theravāda Buddhism*, S. 96.
112 Vgl. hierzu St. Collins, *Selfless Persons* (Cambridge 1982), S. 167–176.
113 Vgl. zum Folgenden vor allem Th. Macho, «Mit sich allein», in: A. u. J. Assmann (Hrsg.), *Einsamkeit* (München 2000), S. 27–44.
114 Zitiert nach Th. Macho, «Mit sich allein», S. 37.
115 Zitiert nach D. König, *Amt und Askese* (St. Ottilien 1985), S. 23.
116 J. Le Goff, «Die Waldwüste im mittelalterlichen Abendland», in: ders., *Phantasie und Realität des Mittelalters* (Stuttgart 1990), S. 81–97.
117 I. Kant, *Beobachtungen über das Gefühl des Schönen und Erhabenen* (1764), S. 827 f.
118 Dazu R. Kloppenborg, *The Paccekabuddha* (Leiden 1974) und M. Wiltshire, *Ascetic Figures Before and in Early Buddhism* (Berlin/New York 1991); vgl. auch O. Freiberger, *Der Orden in der Lehre*, S. 214 f.

119 *Aṅguttaranikāya* I 106,21–107,16.
120 Vgl. etwa J. Wach, *Meister und Jünger* (Leipzig 1925) und A. Eversloh, *Meister und Jünger* (Bonn 1950).
121 So z. B. *Taittirīya-Upaniṣhad* 1.11.2.
122 Zitiert nach R. M. Steinmann, R. Marc: *Guru-Śiṣya-Sambhandha* (Stuttgart 1986), S. 87.
123 Vgl. hierzu G. Kehrer, «Religiöse Gruppenbildungen», in: H. Zinser (Hrsg.), *Religionswissenschaft* (Berlin 1988), S. 96–113; ders., *Religionssoziologie* (Darmstadt 1988).
124 E. Troeltsch, *Die Soziallehren der christlichen Kirchen und Gruppen* (Tübingen 1912).
125 M. Weber, *Wirtschaft und Gesellschaft*, S. 692 f. und 721–726.
126 Zitiert nach D. König, *Amt und Askese* (St. Ottilien 1985), S. 84.
127 N. Söderblom, *Der lebendige Gott* (München 1942), S. 27.
128 R. Otto, *Das Heilige* (München 1979, 1. Aufl. 1917); vgl. auch A. Michaels, «Das ominöse Numinose. Die Präsenz und Absenz der Götter», in: ders. u. a. (Hrsg.), *Noch eine Chance für die Religionsphänomenologie?* (Bern 2001), S. 213–234.
129 R. Otto, *Das Heilige*, S. 22.
130 R. Otto, *Das Heilige*, S. 8.
131 L. Wittgenstein, *Tractatus logico-philosophicus* (Frankfurt a. M. 1959) S. 115.
132 Vgl. zur Kritik an der universalen Mystik auch St. T. Katz (Hrsg.), *Mysticism and Religious Traditions* (Oxford 1983).
133 C. Clement/S. Kakar, *Der Heilige und die Verrückte* (München 1993).
134 Vgl. A. Michaels, *Der Hinduismus*, 297 f.; S.N. Dasgupta, *Indische Mystik* (Satteldorf 1998).
135 Zitiert nach H. Feld, *Franziskus von Assisi* (Darmstadt 1994), S. 227.
136 Vgl. L. Schmithausen, «Zur buddhistischen Lehre von der 3-fachen Leidhaftigkeit», *Zeitschrift der Deutschen Morgenländischen Gesellschaft*, Suppl. III.2 zum XIX. Deutsch. Orientalistentag (1977), S. 918.
137 Zitiert nach A. Mette, *Durch Entsagung zum Heil* (Zürich 1991), S. 143.
138 Vgl. hierzu ausführlicher U. Luz/A. Michaels, *Jesus oder Buddhen*, Kap. 7.
139 Vgl. dazu ausführlicher U. Luz/A. Michaels, *Jesus oder Buddha*, Kap. 4.
140 *Aṅguttara-Nikāya* IV 414,25–415,4.
141 Vgl. auch J. F. Sprockhoff, «Zur Idee der Erlösung bei Lebzeiten im Buddhismus», *Numen*, Bd. 9 (1962).
142 Das Folgende nimmt in Auszügen A. Michaels, *Der Hinduismus*, S. 285 ff., auf.

143 *Chāndogya-Upaniṣad* 6.8.7ff., *Bṛhadāraṇyaka-Upaniṣad* 1.4.10.
144 So J. Breton, «‹Tat tvam asi› in Context», *Zeitschrift der Deutschen Morgenländischen Gesellschaft*, Bd. 136 (1986), S. 98–109.
145 D. Sölle, *Mystik und Widerstand* (Hamburg 1997), S. 34.
146 M. Weber, *Wirtschaft und Gesellschaft*, S. 334f.
147 W. Schluchter, «Weltflüchtiges Erlösungsstreben und organische Sozialtehik», S. 29.
148 R. Panikkar, *Rückkehr zum Mythos* (Frankfurt a. M. 1992); das zu Panikkar Folgende nimmt teilweise A. Michaels, *Der Hinduismus*, S. 374 ff., auf.
149 R. Panikkar, *Rückkehr zum Mythos*, S. 93.
150 R. Panikkar, *Rückkehr zum Mythos*, S. 101.
151 Ebd.
152 R. Panikkar, *Rückkehr zum Mythos*, S. 105.
153 Vgl. zum Folgenden besonders A. O. Fort/P. Y. Mumme (Hrsg.), *Living Liberation in Hindu Thought* (Albany 1996).
154 Eckhart, *Die Deutschen Werke*, Bd. I, S. 41–43.
155 Vgl. für einen intelligenten Vergleich der Lehren Meister Eckharts und Śaṅkaras A. Wilke, *Ein Sein – Ein Erkennen* (Bern 1995).
156 G. Mensching, *Buddha und Christus*, S. 174 f. Das Folgende nimmt teilweise U. Luz/A. Michaels, *Jesus oder Buddha*, S. 163 ff. auf.
157 F. Heiler, *Buddhistische Versenkung* (München 1922), S. 61 f.
158 Siehe dazu L. Schmithausen, «Die Vier Konzentrationen der Aufmerksamkeit: Zur geschichtlichen Entwicklung einer spirituellen Praxis des Buddhismus», *Zeitschrift für Missions- und Religionswissenschaft*, Bd. 60 (1976), S. 241–266.
159 Allein im Mahāparinirvāṇasūtra taucht diese Passage achtmal auf: siehe H. J. Klimkeit, *Der Buddha* (Stuttgart 1990), S. 161 f.
160 Vgl. hierzu A. Michaels, *Der Hinduismus*, S. 290 ff. (mit Nachweisen).
161 Vgl. hierzu U. Luz/A. Michaels, *Jesus oder Buddha*, Kap. 10.
162 Für eine Typologie des Schweigens siehe G. Mensching, *Das heilige Schweigen* (Gießen 1926).
163 P. Kapleau, *Die Drei Pfeiler des Zen* (Bern–München 1981), S. 270.
164 Siehe hierzu besonders R. Panikkar, *Gottes Schweigen* (Frankfurt a. M. 1996) und C. Oetke, «Die ‹unbeantworteten Fragen› und das Schweigen des Buddha», in: *Wiener Zeitschrift für die Kunde Südasiens*, Bd. 38 (1994), S. 85–120.
165 Eckhart, Predigt «Von der ewigen Geburt», *Die Deutschen Werke*, Bd. IV, S. 82.
166 *Dīghanikāya* 16,2,25 ff.
167 F. Nietzsche, *Genealogie der Moral*, III. 13.

168 Im Folgenden greife ich zurück auf A. Michaels, «Die Natur als Gott», *Unipress* (Bern), Nr. 85 (Juni 1995), S. 38–39.

169 So der Titel eines einflußreichen Buches von E. F. Schumacher (London 1973); vgl. auch W. Schmidbauer, *Weniger ist manchmal mehr. Zur Psychologie des Konsumverzichts* (Reinbek 1992).

170 H. Böhme, «Vergangenheit und Gegenwart der Apokalypse», in: ders., *Natur und Subjekt* (Frankfurt a. M. 1988), S. 380–398.

171 Vgl. Johannes 4,2.

172 Die erste von acht ökologischen Forderungen von Arne Naess, dem Begründer der *deep ecology,* zitiert nach P. Schenkel, «Die Welt in uns. Überlegungen zu Buddhismus und Ökologie», *Dialog der Religionen*, Jg. 1993, S. 129–157.

173 J. Zeh, «Das Gregor-Prinzip», *Der Spiegel*, Jg. 2002, Nr. 45, S. 184–186.

174 R. Gronemeyer, «Askese im Überfluß», S. 170.

175 B. Spinnen, «Askese jetzt! Von den Mühen der Sterblichkeit», *Neue Rundschau*, 111. Jg. (2000), Heft 4, S. 33.

176 P. Sloterdijk, *Weltfremdheit* (Frankfurt a. M. 1993), S. 106.

177 P. Sloterdijk, *Weltfremdheit*, S. 110.

178 Hierzu J. Bronkhorst, «Asceticism, Religion, and Biological Evolution», *Method and Theory in the Study of Religion*, Bd. 13 (2001), S. 374–418.

179 So R. Panikkar, *Blessed Simplicity. The Monk as Universal Archetype* (New York 1982).

180 H. Arendt, *Vita activa* (München 2001), S. 13.

181 Vgl. zum Folgenden W. Schmid, *Philosophie der Lebenskunst* (Frankfurt a. M. 1998), S. 244 ff. und 325 ff.

182 Ebd., S. 245.

183 Seneca, *Brief an Lucilius über Ethik (Epistulae morales ad Lucilium)* 4,5, zitiert nach W. Schmid, *Philosophie der Lebenskunst*, S. 351.

184 H.M. Enzensberger, «Der neue Luxus» (Frankfurt a. M. 1997), S. 156–161.

185 F. Nietzsche, *Geneaologie der Moral*, III.1.

186 Hierzu grundlegend R. Gramlich, *Weltverzicht. Grundlagen und Weisen islamischer Askese* (Wiesbaden 1997).

187 W. Schluchter, «Weltflüchtiges Erlösungsstreben und organische Sozialethik», in: ders. (Hrsg.), *Max Webers Studie über Hinduismus und Buddhismus* (Frankfurt a. M. 1984), S. 35–41; *Religion und Lebensführung*. 2 Bde. (Frankfurt a. M. 1988).

188 Vgl. hierzu neben der unten angegebenen Literatur vor allem J. Bronkhorst, *The Two Sources of Indian Asceticism* (Bern 1993).

189 Vgl. J. F. Sprockhoff, «Die Alten im alten Indien», *Saeculum*, Bd. 30 (1979), S. 374–433.

190 Vgl. etwa D. H. A. Kolff, «Sanyasi trader-soldiers», *The Indian Economic and Social History Review*, Bd. VIII-2 (1971), S. 213–220.
191 B. Cohn, «The Role of the Gosains in the Economy of Eighteenth and Nineteenth Century Upper India», *Indian Economic and Social History Review*, Bd. 1 (1963/64), S. 175–182.
192 Hinsichtlich des Theravāda-Buddhismus nimmt das Folgende teilweise U. Luz/A. Michaels, *Jesus oder Buddha* (München 2002), Kap. 11, auf.
193 E. Lamotte in H. Bechert/R. Gombrich (Hrsg.), *Der Buddhismus* (München 1989), S. 94; zur Kritik daran siehe O. Freiberger, *Der Orden in der Lehre* (Wiesbaden 2000), Kap. 4 und 6.
194 Zitiert nach H. Oldenberg, *Reden des Buddha (*Freiburg 1993), Nr. 106.
195 W. Schluchter (Hrsg.), *Max Webers Studie über Hinduismus und Buddhismus (*Frankfurt a. M. 1984).
196 M. Weber, *Die Wirtschaftsethik der Weltreligionen – Hinduismus und Buddhismus*, (Tübingen 1921).
197 M. Weber, *Hinduismus und Buddhismus*, S. 230.
198 S. Tambiah, «Webers Untersuchungen des frühen Buddhismus», in W. Schluchter (Hrsg.), *Max Webers Studie über Hinduismus und Buddhismus*, S. 202–246.
199 Vgl. M. Weber, *Hinduismus und Buddhismus*, S. 242–243.
200 E. Lamotte in: H. Bechert/R. Gombrich (Hrsg.), *Der Buddhismus* (München 1989), S. 80.
201 O. Freiberger, *Orden in der* Lehre, Kap. 4; *Milindapañha* VI.
202 Vermutlich war der *pratyakabuddha* auch ein Mittel, nicht-buddhistische Heilige in den Buddhismus zu integrieren.
203 Vgl. H. W. Schumann, *Buddhismus* (Olten 1976), S. 125 ff.
204 Das folgende beruht im Wesentlichen auf K. S. Frank, *Geschichte des christlichen Mönchtums* (Darmstadt 1993), P. Dinzelbacher/J. Lester Hogg (Hrsg.): *Kulturgeschichte der christlichen Orden in Einzeldarstellungen* (Stuttgart 1997), G. Schwaiger/M. Heim, *Orden und Klöster* (München 2002) und G. Schwaiger, «Das christliche Mönchtum in der Geschichte», in: ders. (Hrsg.), *Mönchtum, Orden, Klöster* (München 2003), S. 9–43.
205 M. Weber, «Zwischenbetrachtung» (Tübingen 1922), S. 545.
206 Vgl. hierzu auch W. Schluchter, «Weltflüchtiges Erlösungsstreben und organische Sozialtehik», S. 34 f.

Literatur

Das vorliegende Verzeichnis erfaßt die in den Anmerkungen meist verkürzt zitierte Literatur. Ein umfangreicheres, unregelmäßig aktualisiertes Verzeichnis der Literatur zur Askese in Indien von Monika Boehm-Tettelbach und Axel Michaels findet sich auf der Homepage der Abteilung Klassische Indologie des Südasien-Instituts der Universität Heidelberg: http://www.sai.uni-heidelberg.de/abt/IND/index.html. Wenn nicht anders angegeben, sind fremdsprachliche Übersetzungen indischer Texte von mir ins Deutsche übertragen worden. Bei buddhistischen Texten wird in der Regel der Palikanon nach den Ausgaben der Pali Text Society (London) zugrunde gelegt, zitiert nach Band (römisch), Seite und Zeilenzahl.

Abbott, Elizabeth: *A History of Celibacy.* Cambridge 2001.

Abramowski, Günter: *Das Geschichtsbild Max Webers.* Stuttgart 1966.

Aitareyabrāhmana: Engl. Übersetzung von Arthus B. Keith, *Rigveda Brāhmaṇas.* Cambridge 1920.

Anguttara-Nikāya: Hrsg. von R. Morris und E. Hardy, 5 Bde. London 1885–1900.

Arendt, Hannah: *Vita activa* oder Vom tätigen Leben. München 2001 (1. Aufl. 1958).

Arthashāstra: The Kauṭilīya Arthaśāstra. Hrsg. und übers. von R. P. Kangle, 2 Bde., 2. Aufl. Bombay 1970–72.

Aristoteles, *Politik* (Politeia), übers. und hrsg. von Olof Gigon. München 1973.

Augustinus, Aurelius: *Vom Gottesstaat (De civitate dei).* 2 Bde. Übers. von W. Thimme und Carl Andresen. München 1978.

Balthasar, Karl: *Geschichte des Armutsstreites im Franziskanerorden bis zum Konzil von Vienne.* Münster 1911.

Bäumer, Bettina (Übers.): *Upanishaden: Befreiung zum Sein. Innere Weite und Freiheit aus den indischen Weisheitslehren.* München 1994 (1. Aufl. Zürich 1988).

Bechert, Heinz: «Max Webers Darstellung der Geschichte des Buddhismus in Süd- und Südostasien», in W. Schluchter (Hrsg.), *Max Webers Studie über Hinduismus und Buddhismus*, S. 274–292.

– und Richard Gombrich (Hrsg.): *Der Buddhismus.* München 1989.

Benediktusregel: Regeln des heiligen Benediktus (Regula Sancta Benedicti), herausgegeben im Auftrag der Salzburger Äbtekonferenz. Beuron, 2. Aufl. 1996 (www.benediktiner.de/regula).

Bibel: *Die Heilige Schrift des Alten und Neuen Testaments.* Zürich 1991 (20. Aufl.).

Böhme, Hartmut: «Vergangenheit und Gegenwart der Apokalypse», in: ders., *Natur und Subjekt.* Frankfurt/M. 1988, S. 380–398.

Bourdieu, Pierre: *Entwurf einer Theorie der Praxis auf der ethnologischen Grundlage der kabylischen Gesellschaft.* Frankfurt a. M. 1979.

Breton, Joel: «‹Tat tvam asi› in Context», *Zeitschrift der Deutschen Morgenländischen Gesellschaft*, Bd. 136 (1986), S. 98–109.

Braig, Axel, und Ulrich Renz: *Die Kunst, weniger zu arbeiten.* Frankfurt a. M. 2003.

Brihadāranyaka-Upanishad: Hrsg. von V. P. Limaye und E. D. Vadekar, *Eighteen Principal Upaniṣads.* Poona: Vaidika Saṃśodhana Maṇḍala, 1964; Engl. Übers. von Patrick Olivelle, *Upaniṣads.* Oxford 1996; dt. Teilübers.: siehe B. Bäumer.

von Braun, Christina: «Weibliches Fasten und christliche Traditionen», *Paragrana*, Bd. 8 (1999), S. 11–25.

Bronkhorst, Johannes: *The Two Sources of Indian Asceticism.* Bern 1993.

–: «Asceticism, Religion, and biological evolution», *Method and Theory in the Study of Religion*, Bd. 13 (2001), S. 374–418.

Brown, Peter: *Die Keuschheit der Engel. Sexuelle Entsagung, Askese und Körperlichkeit im frühen Christentum.* München 1994.

Chāndogya-Upaniṣad: Hrsg. von V. P. Limaye und E. D. Vadekar, *Eighteen Principal Upaniṣads.* Poona: Vaidika Saṃśodhana Maṇḍala, 1964; Engl. Übers. von Patrick Olivelle, *Upaniṣads.* Oxford 1996; dt. Teilübers.: siehe B. Bäumer.

Cohn, Bernhard: «The Role of the Gosains in the Economy of Eighteenth and Nineteenth Century Upper India», *Indian Economic and Social History Review*, Bd. 1.4 (1964), S. 175–182.

Cullavagga: siehe Vinayapiṭaka.

Clement, Catherine, und Sudhir Kakar, *Der Heilige und die Verrückte: Religiöse Ekstase und psychische Grenzerfarung.* München 1993.

Collins, Steven: *Selfless Persons. Imagery and Thought in Theravāda Buddhism.* Cambridge 1982.

Dalarun, Jacques: *Erotik und Enthaltsamkeit: Das Kloster des Robert von Arbrissel.* Übers. von Johanna und Günter Woltmann-Zeitler. Frankfurt a. M. 1987 (Originalaus. 1986.)

Danforth, Loring M.: *Firewalking and Religious Healing.* Princeton 1989.

Dasgupta, S. N.: *Indische Mystik.* Übers. von Albrecht Wezler. Satteldorf 1998 (1. engl. Aufl. 1926).

Dīghanikāya: Hrsg. von T. W. Rhys Davids, J. E. Carpenter, 3 Bde.. London 1910–1911.
Dinzelbacher, Peter, und James Lester Hogg (Hrsg.): *Kulturgeschichte der christlichen Orden in Einzeldarstellungen.* Stuttgart 1997.
Diogenes: *Briefe an Menoikeus,* in: Olaf Gigon (Hrsg.), *Von der Überwindung der Furcht.* München 1991.
Douglas, Mary: *Reinheit und Gefährdung. Eine Studie zu Vorstellungen von Verunreinigung und Tabu.* Berlin 1985.
Duerr, Hans-Peter: *Der Mythos vom Zivilisationsprozeß,* Bd. 1: *Nacktheit und Scham.* Frankfurt a. M. 1994.
Dumont, Louis: «World Renunciation in Indian Religions», *Contributions to Indian Sociology,* Bd. 4 (1960), S. 33–62.
–: *Homo hierarchicus: Le système des castes et ses implications.* Paris 1966 (engl. revidierte Ausgabe: *Homo Hierarchicus: The Caste System and Its Implications.* Chicago 1980).
Dundas, Paul: *The Jains.* London und New York 1992.
Durkheim, Emile: *Les formes élémentaires de la vie religieuse.* Paris (dt. *Die elementaren Formen des religiösen Lebens.* Frankfurt/M. 1981 und 1994).
Eckhart (Meister): *Die deutschen und lateinischen Werke.* Hrsg. im Auftrag der Deutschen Forschungsgemeinschaft. Stuttgart 1936 ff.
Enzensberger, Hans Magnus: «Der neue Luxus», in: ders., *Luxus woher, und wohin damit? Reminiszenzen an den Überfluß.* Frankfurt a. M. 1997, S. 156–161.
Epiktet : *Gespräche,* dt. von Wilhelm Capelle. Zürich 1948.
Epikur, *Briefe an Menoikeus,* in: Olaf Gigon (Hrsg.), *Von der Überwindung der Furcht. Katechismus, Lehrbriefe, Spruchsammlung, Fragmente.* Düsseldorf 1983.
Eversloh, Anton: *Meister und Jünger – Eine religionssoziologische Untersuchung über das Meister-Jünger-Verhältnis bei Buddha, Konfuzius, Mohammed und Jesus.* (Phil. Diss.) Bonn 1950.
Feld, Helmut: *Franziskus von Assisi und seine Bewegung.* Darmstadt 1994.
Fort, Andrew O., und Patricia Y. Mumme (Hrsg.), *Living Liberation in Hindu Thought.* Albany 1996.
Frank, Karl Suso: *Frühes Mönchtum im Abendland.* Bd. 1: *Lebensformen,* Bd. II: *Lebensgeschichten.* 2 Bde. Zürich 1975.
–: *Geschichte des christlichen Mönchtums.* Darmstadt, 5. Aufl. 1993.
Freiberger, Oliver: *Der Orden in der Lehre. Zur religiösen Deutung des Saṅgha im frühen Buddhismus.* Wiesbaden 2000.
Frembgen, Jürgen Wasim: *Reise zu Gott. Sufis und Derwische im Islam.* München 2000.
Foucault, Michel: «Der Kampf um die Keuschheit», in: Ph. Ariès u. a., *Die Masken des Begehrens und die Metamorphosen der Sinnlichkeit. Zur Ge-*

schichte der Sexualität im Abendland. Frankfurt/M. 1992, S. 25–39 (1. frz. Aufl. 1982).
–: *Die Sorge um sich.* Frankfurt a. M. 1989 (Sexualität und Wahrheit, 3. Bd.).
Le Goff, Jacques: *Kaufmann und Bankiers im Mittelalter.* Frankfurt a. M. 1993.
–: «Die Waldwüste im mittelalterlichen Abendland», in: ders., *Phantasie und Realität des Mittelalters.* Stuttgart 1990, S. 81–97.
Gombrich, Richard: *Theravāda Buddhism: A Social History from Ancient Benares to Modern Colombo.* London/New York 1988 (dt. Ausgabe: *Der Theravada-Buddhismus.* Stuttgart 1977).
Glucklich, Ariel: *Sacred Pain: Hurting the Body for the Sake of the Soul.* New York 2001.
Gramlich, Richard: *Die schiitischen Derwischorden.* 3 Bde. Wiesbaden 1965–1981.
–: *Weltverzicht. Grundlagen und Weisen islamischer Askese.* Wiesbaden 1997.
Gronemeyer, Reimer: *Die neue Lust an der Askese.* Berlin 1998.
–: «Askese im Überfluß», in: *Paragrana* 8 (1999), Heft 1, S. 169–175.
Grundmann, Herbert: Religiöse Bewegungen im Mittelalter. Darmstadt ^{4}1977.
Haas, Alois: *Mystik als Aussage. Erfahrungs-, Denk- und Redeformen christlicher Mystik.* Frankfurt a. M. 1996.
Hacker, Paul: «‹Topos› und *chrêsis.* Ein Beitrag zum Gedankenaustausch in den Geisteswissenschaften», in: P. Hacker, *Kleine Schriften*, hrsg. von L. Schmithausen. Wiesbaden 1978, S. 338–345.
Heesterman, Jan: «Brahmin, Ritual, and Renouncer», in: ders., *The Inner Conflict of Tradition.* Chicago 1985; erstmalig in *Wiener Zeitschrift für die Kunde Süd- und Südostasiens*, Bd. 8 (1964), S. 1–31.
Heiler, Friedrich: *Buddhistische Versenkung.* 2. Aufl. München 1922.
Hiranyakeshigrihyasūtra: *The Grihya-Sūtras: Rules of Vedic Domestic Ceremonies*, hrsg. von Hermann Oldenberg, Nachdruck: Delhi 1964 (Sacred Books of the East, Bd. 30).
Jaini, Padmanabh: *Gender and Salvation: Jaina Debates on the Spiritual Liberation of Women.* Berkeley 1991.
Kant, Immanuel: *Beobachtungen über das Gefühl des Schönen und Erhabenen* (1764), in: ders., *Vorkritische Schriften bis 1768*, Werkausgabe Bd. II, hrsg. von Wilhelm Weischedel. Frankfurt a. M.
Kapleau, Philip: *Die Drei Pfeiler des Zen: Lehre – Übung – Erleuchtung.* 5. Aufl. Bern und München 1981.
Karrer, Otto (Hrsg.): *Franz von Assisi. Legenden und Laude.* Zürich 1945.
Katz, Steven T. (Hrsg.): *Mysticism and Religious Traditions*, Oxford 1983.
Kehrer, Günter: «Religiöse Gruppenbildungen», in: H. Zinser (Hrsg.),

Religionswissenschaft – eine Einführung, Berlin 1988, S. 96–113.
–: *Einführung in die Religionssoziologie*, Darmstadt 1988.
Klimkeit, Hans-Joachim: *Der Buddha – Leben und Lehre*. Stuttgart 1990.
Kloppenborg, Ria: *The Paccekabuddha. A Buddhist Ascetic*. Leiden 1974.
Kolff, D.H.A: «Sanyasi trader-soldiers», *The Indian Economic and Social History Review*, Bd. VIII-2 (1971), S. 213–220.
König, Dorothee: *Amt und Askese. Priesteramt und Mönchtum bei den lateinischen Kirchenvätern in vorbenediktinischer Zeit*. St. Ottilien 1985 (Regulae Benedicti studia: Supplementa; Bd. 12).
Körner, Jürgen: «Die Lust an der Askese», *Paragrana*, Bd. 8 (1999), S. 77–88.
Leach, Edmund R.: «Magical Hair», *Journal of the Royal Anthropological Institute*, Bd. 88 (1958), S. 147–164.
–: *Kultur und Kommunikation. Zur Logik symbolischer Zusammenhänge*. Frankfurt a. M. 1978.
Lafargue, Paul: *Das Recht auf Faulheit. Widerlegung des ‹Rechts auf Arbeit› von 1848*. Grafenau 1998 (Nachdruck).
Lehmann, Hartmut, und Kenneth F. Ledford (Hrsg.), *Weber's Protestant Ethic: Origins, Evidence, Context*. Cambridge 1993.
Luhmann, Niklas, und Peter Fuchs: *Reden und Schweigen*. Frankfurt a. M. 1989.
Luther, Martin: *Weimarer Ausgabe. Kritische Gesamtausgabe*. Weimar 1883ff.
Luz, Ulrich, und Axel Michaels: *Jesus oder Buddha. Leben und Lehre im Vergleich*. München 2002.
Macho, Thomas: «Mit sich allein. Einsamkeit als Kulturtechnik», in: Aleida und Jan Assmann (Hrsg.), *Einsamkeit*. München 2000, 27–44.
The Mahābhārata: Text as constituted in its Critical Edition, 4 Bde.. Poona 1971–76; Engl. Teilübers. von J. A. van Buitenen, *The Mahabharata*. Bde. 1–3. Chicago 1973–78.
Maitri-Upaniṣad: Hrsg. von B. D. Basu. Allahabad: Panini Office, 1926 (Sacred Books of the Hindus, Bd. 31); dt. Teilübers.: siehe B. Bäumer.
Majjhima-Nikāya: Hrsg. von V. Treckner, R. Chalmers, 3 Bde. London 1888–1899.
Manu. The Laws of Manu: Engl. Übers. von Wendy Doniger und Brian K. Smith. London 1991.
Mauss, Marcel: «Essai sur le don: forme et raison de l'échange dans les sociétés archaïques», *L'Année Sociologique* 1923–4; dt.: *Die Gabe – Form und Funktion des Austauschs in archaischen Gesellschaften*, in: ders., *Soziologie und Anthropologie*, Bd. 2. Frankfurt a. M., Berlin, Wien 1978; Neuaufl. (mit Nachwort von Henning Ritter) Frankfurt a. M. 1994.
Mensching, Gustav: *Das heilige Schweigen. Eine religionsgeschichtliche Untersuchung*. Hrsg. von Albrecht Dieterich und Richard Wünsch, in:

Religionsgeschichtliche Versuche und Vorarbeiten, Bd. 20, Heft 2. Giessen 1926.
–: *Buddha und Christus.* Stuttgart 1978.
Mette, Adelheid: *Durch Entsagung zum Heil. Eine Anthologie aus der Literatur der Jaina.* Zürich 1991.
Michaels, Axel: «Die Heilige Schnur und ‹hinduistische› Askese», *Zeitschrift der Deutschen Morgenländischen Gesellschaft*, Bd. 144.2 (1994), S. 330–344.
–: «Die Natur als Gott», *Unipress* (Bern), Nr. 85 (Juni 1995), S. 38–39.
–: «Gift and Return Gift, Greeting and Return Greeting in India. On a Consequential Footnote by Marcel Mauss», *Numen*, Bd. 44 (1997), S. 243–269.
–: *Der Hinduismus. Geschichte und Gegenwart.* München 1998.
–: «Heilige oder Freaks? Vom Exotismus in der Wahrnehmung indischer Asketen», in: Kerstin Gernig (Hrsg.), *Fremde Körper. Zur Konstruktion des Anderen in europäischen Diskursen.* Berlin 2001, S. 316–355.
–: «Das ominöse Numinose. Die Präsenz und Absenz der Götter», in: A. Michaels, Daria Pezzoli-Olgiati und Fritz Stolz (Hrsg.), *Noch eine Chance für die Religionsphänomenologie?* Bern (Studia Religiosa Helvetica, Jb. 2000/01), S. 213–234.
–: «Träumen wir oder sind wir Geträumte? Zur Heilsbedeutung des Tiefschlafs in Indien», in: Burkhard Schnepel (Hrsg.), *Hundert Jahre «Die Traumdeutung». Kulturwissenschaftliche Perspektiven in der Traumforschung.* Köln 2001, S. 217–231.
–: «Haus und Hauslosigkeit im Hinduismus», in: *Religionen unterwegs. Zeitschrift der Kontaktstelle für Weltreligionen* (Wien), 8.2 (Mai 2002), S. 4–8.
Milindapañha: Die Fragen des Königs Milinda. Zwiegespräch zwischen einem Griechenkönig und einem buddhistischen Mönch. Übers. von Nyanatiloka. Neu hrsg. v. Nyanaponika. Interlaken 1985.
Miller, David, und Dorothy Wertz, *Hindu Monastic Life. The Monks and Monasteries of Bhubaneswar.* Montreal/London 1976.
Mundaka-Upanishad: Hrsg. von V. P. Limaye und E. D. Vadekar, *Eighteen Principal Upaniṣads.* Poona 1964; Engl. Übers. von Patrick Olivelle, *Upaniṣads.* Oxford 1996; dt. Teilübers.: siehe B. Bäumer.
Musonius, Rufus: *Reliquiae*, hrsg. von O. Hense. Leipzig 1905.
Nietzsche, Friedrich: *Genealogie der Moral*, Dritte Abhandlung: *Was bedeuten asketische Ideale?* 3. Aufl. Frankfurt a. M. 1992.
Oetke, Claus: «Die ‹unbeantworteten Fragen› und das Schweigen des Buddha», in: *Wiener Zeitschrift für die Kunde Südasiens*, Bd. 38 (1994), S. 85–120.
O'Flaherty, Wendy Doniger: *Asceticism and Eroticism in the Mythology of Śiva.* London 1973.

Oldenberg, Hermann: *Reden des Buddha. Lehre, Verse, Erzählungen.* Freiburg u. a. 1993.
Olivelle, Patrick: «From Feast to Fast: Food and the Indian Ascetic», in: J. Leslie (Hrsg.), *Rules and Remedies in Classical Indian Law*, Leiden 1991, S. 17–36.
–: *Saṃnyāsa Upaniṣads. Hindu Scriptures on Asceticism and Renunciaton.* Translation with Introduction and Notes. New York 1992.
–: «Deconstruction of the Body in Indian Asceticism», in: V. L. Wimbush und R. Valantasis (Hrsg.), *Asceticism*, Oxford 1995, S. 188–210.
–: «Hair and Society», in: A. Hiltebeitel/B. Miller (Hrsg.), *Hair: Its Power and Meaning in Asian Cultures.* New York 1998.
Otto, Rudolf: *Das Heilige. Über das Irrationale in der Idee des Göttlichen und sein Verhältnis zum Rationalen.* München, 1. Aufl. 1917.
Padmapurāna: Engl. Übers. von N.A. Deshpande. Teil V. Delhi: Motilal Banarsidass, 1990 (Ancient Indian Tradition and Mythology Series, Bd. 43).
Panikkar, Raimon/Raimundo (1992): *Blessed Simplicity. The Monk as Universal Archetype*, New York 1982 (dt.: *Den Mönch in sich entdecken*, München 1989).
–: *Rückkehr zum Mythos.* Frankfurt/M. und Leipzig, 1. Aufl. 1979.
–: *Gottes Schweigen. Die Antwort des Buddha für unsere Zeit.* Frankfurt a. M. 1996 (span. Originalausg.: El silencio del Dios, Madrid 1970).
Parry, Jonathan: «The *Gift*, the Indian Gift and the ‹Indian Gift›», *Man* (N.S.), Bd. 21 (1986), S. 453–473.
Ranke-Heinemann, Uta: *Eunuchen für das Himmelsreich. Katholische Kirche und Sexualität.* Neuaufl. München 2003.
Rigveda = *Ṛgvedasaṃhitā*. Hrsg. von F. Max Müller. Varanasi: Chowkhamba Sanskrit Series Office, 1972; dt. Übers. von K. F. Geldner, *Der Rig-Veda.* 4 Bde. Cambridge, Mass. 1951–57 (Harvard Oriental Series; S. 33–36).
Rüping, Klaus: «Zur Askese in indischen Religionen», *Zeitschrift für Missionswissenschaft*, Bd. 2 (1979), S. 81–98.
Shatapathabrāhmana. Engl. Übersetzung von Julius Eggeling. 5 Bde., Oxford 1882–1900 (Sacred Books of the East).
Schluchter, Wolfgang: «Weltflüchtiges Erlösungsstreben und organische Sozialtehik. Überlegungen zu Max Webers Analysen der indischen Kulturreligionen», in: ders. (Hrsg.), *Max Webers Studie über Hinduismus und Buddhismus.* Frankfurt a. M. 1984, S. 11–71.
–: *Religion und Lebensführung.* 2 Bde. Frankfurt a. M. 1988.
Schmid, Wilhelm: *Philosophie der Lebenskunst. Eine Grundlegung.* Frankfurt a. M. 1998.

Schmidbauer, Wolfgang: *Weniger ist manchmal mehr. Zur Psychologie des Konsumverzichts.* Neuaufl. Reinbek 1992.
Schmithausen, Lambert: «Die Vier Konzentrationen der Aufmerksamkeit: Zur geschichtlichen Entwicklung einer spirituellen Praxis des Buddhismus», *Zeitschrift für Missions- und Religionswissenschaft*, Bd. 60 (1976), S. 241–266.
–: «Zur buddhistischen Lehre von der 3-fachen Leidhaftigkeit», *Zeitschrift der Deutschen Morgenländischen Gesellschaft*, Suppl. III.2 zum XIX. Deutsch. Orientalistentag (1977), S. 918.
Schneider, Ulrich: «Die Geschichte von den beiden Jaratkāru», *Wiener Zeitschrift für die Kunde Süd- und Ostasiens*, Bd. 3 (1959), S. 1–11.
Schubring, Walther: „Die Jainas", in: *Religionsgeschichtliches Lesebuch*, hrsg. von A. Bertholet, Heft 7. Tübingen 2. Aufl. 1927.
Schumann, Hans Wolfgang: *Buddhismus – Stifter, Schulen, Systeme.* 2. Aufl. Olten und Freiburg 1978.
–: *Der historische Buddha. Leben und Lehre des Gotama.* Köln 1992 (1. Aufl, 1982).
Schumacher, E.F.: *Small is Beautiful: A Study of Economics as if People Mattered.* London 1973.
Schwaiger, Georg (Hrsg.): *Mönchtum, Orden, Klöster – Von den Anfängen bis zur Gegenwart.* 3. Aufl. München 2003.
–: und Manfred Heim: *Orden und Klöster: Das christliche Mönchtum in der Geschichte*, München 2002.
Settar, S.: *Pursuing Death. Philosophy and Practice of Voluntary Termination of Life.* Dharwad (Indien) 1990.
Seyfarth, Constans, und Walter M. Sprondel (Hrsg.), *Seminar: Religion und gesellschaftliche Entwicklung: Studien zur Protestantismus-Kapitalismus-These Max Webers*, Frankfurt a. M. 1973.
Shee, Monika: Tapas *und* tapasvin *in den erzählenden Partien des Mahābhārata.* (Diss.) Hamburg 1986.
Sloterdijk, Peter: *Weltfremdheit.* Frankfurt a. M. 1993.
Spinnen, Burkhard: «Askese Jetzt! Von den Mühen der Sterblichkeit», *Neue Rundschau*, 111. Jg. (2000), Heft 4, S. 28–34.
Sprockhoff, Joachim Friedrich: «Zur Idee der Erlösung bei Lebzeiten im Buddhismus», *Numen*, Bd. 9 (1962), S. 201–227.
–: »Religiöse Lebensformen und Gestaltung der Lebensräume. Über das Verhältnis von Religionsgeographie und Religionswissenschaft», *Numen*, Bd. 9 (1964), S. 85–146.
–: *Saṃnyāsa – Quellenstudien zur Askese im Hinduismus, Bd. I: Untersuchungen über die Saṃnyāsa-Upaniṣads.* Wiesbaden 1976.
–: «Die Alten im alten Indien», *Saeculum*, Bd. 30 (1979), S. 374–433.

–: «Āraṇyaka und Vānaprastha in der vedischen Literatur: Neue Erwägungen zu einer alten Legende und ihren Problemen», 2 Teile., *Wiener Zeitschrift für die Kunde Südasiens*, Bd. 25 (1981): S. 19–90, und Bd. 28 (1984), S. 5–43.
–: «Prajāpati's Offenbarung für Āruṇi: Versuch einer deutschen Übersetzung der Āruṇi-Upaniṣad», *Asiatische Studien*, Bd. 59 (1995), S. 491–500.
Söderblom, Nathan: *Der lebendige Gott im Zeugnis der Religionsgeschichte.* München 1942.
Sölle, Dorothee: *Mystik und Widerstand: «Du stilles Geschrei»*, Hamburg 1997.
Starobinski, Jean: *Gute Gaben, schlimme Gaben. Die Ambivalenz sozialer Gesten.* Frankfurt a. M. 1994 (frz. Originalausgabe: *Largesse*, Paris 1994).
Steinmann, Ralph Marc: *Guru-Śiṣya-Sambhandha: Das Meister-Schüler-Verhältnis im traditionellen und modernen Hinduismus.* Stuttgart 1986.
Stevens, John: *Marathon Monks of Mount Hiei.* Boston 1988.
Suso, Frank Karl: *Geschichte des christlichen Mönchtums.* Darmstadt: [5]1996.
Tertullian: *De Exhortatione Castitatis*, Übers. von Heinrich Kerrner, übertragen von Roger Pearse, 2002 (http://www.tertullian.org./articles).
Theragāthā: Hrsg. von Hermann Oldenberg, London: Pali Text Society, 1883; 2. Aufl. hrsg. von K.R. Norman und L. Alsdorf, London 1966.
Thieme, Paul: «Agastya und Lopamudrā», *Zeitschrift der Deutschen Morgenländischen Gesellschaft*, Bd. 113 (1963), S. 69–79.
Troeltsch, Ernst: *Die Soziallehren der christlichen Kirchen und Gruppen.* Tübingen 1912, Neudruck in 2 Bden: Tübingen 1994.
Turner, Victor: «The Centre out there: Pilgrim's Goal», *History of Religions*, Bd. 12 (1973), S. 191–230.
Vinayapiṭaka: Hrsg. von Hermann Oldenberg, 5 Bde., London 1879–1883.
Visuddhimagga: Hrsg. von A.T. Rhys Davids u. a.. London 1920–1931.
Wach, Joachim: *Meister und Jünger: Zwei religionssoziologische Betrachtungen.* Leipzig 1925
Weber, Max: «Die protestantische Ethik und der Geist des Kapitalismus», in: ders., *Gesammelte Aufsätze zur Religionssoziologie*, 2. Aufl. Tübingen 1922, Bd. I, S. 207–236 (Erstdruck: *Archiv für Sozialwissenschaft und Sozialpolitik*, Bd. 20–21, 1905).
–: «Einleitung in die Wirtschaftsethik der Weltreligionen», in: ders., *Gesammelte Aufsätze zur Religionssoziologie*, 2. Aufl. Tübingen 1922, Bd. I, S. 237–275 (Erstdruck: *Archiv für Sozialwissenschaft und Politik*, Bd. 41–42, 1916–17).
–: «Zwischenbetrachtung: Theorien der Stufen und Richtungen religiöser Weltablehnung», in: ders., *Gesammelte Aufsätze zur Religionssoziologie*, 2. Aufl. Tübingen 1922, Bd. I, S. 536–573.

–: «Die Wirtschaftsethik der Weltreligionen II: Hinduismus und Buddhismus», in: ders, *Gesammelte Aufsätze zur Religionssoziologie*, 2. Aufl. Tübingen 1923, Bd. II, Tübingen, zitiert nach der 6. Aufl. 1978 (Erstdruck: *Archiv für Sozialwissenschaft und Politik*, Bd. 41–42, 1916–17).
–: «Vorbemerkung zu den Gesammelten Aufsätzen zur Religionssoziologie», in: J. Winckelmann (Hrsg.), *Die protestantische Ethik I. Eine Aufsatzsammlung*, Hamburg 3. Aufl. 1973, S. 9–26 (1. Aufl. 1920–21).
–: *Wirtschaft und Gesellschaft. Grundriß der verstehenden Soziologie*, hrsg. von J. Winckelmann, Tübingen 4. Aufl. 1956.
Wezler, Albrecht: *Die wahren «Speiseresteesser» (skt. vighasāśin).* Mainz: Akademie der Wissenschaften und Literatur, 1978.
–: «Śamīka und Śṛṅgin. Zum Verständnis einer askesekritischen Erzählung aus dem Mahābhārata», *Wiener Zeitschrift für die Kunde Südasiens*, Bd. 23 (1979), S. 29–60.
Widengren, Geo: Harlekin und Mönchskutte, *Orientalia Suecana*, Bd. 2 (1953), S. 41–111.
Wilke, Annette: *Ein Sein – Ein Erkennen: Meister Eckharts Christologie und Śaṃkaras Lehre vom Ātman: Zur (Un-)Vergleichbarkeit zweier Einheitslehren.* Bern 1995.
Wiltshire, Martin: *Ascetic Figures Before and in Early Buddhism.* Berlin und New York 1991.
Wimbush, Vincent L., und Richard Valantasis (Hrsg.): *Asceticism.* Oxford 1995.
Wittgenstein, Ludwig: *Tractatus logico-philosophicus.* Frankfurt a. M. 1959.
Zeh, Juli: «Das Gregor-Prinzip», *Der Spiegel*, Jg. 2002, Nr. 45, S. 184–186.

Zur Aussprache von Wörtern aus nicht-europäischen Sprachen

Orientalische Sprachen (Sanskrit, Pāli, Arabisch, Persisch u. a.) werden in einer vereinfachten Form (weitgehend ohne diakritische Zeichen) wiedergegeben. Bei der Aussprache indischer Sprachen wie Sanskrit (Abk.: «Skt.»), Pāli, Hindī oder Nepālī sind zwei Regeln besonders zu beachten: (1) Ein Strich über einem Vokal bedeutet dessen Länge: *bhūta* wird wie deutsch «Mut» gesprochen; *e* sowie *o* sind immer lang. (2) Ein *sh* wird artikuliert wie deutsch *sch*, andernfalls ist es immer ein scharfes (dentales) *s* («Saft»). Darüber hinaus gelten folgende Ausspracheregeln: *c* wie englisch *ch* («church»), *j* wie deutsch *dsch*, *y* wie *j* («Jahr»), *v* wie *w*. Ein *h* hinter einem Konsonanten ist ein den Konsonanten deutlich verstärkender Hauchlaut (vgl. deutsch «Tee»). In arabischen Sprachen wird *sh* ebenfalls wie *sch*, *j* wie *dsch*, *ch* wie *tsch*, *y* wie *j*, *z* wie stimmhaftes *s*, *kh* wie *ch* gesprochen.

Danksagung

Mein besonderer Dank gilt Bahadur Singh, Bishnu Prasad Shrestha und Laxmi Nath Shrestha für die geduldige Hilfe bei Interwiews mit indischen und nepalischen Asketen, deren Übersetzung und Tonbandabschriften. Oliver Freiberger hat nicht nur das ganze Manuskript in knapper Zeit gelesen, sondern auch durch zahlreiche kritische Anmerkungen, vor allem zum Buddhismus, wesentlich zu seiner Verbesserung und Präzisierung beigetragen. Das Gleiche gilt für meinen Freund Ulrich Luz, der sich den Abschnitt über das Christentum im Anhang vorgenommen und für die frühe Zeit umformuliert hat. Beiden Kollegen bin ich zu großem Dank verpflichtet, aber es versteht sich, daß alle verbliebenen Mängel nur ich zu verantworten habe. Meiner Heidelberger Kollegin Monika Boehm-Tettelbach (alias Horstmann) verdanke ich anregende Diskussionen und wertvolle Einsichten während einer gemeinsamen Vorlesung über die indische Askese im Sommersemester 1999. Für die Erstellung des Registers danke ich Oliver Lamers, und nicht zuletzt danke ich Ulrich Nolte, der diesen Band redaktionell mit lebhaftem Interesse, großer Sorgfalt und sanftem Nachdruck betreut hat.

Register